Sibylle Krause-Burger

Herr Wolle lässt noch einmal grüßen

Edith Wolle und Walter Burger,
die Eltern der Autorin

SIBYLLE KRAUSE-BURGER

Herr Wolle lässt noch einmal grüßen

Geschichte meiner deutsch-jüdischen Familie

Deutsche Verlags-Anstalt

Für Clara

Inhalt

Die Hauptpersonen dieser Geschichte

Edith Burger, geborene Wolle
und Walter Burger, ihr Mann,
die Eltern der Autorin

Gustav Wolle und Thekla Wolle, geborene David
die Eltern von Edith

Dr. Erwin Burger und Kläre Burger, geborene Baur
die Eltern von Walter

Fritz Burger
Hilde Burger
Gudrun Burger,
Walters Geschwister

Hans Wolle
und Günter Wolle,
Ediths Brüder

W. H. ,
Ehemann von Hilde Burger

Ein Nachspiel als Vorspiel

An einem sonnigen Dienstag im Mai des Jahres 1963 waren wir wieder einmal fröhlich vereint. Wie so oft bei Familienfesten, bei Taufen, Konfirmationen und vor allem bei den Hochzeiten, die damals reichlich anfielen, traf man sich auf Schloss Solitude bei Stuttgart, inmitten einer Architektur wie Musik. Dieses Mal stand meine Cousine Uta vor dem Altar. Sie hatte sich einen amerikanischen Arzt ausgesucht, der mutterseelenallein zum Heiraten aus den Vereinigten Staaten nach Europa angereist kam – Grund genug, um unseren ganzen Clan, zum Ausgleich der fehlenden Verwandtschaft aus Übersee, aufzubieten, damit wir die Frischvermählten eindrucksvoll feiern konnten. Und als ob nichts gewesen wäre, als ob es die tödlichen Zerwürfnisse in der Zeit des kollektiven Wahnsinns zwischen 1933 und 1945 nie gegeben hätte, ließen es sich nicht nur die Jungen, sondern auch die einst entzweiten Älteren bei zartem Rehrücken und samtenem Lemberger wohl ergehen.

Am Morgen waren sie Zeugen der Trauung gewesen, jetzt umrahmten sie das Brautpaar an der festlichen Tafel: auf der einen Seite meine Eltern – Vater Walter, elegant und gewandt, der in jenen Jahren als inoffizielles Oberhaupt der Familie amtierte und mit seinem Gardemaß ohnedies alle überragte. Er vor allem hatte diese Hochzeitsfeier für die Nichte organisiert. Neben ihm Edith, unsere jüdische Mutter, die von den Nazis gejagt worden war, ein zierliches Persönchen, das nie lange still sitzen konnte und auch hier nach kurzen Phasen der Ruhe durch das Fest quirlte. Auf der anderen Seite dann die Eltern der Braut, Vaters sportliche und immer braungebrannte Schwester Hilde mit ihrem etwas fülligen Mann, der zu Adolfs Zeiten mit Stolz die Uniform eines SS-Offiziers getragen hatte. So umrahmten sie die Jungvermählten bei Tisch, zwei Paare mit sehr unterschiedlichen und doch aufeinander bezogenen Lebensläufen – die einen einst auf der Seite der Verfolgten, die anderen begeistert bei den Verfolgern. Hier gruppierten sie sich nun fröhlich und locker um das junge Glück, obwohl sie doch ziemlich viel unfrohe Vergangenheit im Gepäck hatten.

Davon ließen sie nicht das Geringste erkennen. Keine bösen Blicke, keine Andeutungen, nur Glückwünsche, Gläserklirren und die obligaten Reden, eine segensreiche Zukunft und gesunden Nachwuchs beschwörend. Mein Bruder zupfte die Gitarre. Alle beide sangen wir dazu. Nichts an dieser Hochzeitsgesellschaft verriet, was tatsächlich unter der Oberfläche brodelte; nichts von alledem drang nach außen, so wenig wie es bei anderen Zusammenkünften in den Jahren zuvor aufgebrochen war. Es schien das Selbstverständlichste auf der Welt zu sein, dass man diesen Festtag wie so viele andere einträchtig beging. Lauter nette Menschen, die sich über ihre Kinder, bald auch über die Kindeskinder freuten und die fast magisch aneinander gebunden schienen, sich regelmäßig trafen und auf unzähligen Fotos wie auch auf ein paar Schmalfilmen als gut gelaunte Viererrunde zu sehen sind. Gerade so, als hätten sie, ohne dass darüber je ein einziges Wort gefallen wäre, das Leben im Dritten Reich mit ihrem neuen Leben tilgen, auslöschen, für immer zum Verschwinden bringen wollen.

Dabei war die Harmonie nicht gar so abwegig. Mit Ausnahme des Brautvaters, der erst 1938, als er in die Familie einheiratete, dazu gekommen war, kannten sich alle aus der Elterngeneration schon von Jugend an. Sie waren verwandt oder verschwägert und hatten es geschafft, das Verbindende aus den zwanziger und frühen dreißiger Jahren, aus dieser alten, fast vierzig Jahre zurückliegenden Zeit, das unter der Naziherrschaft bis in die Geschwisterreihen hinein für immer zerstört zu sein schien, wundersam neu zu beleben. Aber natürlich war die nationalsozialistische Zeit, die unsere Mutter und uns »Mischlingskinder« in äußerste Bedrängnis gebracht, die unsere Großmutter und Mutters jüngsten Bruder das Leben gekostet hatte, nicht völlig vergessen. Es war einfach zu viel passiert. Die alten Geschichten, mit allem, was an Verletzungen daraus folgte, blieben sogar noch lange Zeit über das Hochzeitsfest auf Schloss Solitude hinaus gegenwärtig. Aber an diesem heiteren Tag ahnte niemand, wie zerstörerisch sie wiederaufleben und sich schließlich bis in den Tod der beteiligten Personen fortspinnen würden.

Als ich begann, die Geschichte dieser Geschichten aufzuschreiben und am Beispiel meiner Familie den deutschen Wahn und seine Folgen nachzuzeichnen, war ich nicht darauf gefasst, in welche bis dahin verborgenen Winkel des familiären Dramas ich vordringen würde. Natürlich wusste ich in wesentlichen Zügen, was geschehen war, hatte auch, obschon in kindlichem Alter, den Krieg und die Verfolgung selbst miterlebt, hatte in Dokumenten und Aufzeichnungen der Eltern gestöbert, dazu diesen und jenen alten Brief gelesen. Als ich jedoch bei den wenigen im Ausland noch lebenden Verwandten nach weiteren Papieren schürfte, stieß ich unvermutet auf eine historische Goldader – auf Hunderte von Briefen an Hans Wolle, den älteren der beiden Brüder meiner Mutter.

Seit 1937 lebte er in Sao Paulo. Zu Hause war er ein aufstrebender Diplomingenieur gewesen, ein moderner junger Mann, mittelgroß, schlank, mit einem feinen Gesicht und dunkel gewelltem Haar. Schon in seinen Kinderjahren wurde er, zum Ärger seiner um ein Jahr älteren Schwester, als besonders hübsch bewundert. Dabei fehlte ihm von Geburt an eine Ohrmuschel, weshalb er auf allen Fotos den Kopf leicht nach rechts dreht, so dass nur die linke, die vollständige Seite zu sehen ist. Auch konnte er mit dem unvollständigen Ohr nicht hören.

Doch es war nicht dieser Makel, der ihn besonders hellhörig gemacht hätte. Hans Wolle war von seinem Arbeitgeber, dem Elektrizitätswerk in Breslau, der jüdischen Herkunft wegen entlassen worden. Auf dieses Signal hin sah er für sich keine Zukunft mehr in Deutschland und glaubte, seine Heimat verlassen zu müssen. Im Juli 1937 schiffte er sich zusammen mit vierhundert anderen Passagieren auf der »Cap Norte« Richtung Sao Paulo ein, beladen mit den zeitbedingten »Minderwertigkeitskomplexen, die man ja nicht so schnell wieder loswird«, wie er auf der Reise notierte, aber doch noch mutig genug, an den vom Kapitän anberaumten Turnieren im Schach- und Bridgespielen teilzunehmen, die er zu seiner eigenen Überraschung mühelos gewann. Er war der einzige Wolle, dem die Flucht ins Ausland noch gelang.

Hans wanderte also nach Brasilien aus, das 1937 noch jüdische Flüchtlinge aus Deutschland aufnahm, kurz bevor ihnen auch dieser Weg, wie so viele andere Möglichkeiten, sich zu retten, versperrt war. Den Kontakt zu seiner Mutter, seinen Geschwistern und meinem Vater, dem Mann seiner Schwester, hat er über Jahre hinweg nie abbrechen lassen und alle Briefe, die sie ihm schickten, gleichsam als letzte und heilige Brücke nach Berlin ausnahmslos aufbewahrt. Auf hauchdünnem Papier, handgeschrieben oder getippt, sind sie bis zum Kriegsausbruch, pünktlich jede Woche, später seltener und nicht ohne das Signum eines Zensors, nach Sao Paulo abgesandt worden – mit Flugbooten über den Atlantik transportiert. 1941 brach die Korrespondenz ab. Bis dahin legen sie Zeugnis ab vom Leben der Zurückgebliebenen, von den Alltäglichkeiten, von Ängsten, vom verzweifelten und letztlich erfolglosen Bemühen, dem Ausgewanderten nachzufolgen.

Als ich mich in dieser Fülle vergrub, erstand vor mir eine Welt, die 1945 endgültig untergegangen war, und es kam mir so vor, als ob ich den darin handelnden Personen, die in meiner Vorstellung durch Erzählungen oder eigene Erlebnisse längst einen unverrückbaren Platz eingenommen hatten, zum ersten Mal begegnete – sogar dem Kind, das ich einmal war. Ebenso gewannen die Szenarien, die ich beschreiben wollte, viele, mir bis dahin völlig unbekannte Schattierungen. Unverhofft sah ich mich auch zurückversetzt in die Lebensumstände meiner Eltern und der beiden Großelternpaare – zum einen der Wolles aus den Kreisen der assimilierten Berliner Juden, zum anderen der Burgers aus dem pietistischen schwäbischen Unterland. Rein zufällig wohnten die beiden so verschiedenen Familien für ein paar Jahre in demselben Mietshaus in der Schillerstraße 104 in Berlin-Charlottenburg. So wurden ihre Kinder Freunde, so fanden sich auch Walter und Edith, meine Eltern. Doch was für eine Mixtur! Kein Wunder, dass diese Mischung, noch dazu unter den obwaltenden, von 1933 an so irrwitzigen Umständen, einen schier unglaublichen Erzählstoff hervorbrachte, mit allem, was dazu gehört: mit großer Liebe und Hass, mit Krieg und Frieden, mit Mord und wundersamer Errettung, mit Verrat und Standfestigkeit, mit Schuld ohne Sühne und halbherziger Vergebung. Schwankende Gestalten, sich auch ständig wandelnd – mal dieser, mal jener Zeiterscheinung unterworfen, bisweilen schwach und dann wieder von erstaunlicher Kraft. Es könnte ein Roman sein und ist doch eine wahre Geschichte.

Das Feinste vom Feinen

Sie muss Rheinisch gesprochen haben, Bönnsch, und sie muss von entsprechend heiterem Temperament gewesen sein: Thekla Wolle, als Thekla David im Jahr 1879 in Bonn geboren – meine Großmutter. Sie war eine unter vier Schwestern, von denen man sich in der Familie erzählte, dass sie in ihrer Jugend bisweilen auf dem Tisch getanzt hätten. Ihre Vorfahren, aus Altenkirchen im Westerwald stammend, waren am Rhein zu Wohlstand, ja zu Reichtum gekommen, sei es als Kaufleute, wie Moritz David, Theklas Vater, oder im Geldgewerbe, wie sein Bruder Louis. Der machte später, anno 1926, auf dramatische Weise bankrott, weil er sich mit der Beteiligung an einer Weinhandlung verspekuliert hatte. Bis dahin war sein Bankhaus, das 1893 gegründete Privatbankhaus Louis David, jedoch hochangesehen, und Hermann Josef Abs, der in der Nachkriegszeit die Deutsche Bank neu gründete und den Kanzler Adenauer beriet, hatte dort sein Handwerk von der Pike auf gelernt. Umtriebige Leute also, die Davids, die ihr Vermögen erst einmal fleißig mehrten und um 1912 in Bonn zu den Millionären gezählt wurden.

Moritz David, mein Urgroßvater, wohnte mit seiner Familie in der Kaiserstraße 77, einem geräumigen, drei Stockwerke hohen Haus, das später die Bonner Wach- und Schließgesellschaft beherbergte und heute einer Einrichtung für Drogenkranke als Domizil dient. Den Charme der alten Zeiten sieht man dem Gebäude freilich nicht mehr an. Die damals verzierte Fassade ist inzwischen schmucklos restauriert und geglättet, ganz im Gegensatz zu so vielen anderen Anwesen im reizvollen Ensemble der alten Bonner Straßen. Unzählige Male bin ich auf meinen Berufsreisen in die kleine Stadt am Rhein, solange sie noch als Bundeshauptstadt diente, an diesem Haus vorbei gefahren, das heute gleich hinter den Bahngleisen liegt, und immer dachte ich dann, bevor mich der Politikbetrieb verschluckte, an meine Großmutter Thekla, die hier in einer angesehenen Familie eine glückliche Kindheit und Jugend verbracht hatte.

Jahrzehnte später, da war sie schon ein Erwachsenenleben lang in Berlin heimisch, mittlerweile auch verwitwet, wohnte sie ganz in unserer Nähe, in Wilmersdorf, in einem Teilabschnitt der Rudolstädter Straße, den es heute nicht mehr gibt, weil er dem Bau der Stadtautobahn zum Opfer gefallen ist. Nummer elf war ihre Adresse, die Wohnung lag im Erdgeschoss. Auf einem Foto vom Ende der dreißiger Jahre stehe ich unten im Garten und strecke die Ärmchen zu ihr nach oben. Sie hält mir ihre Arme entgegen. Wenn ich auf das Bild schaue, meine ich die kleine Szene noch einmal zu erleben und sehe meine Großmutter wirklich vor mir. Sie war ein bisschen mollig, hatte gut gepolsterte Wangen und große, dunkle, sehr ausdrucksvolle, bisweilen durchaus kess von der Seite schauende Augen – eine ausgesprochen hübsche Frau. So wird sie auch von denen beschrieben, die zu ihren Lebzeiten schon erwachsen waren und sich noch an sie erinnern können. Die schwarzen Haare trug sie in Wellen eng an den Kopf gelegt und hinten zu einem Knoten zusammengefasst. Das galt in den zwanziger und dreißiger Jahren nicht als großmütterlich, sondern als modisch. Und modisch waren auch ihre halblangen Kleider samt den Hüten für jede Jahreszeit. Schließlich hatte sie einen Mann vom Fach geheiratet, Gustav Wolle, einen der vielen jüdischen Konfektionäre in Berlin. Seine Firma stellte Mäntel für Mädchen und junge Damen her und folgte damit, zumindest was die Branche anging, einer Familientradition. Zwar hatte er einen Lithographen zum Vater gehabt, aber etliche Vorfahren waren Tuchhändler gewesen – daher wohl auch der Name Wolle. Mit dieser Fabrikation verdiente er sein

Thekla Wolle, die jüdische Großmutter,
Tochter einer alteingesessenen Bonner Familie.

Brot, war dabei zu Wohlstand, wenngleich nicht, wie die Davids in Bonn, zu bedeutendem Reichtum gekommen.

Gustav Wolle, mein Großvater, war allenfalls mittelgroß, auch nicht kräftig, sehr kurzsichtig, also weiß Gott nicht gerade das, was man einen Beau nennen würde. Mit seiner kahlen Stirn und den dicken, scharf geschliffenen Brillengläsern sah er aus wie ein Gelehrter. Das humanistische Gymnasium hatte er nur bis zur Mittleren Reife besucht, gleichwohl war er ein gebildeter Mann, der sich, hauptsächlich durch Lektüren, selbst vorangebracht hatte. In seinem Bücherschrank standen die damals vielgelesenen »Jugenderinnerungen eines alten Mannes« von Wilhelm von Kügelgen, dem Maler und Portraitisten Goethes, außerdem die Erinnerungen »Besonnte Vergangenheit« des Chirurgen und Schriftstellers Carl Ludwig Schleich, dazu sämtliche Werke von Dostojewski, Turgenjew und Tolstoi. Doch so sehr ihn Kunst und Literatur begeisterten, seine größte Leidenschaft, die er auch den Söhnen weiterreichte und für die er später sogar den Schwiegersohn entzünden wollte, galt dem Schachspiel. Nach jedem Essen setzte er sich ans Brett und spielte mit sich selbst. Immer trug er ein Taschenschach bei sich. Wenn er einen guten Einfall hatte, zog er es sogar im Büro hervor und bescherte sich – so oder anders herum – ein Matt.

Ein »Schadchen«, ein Heiratsvermittler, vielleicht auch irgendwelche Tanten, Eltern oder Onkels hatten die Verbindung zwischen Thekla David und Gustav Wolle eingefädelt, hatten die ersten Begegnungen arrangiert, und siehe: 1903 wurde geheiratet. Ob die Ehe so richtig glücklich war, ist von meiner Mutter, der Tochter aus dieser Verbindung, immer wieder einmal, mehr im Spaß als wirklich ernsthaft, angezweifelt worden. Zum Beweis erzählte sie gern die Geschichte von jenem Geburtstag, an dem Gustav seiner Frau eine vollständige Ausgabe der Werke Strindbergs schenkte – anstelle von Perlen oder einem goldenen Armreif, einem Seidentuch oder einer Bro-

sche. Das wäre für die lebenslustige, dazu außerordentlich erdgebundene Frau fraglos angemessener gewesen. Gustav hatte
eben ganz nach Männerart an etwas gedacht, das ihn selbst
erfreuen würde. Außerdem war er ein richtiger Preuße, also
nüchtern und verstandesbetont, zudem ein wenig professoral
und so zerstreut, dass er einmal, nachdem er auf dem Nachhause-
weg im Auftrag seiner Frau ein halbes Pfund Butter gekauft hatte,

Als Konfektionär in Berlin
zu bescheidenem Wohlstand gekommen.
Großvater Gustav Wolle
mit seinen Kindern Hans und Edith

Im Grunewald.
Gustav Wolle und seine Frau Thekla

dieses in der Manteltasche versenkte und vergaß. Ein paar Stunden später, es war im Frühjahr und unverhofft warm, ging er an der Krummen Lanke spazieren und setzte sich schließlich auf eine Bank. Die Butter schmolz inzwischen durch den Mantel hindurch. Gustav versuchte den Kragen am Hals zu lockern, fuhr sich auch mit der Hand über die Stirn und konnte sich dabei gar nicht genug auswundern, dass er an diesem Tag »so fett« schwitzte.

Gustav Wolle pflegte einen selbstironischen Humor, und insofern war er sehr jüdisch. Manchmal, wenn Abendgäste ein paar Minuten zu spät eintrafen, empfing er sie gerne, gespielt unwirsch: »Um diese Zeit hoffte ich, euch schon gute Nacht sagen zu können«. Und machte die Familie eine bedeutende Anschaffung oder gönnte sie sich ein besonderes Ausgehvergnügen, so bespiegelte er seinen bescheidenen Wohlstand gern mit dem Satz: »Ich wollt', ich könnt' so leben, wie ich lebe«. Ein liebenswürdiger und leiser Mensch, wovon nicht zuletzt die allabendlich, geradezu marottenhaft und stets nebenbei vor dem Zubettgehen hingestreute Bemerkung »Der liebe Gott erhalte mir mein Bett und meine Nachttischlampe« kündete. Wie recht er damit hatte! Im Grauen ihrer letzten Tage und Stunden mag Thekla an diesen in der Familie so oft belächelten Satz gedacht haben.

Obwohl er sein Unternehmen nicht ohne Erfolg führte, war Gustav Wolle doch eher ein Intellektueller, sehr angezündet von der Kulturblüte im Berlin seiner Zeit. Sein bester Freund war Max Marcuse, der damals berühmte Mitbegründer des Instituts für Sexualwissenschaften in Berlin, ein Vetter ersten Grades, der nicht nur Gustav, sondern die ganze Familie stark beeinflusste. Die Mütter der beiden Männer waren Schwestern gewesen, man hing auch über das Verwandtschaftliche hinaus aufs Engste zusammen. Max – ganz anders als Gustav – hatte Medizin studiert, hatte sich auf Dermatologie spezialisiert und war über dieses Fach mit den sexuellen und sozialen Problemen der unteren Schichten in Berührung gekommen. Als Student begleitete er einmal einen Arzt, der nach einer illegalen Abtreibung zu Hilfe gerufen worden war. Die junge Frau starb an dem Eingriff der Engelmacherin. Ein erschütterndes Erlebnis für den jungen Mediziner, das ihn für immer zu einem Verfechter der Frauenbewegung machte.

Max Marcuse war eine hochgeachtete Kapazität im Berlin des frühen zwanzigsten Jahrhunderts. Ein Steckbrief der Humboldt-Universität nennt ihn heute »a forgotten giant« – einen vergessenen Riesen. Dass er vergessen wurde, erscheint merkwürdig in einer Zeit, da die Sexualität mit all ihren Problemen und Spielarten zu einem großen und völlig unbefangen zu behandelnden Thema geworden ist. Vielleicht hat man auch gerade deshalb seine epochalen Leistungen nicht mehr wahrgenommen, weil das heute alles selbstverständlich ist.

Damals aber war es vollkommen neu, ja revolutionär. Über alles, was da zum Kanon des zu Erforschenden gehörte, hat Max Marcuse in den Jahren zwischen 1910 und 1933 gearbeitet und publiziert. Die Titel dieser Arbeiten heißen »Hautkrankheiten und Sexualität«, »Inzest« oder »Uneheliche Mütter«, und die Zeitschriftenbeiträge tragen die Überschrift »Hermaphroditis beim Menschen«, »Sexualleben und Arbeitsleistung«, »Psychologie der Blutschande«, auch ein Aufsatz über die »Fruchtbarkeit jüdisch-christlicher Mischehen« – als Hinweis auf den Zeitgeist, dem selbst jüdische Wissenschaftler offenkundig nicht ausweichen konnten – gehört dazu. Insgesamt hinterließ er ein Werk, das weit über hundert Veröffentlichungen in einer unvollständigen Liste aufweist. Nur zwei seiner Arbeiten stammen aus der Zeit nach 1933. Nach Hitlers Machtergreifung war es vorbei mit Max Marcuses Produktivität und seinem Ruhm, wohl auch mit den Möglichkeiten eines Forschers, der in seiner Heimat im Kreis um Magnus Hirschfeld die Sexualwissenschaft mit aus der Taufe gehoben hatte.

Mit diesem Vetter Max also, unter den Eingeweihten und in der Familie nach den Anfangsbuchstaben seines Namens nur M.M. genannt, tauschte Gustav Wolle sich aus. Sie trafen sich wöchentlich, mal bei der einen, mal bei der anderen Familie, spielten Skat, diskutierten über die neuesten literarischen Erscheinungen oder die Theateraufführungen unter der Regie von Max Reinhardt und über die Kritiken von Alfred Kerr. Oft erzählte Max auch von den Strafprozessen, in denen er, der erste offiziell bei Gericht anerkannte Sexologe in Deutschland, als Gutachter auftrat und dabei ab und an ein »reizendes Mörderchen«

zu beurteilen hatte. Ein faszinierender Mann mit »magnetischer Ausstrahlung«, so behauptet zumindest die Familienfama. Schön war allerdings auch er nicht. Sein Gesicht in die Länge gezogen, was ein kleiner Kinnbart noch betonte, die Stirn hoch und weithin kahl. Aus den alten Fotos schaut er einen kritisch, stechend, ja fast mit Röntgenblicken an. Kein anderer erregte soviel Aufsehen und Interesse unter den Wolles wie Max Marcuse, Gustavs Vetter. Schon zu Lebzeiten war er so etwas wie eine Legende. In jedem Gespräch, an dem er teilnahm, verstand er es, alle Anwesenden, sogar die Jugendlichen, mit einzubeziehen, und immer war er der bewunderte Mittelpunkt dieses wachen Milieus.

Alles, was die zwanziger Jahre in Berlin zu bieten hatten, und das war bekanntlich nicht wenig – auch die frivolen Kabaretts

Herrenrunde beim Skat.
Gustav Wolle (Mitte) mit Max Marcuse (rechts),
seinem Cousin und besten Freund

mit Claire Waldoff, die Auftritte der Sängerin Fritzi Massary und ihres Lebensgefährten, des Schauspielers Max Pallenberg –, wurde in dieser Familie wahrgenommen, genossen und diskutiert: Opern, Malerei, Literatur. Man war aufgeschlossen, uneingeschränkt assimiliert und distanzierte sich ganz bewusst von den ostjüdischen Einwanderern, mit denen man nichts zu tun haben wollte, weil sie, wie besonders Gustav Wolle fürchtete, das Ghetto ein Stück zurückbringen, auf die Assimilierten abfärben, sie auf ihr Niveau herabziehen und also den Assimilierungsgewinn zunichte machen könnten.

An jüdischen Feiertagen wie Jom Kippur ging nur Thekla noch in die Synagoge. Ihrem ältesten, nach Brasilien emigrierten Sohn berichtete sie Ende 1937, dass sie sich einen Synagogenplatz »genommen« habe, der für das ganze Jahr gelte. Es ist dies eine Art der Spende in den jüdischen Gemeinden, wobei ein der Thora naher Platz besonders wertvoll und folglich besonders teuer ist. Auch freute sie sich, dass Hans sich in Brasilien einer Gemeinde zugesellt hatte und an den Feiertagen ebenfalls in die Synagoge ging: »Es gibt einem doch ein bisschen Gemeinschaftsgefühl, das Du mit den Brasilen sicher niemals haben wirst.«

Mit der Religion hielten es die Wolles freilich unter normalen Verhältnissen nicht viel anders als eine große Zahl der Christen heutzutage, die das ganze Jahr keine Kirche von innen sehen und sich allenfalls an Weihnachten und Ostern in einen Gottesdienst bequemen. Von Hans Wolle, zum Beispiel, hat man in späteren Jahren, nachdem er in Brasilien heimisch geworden war, niemals mehr vernommen, dass er religiös gewesen wäre. Aber in der jüdischen Gemeinde von Sao Paulo hat er Leidensgenossen aus Deutschland getroffen, Erfahrungen austauschen können und auch tätige Hilfe für den Neuanfang erfahren.

Von bewusstem Jüdischsein lag das alles weit entfernt. Nicht einmal jüdische Witze waren bei den Wolles wohlgelitten. Sie wurden gleichsam unter dem Tisch erzählt, sehr zum Vergnügen meines nichtjüdischen Vaters, der, völlig hingerissen vom natürlichen und unverkrampften Umgangston im Hause seiner Schwiegereltern, solche Geschichten auch an die nächste Generation weiterreichte. Im Grunde aber galt das Kapitel dieser Herkunft als abgeschlossen. Man war doch so deutsch, so wahnsinnig deutsch, und man war ebenso stolz auf das Land, auf seine Kultur und seine wissenschaftlichen Leistungen wie alle anderen Mitbürger auch. Und der jüdische Rest? Der hatte nichts zu tun mit Mesusen und der Menorah oder gar mit koscherem Essen. Ganz im Gegenteil, darüber machte man sich eher lustig. So pflegte Gustav seine etwas intensiver an die Traditionen gebundene Ehefrau mit dem sehr unkoscheren Hinweis zu provozieren: »Nicht wahr, Thekelchen, am besten schmecken Matzes doch mit Schinken.«

Mit Vergnügen servierte er ihr auch seine Einsicht: »Ach weißt du Muttchen, ich glaube, es gibt doch keinen lieben Gott.« Und Günter, der jüngste Spross der Familie – als er seinem älteren Bruder vom Besuch bei einer Tante berichtet –, lästert geradezu über das ebenso jüdische wie christliche weihnachtliche Ritual, das er bei ihr erlebt hat: »Meine Ankunft hier wurde mit Chanuccah-Ende oder irgend so was ähnlichem gefeiert, zu welchem Zweck Tante Clara Weihnachtskerzen in einen jüdischen Leuchter und sich vor diese stellte, um etwas vorzulesen, was ich nicht verstand, worauf alle anderen sich verpflichtet fühlten, etwas zu singen, was ich ebenfalls nicht verstand; dazu musste ich mir meinen leicht fettigen Hut aufsetzen, trotzdem geheizt war. Und dann sagten alle, es wäre sehr schön gewesen, was ich auch nicht verstanden habe.«

Nein, den Jahrtausende alten Regeln fühlte man sich nicht mehr verpflichtet. Und wenn man sich in dieser Familie schon in einem jüdischen Verbund sah, so – ohne sich mit ihnen messen zu wollen – mit den Mendelssohns und den Damen der jüdischen Salons im Berlin des 19. Jahrhunderts, wie Rahel Varnhagen, oder mit den Zeitgenossen wie Max Liebermann und Lovis Corinth, mit Max Reinhardt und Fritz Kortner, mit Kurt Tucholsky und Walther Rathenau, mit den Mosses und Wertheims, mit den vielen aufgeklärten, modernen Juden in Deutschland und im Berlin des beginnenden zwanzigsten Jahrhunderts.

Das Jüdische erschien ihnen allenfalls als eine Art Sahnehäubchen auf dem Deutschen. Nicht in den jüdischen Witzen, sondern im jüdischen Witz erkannten sie sich wieder. Ein doppelt elitäres, dabei erlittene Kränkungen kompensierendes, also nicht ungebrochenes Bewusstsein blühte da auf, das für meine Mutter, wenn sie zurückblickte, in der tröstenden Erkenntnis gipfelte, die Berliner Juden wären »das Feinste vom Feinen« gewesen. Eine nicht gar so abwegige Behauptung, wie man bei Amos Elon in seinem bewegenden Buch über die deutsch-jüdische Epoche nachlesen kann, in dem er auch auf Theodor Fontanes Bemerkung hinweist, dass die Juden ihre Villen lieber mit Musikzimmern als mit Reitställen ausstatteten und die Wände lieber mit Bücherregalen als mit Ahnenporträts: »Keine andere Bevölkerungsschicht in Deutschland (oder anderswo in Europa) war so kunstbegeistert wie das deutsch-jüdische Bürgertum der wilhelminischen Epoche.«

Dass dieses Deutschjüdische oder Jüdischdeutsche, diese wunderbare Errungenschaft nach Jahrhunderten der Verfolgung und Diskriminierung, noch einmal auf das Nur-Jüdische zurückgeworfen werden und in einen tödlichen Gegensatz zum Betont-Deutschen geraten könnte, wäre niemandem in den Familien der Wolles und Marcuses in den Sinn gekommen – zumindest nicht, bevor es alle erleiden mussten. Sie hielten den Antisemitismus ihrer Zeit für ein Nachhutgefecht der Geschichte und fühlten sich sicher und einigermaßen anerkannt in der Gesellschaft, in der sie lebten. Wer hätte sich das je träumen lassen: jüdische Hochschullehrer, Rechtsanwälte, Ärzte, Beamte, Offiziere, sogar ein jüdischer Außenminister. Beglückendes

Günter und Hans Wolle,
die Söhne von Thekla und Gustav,
Anfang der zwanziger Jahre

Deutschland, auch wenn man mit Familien anderer Religionszugehörigkeit, also mit den »Gojim«, den Nichtjuden, nur in Ausnahmefällen innig befreundet war und auch, gleichsam selbstironisch auf die Vergangenheit zurückschauend, gern ein paar treffende jiddische Ausdrücke oder jüdische Sprüche in die Unterhaltungen einfließen ließ.

»Mit Ejzes bin ich versehen«, was soviel bedeutet wie: an Ratschlägen mangelt es mir nicht, war ein häufig zu hörender Satz in unserer Familie. Oder »Gojim nacheß«, sagte unsere Mutter mit einer Spur Überheblichkeit, ein Vergnügen der Gojim, der Nichtjuden, bezeichnend, wenn von einem billigen Volksvergnügen die Rede war. Klagte jemand über einen Lehrer, einen Vorgesetzten oder einen Partner, so kam unweigerlich der mit altjüdischer Weisheit getränkte Satz, man solle sich nie einen neuen Méjlech, einen neuen König, wünschen. Und ein Mensch ohne Charme, ohne Liebreiz hatte keinen »Chein«, galt als »unbecheint«. Auf diese Weise vergewisserte sich die Familie aus dem Abstand ihrer Wurzeln, freute sich an der Treffsicherheit der Pointen und Formulierungen, fand es auch interessant, nahm das alles aber nicht mehr so ganz ernst und rechnete es vorweg in ironischen Selbstbespiegelungen zu den Ausweisen der eigenen Identität. Man spielte damit. »Spaß, werd ich jetzt maßgenommen. Vor lauter Arbeit weiß ich überhaupt nicht, womit ich zuerst anfangen soll«, schreibt der jüngste Wolle ein bisschen »jidelnd« an seinen Bruder in Brasilien oder: »Vorhin war ich nebbich bei Sachs, um Deinen Brief abzuholen«, und: »Joi, hat man mich heute beim Mittagessen genudelt…«. Das war der Ton in dieser jüdischen Familie. Kein deutscher Offizierssohn hätte in dieser Art an seinen Bruder geschrieben. Ja, es waren Juden, und sie wussten es. Aber was hieß das schon? Das war nicht mehr als eine Farbe. Vor allem waren diese Menschen begeisterte Deutsche.

Unbehaust in Palästina

Als ich auf die Welt kam, war mein Großvater Gustav Wolle schon lange tot, gestorben an einer Galllenoperation, die notwendig geworden war, da er an Gallensteinen gelitten hatte – ein in allen Generationen wiederkehrendes Familienübel. Heute geht dieser Eingriff fast ambulant, ohne große Schnitte und ohne größere Gefahren vonstatten, damals war er noch äußerst riskant. Zu alledem hatten die operierenden Ärzte einen Kunstfehler gemacht, ein Gefäß nicht richtig vernäht oder einen Tupfer in seinem Bauch vergessen. Man hat es nie so richtig erfahren. Gustav verblutete innerlich – und hatte doch auch Glück in diesem Unglück. Im Gegensatz zu seiner Frau ist ihm die Zeit der Verfolgung im Dritten Reich erspart geblieben. Oder hätte das Schicksal der Familie einen anderen Verlauf genommen, wenn Gustav anno 1926 nicht auf dem Operationstisch geblieben wäre?

Hätte er womöglich die Dinge in eine ganz andere Richtung gelenkt, hätte er das Dritte Reich mit seiner Frau und allen Kindern und Kindeskindern in Südafrika überstanden, wie sein Schwager, der Berliner Rechtsanwalt Max Simon? Oder wäre er, wie der angebetete Vetter Max Marcuse, rechtzeitig nach Palästina ausgewandert? Denn dieser, Arzt mit psychologischem Einfühlungsvermögen und forensischer Gutachter, verstand es schon aus den Erfahrungen seiner Profession, in die Abgründe der menschlichen Seele zu schauen. Er wusste, welche Art von Verbrechern in Deutschland die Macht übernommen hatte und dass die Juden hier nicht mehr in Ruhe würden arbeiten und leben können. Gewiss ahnte er nicht, was wirklich noch geschehen würde. Denn bevor es geschah, war die totale Entrechtung deutscher Staatsbürger und der industriell organisierte und durchgeführte Mord an sechs Millionen Juden genauso unvorstellbar wie danach. Und doch verließ M.M. schon 1933, gleich nach der Machtergreifung, mit seinem Sohn Hans das Land seiner Väter, zog nach Tel Aviv, wo er zwar wieder als Arzt arbeitete, jedoch niemals mehr an die Berliner Erfolge anknüpfen konnte oder gar als Kapazität gefeiert wurde. Max Marcuse, ein großer Deutscher, geriet in Vergessenheit.

Erst sein ältester Sohn, jener Hans, mit dem er zu Beginn des Dritten Reiches ausgewandert war – der zweite Sohn, damals erst zwei Jahre alt, folgte mit der Mutter wenige Monate später nach –, machte wieder von sich reden, allerdings unter seinem neuen, in Palästina angenommenen Namen. Statt Hans Marcuse hieß er nun Yohanan Meroz. Er hatte semitische Sprachen studiert, war Berufsdiplomat geworden, hatte sein Land zunächst in Ankara, später als Gesandter in Washington und Paris vertreten. Eine sehr beherrschende Persönlichkeit, insofern dem Vater nicht nur in der Statur, sondern auch in der Unbedingtheit seines Auftretens ähnlich, immer fordernd – im Persönlichen wie im Politischen, das Unrecht der Vertreibung, das er als Dreizehnjähriger erlitten hatte, als ewigen Stachel in sich tragend.

Im Gegensatz zu Max Marcuse, der noch dreißig Jahre nach der Emigration in Palästina und später in Israel lebte, ohne dass er jemals die Landessprache auch nur halbwegs geläufig erlernt hätte, war sein Sohn ausgesprochen polyglott. Er sprach Englisch, Französisch und Arabisch fließend, natürlich beherrschte er auch das Iwrith, das neue Hebräisch, und sein Deutsch, das Deutsch der zwanziger Jahre, das Deutsch der gebildeten Berliner jener Zeit, das heute niemand mehr beherrscht, fiel jedem, der ihn sprechen hörte, sofort als besonders elegant auf. Über die Jahrzehnte in der Emigration hinweg hatte er es gepflegt und sich bewahrt. Wenigstens die Sprache wollte er noch lieben, wenn er das Land nicht mehr lieben konnte, in dem er geboren wurde und in prägenden Kinder- und Jugendjahren aufgewachsen war. 1959 kam er als politischer Stellvertreter des Leiters der Israel-Mission in Köln zum ersten Mal wieder für längere Zeit zurück in die alte Heimat und half die Aufnahme diplomatischer Beziehungen zwischen Bonn und Jerusalem vorzubereiten. Viel später, von 1974 bis 1981, war er Botschafter seiner mittlerweile leidenschaftlich geliebten neuen Heimat Israel in der von ihm allzeit kritisch beäugten Bonner Republik.

Nur fast ein Liebespaar.
Thekla Wolle und Max Marcuse
beim Spaziergang

Auch Thekla Wolle versuchte erst einmal den Weg der Marcuses zu gehen. Max hatte in der ganzen Familie immer wieder für die Emigration und besonders für diesen Weg geworben, hatte auch sie wiederholt zur Auswanderung gedrängt. Also reiste sie 1936 zunächst zur Probe nach Palästina, gerade so, als ob sie unendlich viel Zeit hätte, sich den Schritt in eine andere Welt noch einmal zu überlegen. Dabei wurde in diesem Jahr das Konzentrationslager Sachsenhausen eingerichtet, und überall in Berlin – unterbrochen nur durch die Wochen der Olympiade – hingen Schilder, die anzeigten, dass Juden an diesem und jenem Ort »unerwünscht« seien – an Badeanstalten, Kinos, Theatern, Ausstellungshallen. Trotzdem erschien meiner Großmutter das Leben in Deutschland immer noch angenehmer als in Palästina und, von der Reise zurück, befand sie, dass es in dieser Wildnis nicht auszuhalten sei. Danach gab sie den Gedanken an eine Auswanderung erst einmal auf.

Aber vielleicht lag das nicht nur an der Wildheit, an der Unterentwickeltheit Palästinas – der Staat Israel war noch lange nicht geboren –, vielleicht hatte die Enttäuschung auch mit dem bewunderten, wahrscheinlich sogar geliebten Max Marcuse zu tun. Die ganze Familie wusste, dass Thekla, damals seit zehn Jahren Witwe und 57 Jahre alt, für M.M. entflammt war, wie ernsthaft auch immer. Mein Vater hat deshalb einmal mit Blick auf seine Schwiegermutter das Gedicht »Wie einst im Mai« aus der Feder des österreichischen Poeten Hermann von Gilm persifliert: »Stell auf den Tisch die duftenden Reseden, zünd' auch die Kerzen an aus Wachs, und lass uns von dem Manne reden, dem göttergleichen Max«.

Auf ihn hatte die Witwe sicher auch ihre Hoffnungen gesetzt. Aber der gute Max war nicht nur ein berühmter Arzt und Sexualwissenschaftler, er war in diesem Fach sozusagen auch selbst praktizierend, war ein Liebhaber der Frauen, ein *womanizer*. Thekla musste erkennen, dass sie nicht die einzige Verehrerin des mittlerweile schon zweimal Geschiedenen war.

So kam eines zum anderen: das unerträgliche Klima und die einfachen Verhältnisse in Tel Aviv für eine Frau, die das bürgerliche und angenehme deutsche Großstadtleben gewohnt war, dazu die Enttäuschung darüber, dass der Angebetete sie nicht liebte oder eben auch viele andere liebte, und nicht zuletzt: der Gedanke an zwei Söhne, an die Tochter und ein neugeborenes Enkelkind, die alle miteinander weiterhin in Berlin lebten. Verständlicherweise wollte sie ihre älteren Tage doch »im Kreise meiner Lieben« verbringen, wie sie ein paar Jahre später in einem Brief bekannte. In Palästina aber warteten nur Unbequemlichkeiten und Ungewissheiten auf sie. Und ganz sicher hatte sie in diesen ersten Jahren der Hitlerdiktatur, also lange vor der sogenannten Reichskristallnacht, nicht die leiseste Ahnung von dem, was die Nazis den Juden bereits antaten und vor allem: was sie ihnen noch antun würden. Nicht jeder war so hellsichtig wie Max Marcuse.

Großmutter Thekla
mit ihrer Enkeltochter, 1936.

Manchmal frage ich mich, jetzt, da ich in der gleichen Lebensphase bin wie Thekla während jener Jahre: wäre ich Max Marcuse gefolgt? Ich weiß es nicht. Ich weiß nicht, ob ich mich aus dem damals immer noch recht sicher erscheinenden Mitteleuropa abgesetzt hätte, ob ich in dem feucht-heißen Klima Tel Avivs hätte leben und die Familie zurücklassen wollen. Wäre es nicht unerträglich gewesen, die eigenen Kinder, obschon erwachsen, so weit weg und unter solchen Verhältnissen zu wissen? Den jüngeren Sohn, gerade mal 24 Jahre alt, am Start eines Berufslebens, noch zu Hause wohnend, also nicht ganz flügge? Und erst recht die etwas nervenschwache Tochter, ohne Unterstützung, allein mit ihrem lebhaften Kind, mit »Bille, dem garstigen Rüpel«? Konnte man sich nicht damit beruhigen, dass es schon nicht so schlimm werden und auch bald vorüber sein würde? Ein brauner Spuk und alles andere als das wahre Deutschland, das man so sehr liebte, mit seinen Dichtern und Musikern, mit seinen Opern, Konzerten, Ausstellungen, mit seinen Theatern und Kabaretts? Man war doch assimiliert, gehörte dazu. Unmöglich, dass dies alles spurlos weggefegt würde, unmöglich, dass sich die braune Barbarei auf Dauer festfressen könnte. Ausgeschlossen. So ähnlich mag sie sich alles zurechtgelegt haben. Und dann dieser eine Satz, dieser unendlich naive Satz: »Was soll uns schon passieren? Wir haben doch immer unsere Steuern bezahlt!«

Sie kehrte also tatsächlich zurück nach Berlin in ihr gewohntes bürgerliches Leben und fühlte sich zunächst in ihrer Entscheidung durchaus bestätigt. Aus ihren Briefen an Hans, den Ältesten, geht das hervor. Er hatte sich ebenfalls zunächst in Palästina umgetan, nachdem er vom Breslauer Elektrizitätswerk entlassen worden war. Wie Thekla, so hatte auch er die nahöstliche Gegend nicht sehr attraktiv gefunden. In Brasilien, dem südamerikanischen, schon weiter entwickelten und europäisch geprägten Land, vermeinte er für sich die besseren Chancen zu erkennen, fasste dort tatsächlich Fuß und arbeitete sein Leben lang, wenn auch nicht auf dem Niveau, das er in einem Deutschland ohne Nazis erreicht hätte, für den Elektrokonzern, der sich anfänglich »Light & Power Company« nannte und heutzutage »Eletropaulo SA« heißt. Aber immerhin: Hans hat überlebt. Im Sommer 1937 verließ er Berlin, und sowohl seine Mutter, sein Bruder und seine Verlobte, die sich ihm nicht gleich anschlossen, sollten es später tief bereuen. Theklas Briefe an ihn erzählen die Geschichte von anfänglicher Blauäugigkeit und Blindheit, von versäumten Chancen, allmählich aufblitzenden und immer dringlicher werdenden Hilferufen, von schlussendlicher Vergeblichkeit und Verzweiflung. Doch am Anfang berichten sie auch von einer erstaunlichen Normalität.

Die politische Perfidie, die ihr außer Haus auf den Straßen begegnete, die Schikanen, die Einschränkungen und Ausgrenzungen, lässt die Verfasserin beiseite – in erster Linie gewiss aus Angst, die Briefe könnten geöffnet und gelesen werden. Andererseits wusste Hans ja, was in Deutschland geschah, sonst hätte er nicht auswandern müssen. Und dass sich die Lage der Zurückgebliebenen zunehmend verschlimmerte, konnte er vor allem an Günters von Tag zu Tag mehr erschwerten Bemühungen erkennen, das Land gleich ihm doch noch zu verlassen. Darüber geben die Briefe stets gründlich Auskunft. Doch in keinem dieser Texte werden die Nazis *expressis verbis* erwähnt. So bleibt nur ein Nukleus von Alltäglichkeiten, die es mitzuteilen gilt. Aber natürlich drückt sich in dieser völligen Abwesenheit des Politischen und in etlichen vagen Umschreibungen auch aus, dass man das Böse nicht dauernd vor Augen haben, es nicht erwähnen wollte, um es hier, im Privaten, nicht noch manifester werden zu lassen – bis es vorbei sein würde.

Außerdem war das Private ja das Einzige, was vorerst blieb. Oder bestand das Leben auch zuvor aus nicht viel mehr? Aus Kindern und dem Vergnügen an einem Enkelchen? Aus den Besuchen hin und her im jüdischen Milieu, mal bei den

Samuels, mal bei den Simons, heute bei den Nathans, morgen bei den Levis, übermorgen bei den Reyersbachs? Denn mit der deutsch-jüdischen Symbiose war es nicht so weit her, war es vielleicht auch vorher nicht ganz so weit her gewesen, zumindest nicht in den bürgerlichen Kreisen. Die Symbiose, die unter Künstlern ganz selbstverständlich gelebt wurde, kam hier viel seltener vor. Ging also alles – oberflächlich gesehen – im Wesentlichen erst einmal weiter wie vor 1933? Auch Sebastian Haffner hat die Situation vor seiner Emigration am Ende der dreißiger Jahre so empfunden und mir in einem Rundfunkgespräch sehr drastisch geschildert: Es sei gewesen, als ob man bei Tisch vor einem großen Teller mit guten Speisen säße und nur am Rand läge »ein bisschen Scheiße«.

In Wahrheit war alles viel schlimmer und die antisemitische Verseuchung der deutschen Gesellschaft weit fortgeschritten. Die Geschäfte, Anwaltsbüros und Arztpraxen von Juden wurden gleich zu Beginn des Dritten Reiches boykottiert. Wer sich in Berlin bei einem jüdischen Arzt behandeln ließ, bekam bereits vom April 1933 an die Kosten bei der Städtischen Krankenversicherungsanstalt nicht mehr erstattet. Nach der Verabschiedung des Gesetzes »Zur Wiederherstellung des Berufsbeamtentums« vom 7. April 1934 wurden viele jüdische Beamte entlassen. Nur die ehemaligen Frontkämpfer aus dem Ersten Weltkrieg blieben vorerst noch verschont. Vom Februar 1934 an durften jüdische Medizinstudenten kein Examen mehr ablegen, am Ende des Jahres wurden die angehenden Pharmazeuten um ihren Abschluss betrogen. Anfang Juli 1935 konnten Juden die Offizierslaufbahn nicht mehr ergreifen, am 25. des Monats erklärte man sie für »wehrunwürdig«. Nach der Verabschiedung der Nürnberger Gesetze »zum Schutz des deutschen Blutes«, im September 1935, war die Ehe zwischen Juden und anderen Deutschen verboten und sogar die Liebe als »Rassenschande« mit einer Zuchthausstrafe oder der Einweisung in ein Konzentrationslager bedroht.

Im November dieses Jahres verloren die Juden ihr Wahlrecht, und die verbliebenen jüdischen Beamten wurden an die Luft gesetzt.

An der stetig fortschreitenden Stigmatisierung, Entrechtung und Beraubung der jüdischen Minderheit konnte es zu diesem Zeitpunkt wahrlich keinen Zweifel mehr geben. Doch so gut wie nichts davon in Theklas Briefen, dagegen überwiegend unbedeutende Nachrichten. Tagesabläufe, Familiäres. Am 13. Juli 1937, das »Dritte Reich« bestand schon viereinhalb Jahre lang, und Sohn Hans schwamm gerade auf der Cap Norte seinem brasilianischen Exil entgegen, da war das Berliner Wetter eine Erwähnung wert, es hatte den ganzen Tag geregnet, »so dass wir unseren Spaziergang vertagen mussten«. Gegen fünf Uhr wagten sie und Günter, ihr Jüngster, sich dann doch bis zum Breitenbachplatz. »Es werden jetzt ja in den Kinos die merkwürdigsten Sachen ausgegraben.« Sie sahen sich »Brand in der Oper« an. Glücklicherweise spielte das Feuer dabei eine geringe Rolle. Es gab ja schon genug Aufregungen! Eine Aufführung von »Hoffmanns Erzählungen« stand hingegen im Mittelpunkt der Handlung – »es wurde sehr schön gesungen«. Tags zuvor war Thekla im jüdischen »Kulturbund« gewesen, einer Einrichtung, welche die Juden ins Leben gerufen hatten, um jüdischen Künstlern, die zu Tausenden entlassen worden waren, Arbeit und Brot zu geben. Auch in anderen Städten, nicht nur in Berlin, gründete sich der Kulturbund, eine Art künstlerisches Ghetto, das die Nazis erst durch die Entlassungen und den Ausschluss der Juden von allen kulturellen Veranstaltungen und Einrichtungen erzwungen und danach aufs Zynischste herabgewürdigt und propagandistisch missbraucht haben. Täglich standen dort – vor allem in der Reichshauptstadt – Opern oder Theaterstücke auf dem Programm; Kino, Kleinkunst und Konzerte wurden geboten, Ausstellungen veranstaltet, Vorträge gehalten.

Dieses Mal besuchte Thekla ein Stück von Henri Bernstein – »das war doof … Der Abend bei Simons verlief noch doofer, es war ein grässliches Ehepaar da, und so konnte man das bisschen, was man sonst geredet hätte, auch nicht mal reden. Einen komischen Verkehr haben die Leute.« Natürlich findet sich noch weitaus mehr Klatsch in diesen Episteln: »Was sagst Du zu der Fruchtbarkeit von Werner Reyersbach? In diesem besonderen Fall kann man wirklich nebbich sagen. Er ist ein großer Pechvogel, was mit Untüchtigkeit wohl identisch ist – außer in diesem Fall.« Am 26. September geht die überwältigende Nachricht von einem kommenden »Kaffeeklatsch« nach Brasilien ab. Geladen sind die Schwiegertochter in spe, Ada, die in Berlin zurückgebliebene Verlobte von Hans, außerdem Schwester Märthe und Kusine Hede Reyersbach. »Ich liebe so etwas zwar nicht, aber was tun? Das Dumme ist, dass morgen wegen des Mussolini-Feiertags kein frischer Kuchen zu haben ist und ich den hohen Herrschaften den alten vorsetzen muss.« Der italienische Diktator war nämlich bei seinem deutschen Vorbild zu Gast und wurde mit Paraden, Kundgebungen, Hitlerreden, der Ehrung von Gefallenen und einem Zapfenstreich im Olympia-Stadion gefeiert. Da musste offenbar das ganze Volk mitfeiern, Bäcker und Konditoren eingeschlossen.

Am 25. Oktober 1937 ist das übliche Mittagessen bei Tochter Edith, die in der Nähe wohnt, eine Erwähnung wert. Man kocht eben nur einmal und gleich für alle – »was den Vorteil hat, dass nur eine Küche sauber zu machen ist«. Abends spielt die Familie Bridge oder Skat, häufig geht Thekla auch ins Kino. Am Sonntagvormittag ist man bei dem jungen Ehepaar Reyersbach zu Besuch gewesen und siehe, »Simons saßen breit und gemütlich auch da«. Wenn das keine Neuigkeiten sind! Im November ist dann ein Wetterbericht fällig: » Es ist jetzt Sonntag Mittag 1 Uhr, Günter sitzt noch in der Badewanne, was Dich ja weiter nicht in Erstaunen setzen wird und das in Anbetracht des seit Tagen herrschenden nebligen Wetters auch mich nicht weiter aufregt. Es ist so neblig, dass man nicht mal auf die Bahnhofsuhr sehen kann. Wie Du weißt, ist das für uns von großer Bedeutung, da wir selbst nie eine richtig gehende Uhr haben.« An Weihnachten 1937 bekommt Thekla einen Teewagen von Tochter und Schwiegersohn geschenkt. Der war schon lange »der Traum meiner schlaflosen Nächte«. Die zweijährige Enkeltochter ist eine »reine Freude«, hat sich am Heiligabend geradezu blindwütig auf einen Roller, den »Choller« gestürzt, macht aber leider noch in die Windeln, was sich insofern belastend auswirkt, als der Großmutter häufig Betreuungspflichten auferlegt sind.

Mit ihrem jüngeren Sohn Günter, nach dem frühkindlichen Kosenamen »Pummel« nur »Pu« genannt, geht sie wieder mal zu »Telschow«, der Konditorei am Breitenbachplatz, wo sich alle beide »nach altgewohnter Weise in Zeitungen und Zeitschriften vertiefen«. Und am Einkaufsbummel hat sie ebenfalls wie eh und je ihren Spaß: »Heute habe ich eine große Reise in die Stadt unternommen und viel Geld ausgegeben. Man muss doch auch etwas zur Hebung der Wirtschaft beitragen, und dann habe ich mich mit Pu getroffen und im Vegetarischen gemittagt. Wie Du Dir denken kannst, bin ich nachher weiter auf den Luff gegangen und habe leider weiter mein Portemonnaie erleichtert. Dabei wollte ich doch nur noch sparsam sein.« Und wie gestaltet sie das Jahresende? »An Sylvester werde ich ins Kino gehen und dann ins Bett, und es wird hier im Hause hoffentlich recht ruhig sein, damit ich ungestört in das neue Jahr hineinschlafen kann und nicht über die Unvollkommenheiten dieser Welt nachzudenken brauche.«

Noch also, an der Jahreswende 1937/38, schiebt sie diese Unvollkommenheiten von sich weg, geht bummeln, Kaffee trinken und macht sich auch nichts daraus, die nationalsozialistische Wirtschaft mit ihren Einkäufen zu unterstützen, die doch schon eifrig dabei ist, ihre jüdischen Anteile lahmzulegen, zu »arisieren«, das heißt zu enteignen und den Gewinn sich selbst einzuverleiben. Thekla fühlt sich sogar gut dabei. Allenfalls ein kleines Unbehagen lugt zwischen den Zeilen hervor. Und natürlich traut man sich auch nicht, diese Unvollkommenheiten genau zu beschreiben. Kein Wort davon. Nur Andeutungen blitzen gelegentlich auf, so im Oktober 1937, als sie beklagt, dass es partout nicht gelingen will, die Ausreisepapiere für die von Hans sehnsüchtig erwartete Ada, seine Verlobte, zusammen zu bekommen, damit auch die junge Frau endlich nach Brasilien starten, sich retten und ihrem Liebsten in die Arme sinken kann: »Es ist eben eine verrückte Welt. Wir armen Jiden haben weiter nichts zu tun, als uns abzufinden. Aber Kopf hoch Pitter, lass de Mot nich sinke!«, fügt sie auf Rheinisch noch an. Und von einem Verwandtenbesuch zurück notiert sie: »Dass natürlich viel vom Auswandern gesprochen wird und die Gemüter doch alle sehr beunruhigt sind, kannst Du Dir wohl vorstellen. Was soll man wirklich tun?«

Von Alarmstimmung aber immer noch keine Spur. Das änderte sich bald. Aber vorerst fühlte sich das Leben nicht so sehr viel anders an als damals in Charlottenburg, in der Schillerstraße, bevor die braune Pest sich auszubreiten und das Leben zu vergiften begann.

Schillerstraße 104

Das Haus steht nicht mehr, das Haus, in dem meine beiden Großelternpaare in den zwanziger Jahren des letzten Jahrhunderts wohnten – das Haus also, in dem sich meine Eltern kennen lernten. Ein frisch polierter Neubau ist an seine Stelle getreten. Weiß getüncht, mit scheußlich schwarzen, säulenartigen Umrandungen an den Eingängen. Aufgesetzter, schlechter Zeitgeschmack. Eines dieser Mietshäuser, dem man schon von außen die Öde im Innern, die Einrichtungen in Braun und Beige, die Versandhaus-Vorhänge und Schnäppchen-Teppiche ansieht.

Damals jedoch, in den Zwanzigern, war es zwar keine der exquisiten Lagen, wie der Kurfürstendamm oder die großbürgerlichen Villenviertel in Dahlem und Zehlendorf, aber doch eine der gutbürgerlichen Unterkünfte in Charlottenburg. Außen mit steinerner Ornamentik im Jugendstil über den hohen Fenstern und an einem angedeuteten Scheingiebel, mit Balkonen und Erkern. Innen ausgestattet mit einem Fahrstuhl, mit roten Läufern im Aufgang, großzügigen Wohnungen, langen Fluren und einem Berliner Zimmer, nach dem üblichen Schnittmuster in der alten Reichshauptstadt. In den Wohnungen dann Parkettböden, dunkle Möbel. Tische und Stühle mit gedrechselten Beinen, schwere Tagesdecken mit Fransen am Rand, Silber zum Dekor, Stickereien, Gobelins an den Wänden. Und das alles in der Mitte der Stadt. Zu Theatern und Konzertsälen war es nicht weit. Die großen Einkaufsstraßen konnte man leicht erreichen. Das ganze pulsierende Großstadtleben lag fast vor der Haustüre und zu Füßen der jüngeren Generation, die hier noch mit den Eltern wohnte.

Schillerstraße 104

Für sie, für diese Jungen, war es eine Art Paradies, ein Feld für Begegnungen, Freundschaften, Feste und Liebeleien. Denn sie waren alle in etwa gleich alt oder gleich jung – die Kinder der Familie Burger, Fritz und Walter mit ihren Schwestern Hilde und Gudrun. Sie wohnten im dritten Stock. Die Wolles mit der Tochter Edith und den Söhnen Hans und Günter waren auf der ersten Etage zu Hause. Drumherum gruppierten sich noch die

Thekla mit ihren Söhnen Hans und Günter
Mitte der zwanziger Jahre

jungen Leute aus anderen Familien: die Wreschners mit Alfred und der schönen Margot, und die Bartuschecks mit Steffi, die gar nicht hübsch war, aber eine wunderbare Freundin für Edith. Man brauchte also nicht woanders hinzugehen, um sich zu amüsieren. Der Radius, in dem sich vor allem die wohlerzogenen jungen Mädchen tummeln konnten, war selbst in den flotten zwanziger Jahren nicht besonders weit. Also drehte sich das Karussell der Freundschaften und ersten Liebeleien vorweg an Ort und Stelle, nämlich hier in der Schillerstraße 104.

Edith war mit Steffi befreundet. Das hielt sogar bis zu Steffis Tod, lange nach dem Zweiten Weltkrieg. Alfred war in Edith verliebt. Aber da hatte sich längst schon etwas angesponnen zwischen Edith Wolle und Walter Burger, zwischen dem Mädchen aus dem aufgeklärten Berliner Judentum und dem Jungen aus der schwäbischen Familie. Insgesamt lebten hier vier jüdische mit vier nichtjüdischen Familien in einem Haus. Unter ihnen, zufällig und schicksalhaft zusammengefügt, meine beiden Großelternpaare: der Konfektionär Gustav Wolle mit seiner Frau Thekla und der aus Württemberg vorübergehend nach Berlin zur Reichsverwaltung entsandte Verwaltungsjurist Dr. Erwin Burger mit seiner Frau Kläre.

Außerdem wohnte der Besitzer und Betreiber des Luna-Parks, einer Eisrevue, im Haus, was insofern von Bedeutung war, als er auf dem Dachboden ein riesiges Magazin mit den herrlichsten Kostümen vorhielt. Ein unerschöpflicher Vorrat. Dort durften sich die jungen Leute bedienen und aus mancherlei Anlässen wunderbar verkleiden – zu Maskenbällen oder Scharaden. Auf den alten Fotos sieht man sie allesamt, fröhliche Grimassen schneidend, dramatisch posierend und phantasievoll kostümiert – als Pierrot, als Prinzessinnen, als Rokokodamen, als Kosakenpärchen, als Zigeuner. Jugend in Berlin in den goldenen zwanziger Jahren. Ausgelassen. Heiter. Zukunftsfroh. Hat die Zugehörigkeit zu dieser oder jener Religion keine Rolle

*Maskeraden
in der Schillerstraße.
Oben Walter, Edith
und Hans als Pierrot,
rechts Hilde
als Pusztamädel.*

gespielt? War es allen Eltern und allen Söhnen und Töchtern völlig gleichgültig, dass Margot und Edith, dass Hans und Günter jüdischer Abstammung waren? Konnten sie, ohne dass irgendjemand seine Vorurteile austobte, ungestört miteinander feiern, sich sogar lieben? Auf den ersten Blick sieht es ganz danach aus. Feiern konnten sie durchaus, aber sich lieben? Das war schon schwieriger, erst recht wenn eine Heirat daraus werden sollte – zum Beispiel die Heirat von Edith und Walter.

Doch erst einmal gab es keine Probleme, allenfalls Irritationen. Als die Burgers noch nicht sehr lange im Hause Schillerstraße 104 wohnten, saßen die Söhne Fritz und Walter eines Nachmittags in ihrem »Bubenzimmer« zusammen, und Fritz erzählte, dass er den Hans Wolle besonders nett fände.

»Weißt du eigentlich, dass die Wolles Juden sind?« fragte Walter.

»Dann sinken sie schon in meiner Achtung«, hielt Fritz ihm spontan entgegen.

Das war natürlich nur die Bemerkung eines unreifen jungen Mannes. Trotzdem zeigt die Äußerung etwas von dem Klima, das damals herrschte und schon vor Hitlers Machtergreifung das bürgerliche Milieu antisemitisch eingestimmt hatte. Das gilt zwar in einem streng nationalsozialistischen Sinne gewiss nicht für das Burgersche Elternhaus, zu dem ja auch Walter gehörte, den die Worte seines Bruders zutiefst entsetzten und aufbrachten. Er wunderte sich, dass zwei Geschwister, die in etwa gleich alt und nach den gleichen Grundsätzen erzogen worden waren, so grundverschiedene Vorstellungen entwickeln konnten, schüttelte heftig den Kopf über Fritz und kam zu dem Schluss, dass der Bruder eben aus einem anderen Holz geschnitzt sei als er selbst – weniger musisch, weniger sensibel, weniger weltoffen, weniger literarisch interessiert, weniger tolerant und nicht zuletzt, als Grund für alle diese Mängel – ja, davon war er überzeugt – weniger intelligent.

Niemals hat Walter diese Sätze vergessen, die so leicht dahin-
gesagt waren und doch, wie in einer Nussschale, die Vorurteile
und Gefühle zusammenfassten, die ihm und Edith in den Jahren
danach das Leben noch schwerer machen sollten, als es ohnehin
schon war. Nazis waren die Eltern Burger zwar nie, was sich später noch als sehr hilfreich erweisen sollte. Im Gegenteil. In seiner
Zeit als Landrat in Tuttlingen, die den Berliner Jahren folgte, legte
sich mein Großvater Erwin Burger mit den Mächtigen des neuen
Systems gründlich an. Aber die freundlichen Gefühle gegenüber
Juden hielten sich gleichwohl sehr in Grenzen, was sich zum
Beispiel zeigte, als sein Sohn Walter in der Schule die Lyrik und
Prosa Heinrich Heines kennen lernte. Er war »sehr angetan
von dessen frecher Ironie«, wie er in einem Erinnerungsblatt
festhielt, hinter der er damals schon eine »große Empfindsam-
keit erkannte«. Und weil er so begeistert war, wünschte er sich
zu Weihnachten eine Heine-Ausgabe. Doch Erwin sträubte sich.
Er wollte »den Juden« nicht im Bücherschrank sehen, auch nicht
im Bücherschrank seines Sohnes, ließ sich schließlich aber doch
umstimmen und schenkte dem Sprössling »Gesammelte Werke«
in einer billigen Ausgabe, die den Jungen hoch beglückte. Der
hatte von Heines jüdischen Abkünften gar nichts gewusst, hatte
erst durch den Widerstand des Vaters davon erfahren.

Bei meiner Großmutter Kläre hatte die Abneigung gegenüber allem Jüdischen religiöse Gründe. Sie war pietistisch erzogen worden und anhaltend fromm. Aber was war das für eine
Frömmigkeit? Als Walter und Edith nach sieben Ehejahren zum
ersten Mal Eltern werden sollten, riet sie in einem Brief wegen
der politischen Verhältnisse zur Abtreibung. Da könne es doch
nicht gut gehen, Kinder in die Welt zu setzen. Solche Ratschläge
ließen sich also mit dem Glauben meiner bigotten Großmutter
vereinbaren? Offenbar war ihre Skepsis gegenüber dem Jüdischen stärker. Der Antisemitismus des Großvaters hingegen war
überhaupt nicht religiös begründet. Zwar hatte er eine christliche

Erziehung genossen, aber allenfalls am Karfreitag, dem höchsten evangelischen Feiertag, ging er noch zur Kirche. Nein, er verachtete die Juden nicht als Gottesmörder. Vielmehr war er, der den Nazis sonst nicht auf den Leim kroch, in diesem Punkt ein Opfer oder besser: ein sehr geneigter Mitläufer des Zeitgeistes.

Fritzens herabsetzende Bemerkung über den bis dahin so geschätzten Hans Wolle hinderte Walter jedoch keinesfalls, sich für den jüdischen Jungen zu interessieren, ja mehr, sich mit ihm richtig anzufreunden. Und das kam so: In der Nummer 104 der Berliner Schillerstraße wohnte auch ein Ehepaar Poppe. Die Frau, eine sehr kommunikative Königsbergerin, verbrachte ihre Abende mal bei dieser, mal bei jener Familie im Haus und trug so die Neuigkeiten von einem Stockwerk ins andere. Eines Tages sprach sie Walter auf der Treppe an und meinte, der Hans Wolle sei doch in seinem Alter, die Familie sei sehr nett. Ob er sich nicht mit dem Gleichaltrigen etwas anfreunden wolle? Also wartete Walter an einem der folgenden Tage nach der Schule an der Litfass-Säule, bis Hans sich von seinem Klassenkameraden verabschiedet hatte. Das letzte Stück gingen sie dann zusammen nach Hause.

Dieser beabsichtigten Begegnung folgte alsbald eine Einladung zu einer Tasse Kaffee bei Wolles, und Walter lernte die ganze Familie kennen. Erst saßen die beiden Jungen alleine in Hans' Zimmer, dann kam Vater Gustav dazu, erkundigte sich nach dem Woher und Wohin und fragte schließlich, ob Walter die neue Reinhardt-Inszenierung des »Götz von Berlichingen« im Großen Schauspielhaus schon gesehen habe. Walter verneinte, weil man bei den Burgers mit Literatur und Theaterkultur nicht so viel am Hut hatte. Sie kamen aus der schwäbischen Beamten- und Garnisonsstadt Ludwigsburg, in der zu Beginn des zwanzigsten Jahrhunderts von den Zeiten der absolutistischen Herrscher nicht allzu viel Kultur fortblühte. Was die Herzöge Eberhard Ludwig, der Stadtgründer und Erbauer des herrlichen Barockschlosses, und was später Carl Eugen, an dessen brutaler Erziehung Friedrich Schiller gewachsen war, hier einst gepflanzt hatten, wirkte zumindest in dem Milieu, in dem die Burgers lebten, nicht bedeutend nach. Und so hatte Gustav Wolle allen Grund, seinem Sohn Hans aufzutragen, für den nächsten Sonnabend Karten zu besorgen. Walter behielt dieses Gespräch und den folgenden Theaterabend als den wahren Anfang eines ganz neuen und alles Weitere bestimmenden Lebensabschnitts in Erinnerung: »Es war der Auftakt zu einer langen Reihe bildungsfördernder Maßnahmen.« Gustav Wolle schickte die beiden Jungen nicht nur ins Theater, er ging mit ihnen in die »Sezession«, eine Ausstellung moderner Gemälde – *die* Ausstellung moderner Gemälde! –, er nahm sie »dahin und dorthin mit, wo er sich etwas für unsere Bildung versprach«.

Von diesem Nachmittag an schien für Walter die Welt wie verwandelt. Das hatte zunächst tatsächlich mit den ungewohnten Bildungserlebnissen und der Freundschaft mit dem gleichaltrigen Hans Wolle zu tun. Doch ihn fesselte auch die ganze Lebensart dieser Familie, der leicht ironische Ton, der da herrschte, die freie Atmosphäre, die Offenheit, das Großstädtische, der Witz und ganz zuletzt auch die Begeisterung für die damals modernen Unterhaltungstechniken. So fotografierten die Kinder der Familie Wolle viel und entwickelten die Bilder in einer eigenen Dunkelkammer selbst. Sie hatten auch ein Grammophon, mit dem sie sich Opernarien vorspielten und sie im Badezimmer, weil es da so schön hallte, begleitet von großen Gesten, nachsangen. All das sog der Junge aus der schwäbischen Provinz auf »wie ein trockener Schwamm das Wasser«, so stellte er rückschauend fest, und er war ja auch in dem Alter, in dem sich der Mensch am leichtesten beeindrucken lässt, in dem sich alle Erlebnisse tief ins Gemüt eingruben und immer wieder in spätere Lebensabschnitte ausstrahlen – sei es nun verdüsternd oder aufhellend, je nachdem, was in diesen besonderen Jahren so begeisternd oder so bedrückend gewesen ist.

Schwäbisch, doch kein Idyll

In Walters Jugend gab es beides: das Begeisternde und das Bedrückende. Ersteres fand er bei den Wolles, bei Thekla, Gustav und ihren Kindern. Fast jeden Abend saß er nun bei ihnen, so sehr hatten es ihm die Atmosphäre und der Ton in dieser Familie angetan. Das zweite, das Bedrückende, drängte immer mal wieder in den Alltag seines eigenen Elternhauses. Es ging vor allem vom ungezügelten Wesen seines Vaters aus, dem Sohn eines wohlhabenden Bauern und Gastwirts aus Nussdorf im schwäbischen Unterland, unweit Stuttgarts. Erwin Burger, 1877 geboren, und sein um ein Jahr jüngerer Bruder Felix waren die ersten in der Folge der Burgerschen Generationen, die aufs Gymnasium gingen, dort höchst erfolgreich vorankamen und studierten. Erwin hatte ein entsprechendes Selbstbewusstsein, das Selbstbewusstsein des Abkömmlings von besitzenden und unabhängigen Bauern – auch wenn der Besitz nicht die Ausmaße eines Gutes hatte, aber doch beträchtlich war –, das sich mit dem Selbstbewusstsein des erfolgreichen Aufsteigers vermischte. Außerdem sah er gut aus, mit seinen rabenschwarzen Haaren, dem kräftigen schwarzen Schnurrbart und dem drahtigen, nicht sehr hoch gewachsenen Körperbau. Tanzen konnte er und reiten, ein sportlicher und blitzgescheiter junger Kerl.

Es ist leicht vorstellbar, dass er der schönen Tübinger Patriziertochter Kläre Baur gefiel, einer Enkelin des »Stäffeles-Baur«, dessen großes und repräsentatives Bürgerhaus an den Staffeln lag, die vom Marktplatz der Universitätsstadt zum Schloss hoch führten – daher der Name. Ging man den steilen Weg weiter hinauf bis zum Schloss, so lag rechter Hand das Verbindungshaus der »Roigel«, der sogenannten Königsgesellschaft, weil sie im Gasthaus »Zum König« gegründet worden war. Erwin trat dort ein. Und täglich ging er auf dem Weg zur Universität, zu den Vorlesungen und Seminaren am Hause der Baurs vorbei. Hier ein Grüßgott, dort ein Blick, nachdem sie sich auf einem Verbindungsball zum ersten Mal begegnet waren. Der temperamentvolle Bauernsohn und die Bürgerstochter aus sehr gutem Hause, blond, rank und schlank. Wohlhabend und wohlerzogen. Es muss ganz schön gefunkt haben zwischen den beiden. Und obwohl sie aus so verschiedenen Milieus kamen, war die Ehe erst einmal glücklich, wovon vier gutgeratene Kinder Zeugnis ablegten. Und auch dies mag von Belang gewesen sein: Die Heirat mit Kläre brachte Erwin gesellschaftlich weiter voran. Er

Die schwäbischen Großeltern.
Kläre und Erwin Burger mit ihren Kindern
Walter, Gudrun, Fritz und Hilde (von links)

hatte es geschafft, der junge Doktor der Jurisprudenz, hatte sich vom Bauern- und Gastwirtssohn zum angesehenen Bürger hochgearbeitet. Das führte ihn schließlich bis in die Reichshauptstadt. Doch nach der Hochzeit mit Kläre begann er seine Laufbahn erst einmal als Polizeiamtmann in Tübingen. Drei Jahre später, die Söhne Fritz und Walter waren schon auf der Welt, wechselte er aus dem kommunalen in den Staatsdienst über und wurde Amtmann auf dem Oberamt in Ludwigsburg. Die Oberämter jener Zeit waren die Vorläufer der heutigen Landratsämter, und der Amtmann im Oberamt wäre heute der erste Stellvertreter des Landrats.

Erwin Burger gehörte also zu den Honoratioren der Stadt, ein Vorzeigemann, mit einer Vorzeigefrau und bald vier Vorzeigekindern. Wahrscheinlich aber hat er auch damals schon ab und an ein Gläschen zu viel getrunken. Er war ja der Sohn eines Gastwirts, trug also, den Alkohol betreffend, etwas Ererbtes oder Erworbenes mit sich herum. Ziemlich wahrscheinlich verbrachte er zudem die Jahre bei den Roigel nicht gerade als Abstinenzler. In fast allen Verbindungen wurde damals zu viel getrunken, besonders aber bei den Roigel, bei jener Verbindung, von der es in Tübingen, in Abgrenzung zur Landsmannschaft »Normannia«, bis heute nach derber schwäbischer Landesart heißt: »Er sauft wie 'n Roigel und kotzt wie 'n Normann.« Erwin ging nun mal gerne ins Gasthaus. Und Kläre war zwar ungewöhnlich hübsch, aber auch ungewöhnlich fromm, dazu unendlich bescheiden, wie es sich in Schwaben gehörte, und ihrem Mann weder intellektuell noch von der Lebenskraft her gewachsen. Womöglich war ihm bisweilen ein wenig langweilig an ihrer Seite.

Aber die Kinder liebten und verehrten ihre Mutter. Den Vater fürchteten sie, je älter er wurde, desto mehr. Ursprünglich »ein vernünftiger, liebenswürdiger und solider Mann«, wie Walter seinen Erzeuger rückschauend beschrieb, gebärdete der sich später, nachdem er dem Alkohol zunehmend verfiel, als Tyrann. So beanspruchte er immer das bessere Essen, und als Ernährer der Familie, wie es damals hieß, bekam er es auch. Das wurde in den Hungerjahren nach dem Ersten Weltkrieg von seinen Kindern begreiflicherweise als sehr ungerecht empfunden. Sie hatten schon dankbar zu sein, wenn vom Brathühnchen ab und an mal ein Knöchelchen zum Abnagen für sie blieb. Das reichte er dann gerne, ohne genau hinzuschauen, auf den Teller linker Hand weiter, vor dem Gudrun, seine jüngste Tochter, zu sitzen pflegte.

Einmal, so erzählte man sich in der Familie, saß aber ihre Freundin, die zu Besuch war, auf diesem Stuhl, und mehrere fast fleischlose Hühnerbeine landeten unversehens auf dem Teller des fremden Kindes, das sich, Knochen um Knochen, brav mit einem »Danke, Herr Landrat, danke, Herr Landrat« vernehmen ließ. Aber so war das damals, nicht nur bei den Burgers, auch in anderen Familien. Die Männer genossen Vorteile, und das schien nichts anderes als die Folge einer natürlichen Rangordnung zu sein. Sie verdienten das Geld und waren Oberhaupt der Familie.

Dass Erwin seine »Viertele« trank, die natürlich auch vom Familienbudget abgingen, kam erschwerend hinzu, und es wurde mehr und mehr zum Problem. Vor allem, als er – um seine Karriere weiter voranzubringen – 1919 Aufgaben in Berlin übernahm. Das Land Württemberg hatte ihn freigestellt. Reichsbevollmächtigter der Reichsstelle / Außenhandelsstelle durfte er sich nun in der Reichshauptstadt nennen. Unter anderem leitete er die Umwandlung von Textilbetrieben, die bis dahin Uniformen für die Wehrmacht hergestellt hatten. Es dauerte anderthalb Jahre, bis die Familie nachfolgen konnte. In dieser Zeit lebte Erwin in Berlin allein, ein vorübergehend entwurzelter Familienvater, aus dem behäbigen und behaglichen Ludwigsburg mit seiner Honoratiorengesellschaft kommend und nun dem Tosen der

tosendsten aller Städte jener Zeit ausgesetzt: da fehlte ihm der
Halt. So verbrachte er noch mehr Stunden im Gasthaus als sonst
und hat sich im Verlaufe dieser Zeit sehr verändert. Allmählich
wuchs sich die Neigung zum Alkohol zu einer schrecklichen, die
ganze Familie belastenden Krankheit aus. Aber das wollte man
sich damals nicht eingestehen und wusste wohl auch nicht, was
dagegen zu tun sei.

Auf alle Fälle kam mein Großvater Burger nicht mehr los
vom Alkohol, auch nicht, als er 1926 nach Schwaben zurück-
kehrte und die reizvolle Aufgabe eines Landrats im südwürttembergischen Tuttlingen übernahm. Kein Wunder, dass das Leben
bei den Burgers, im Gegensatz zu den Gepflogenheiten im Hause
Wolle, entschieden weniger harmonisch ablief. Kläre duckte
sich, hatte der Despotie ihres Mannes wenig entgegenzusetzen
und, wie Walter notierte, »Entsetzliches durchgemacht«. Auch
die Kinder, vor allem die Söhne, Fritz und Walter, litten furchtbar und strebten danach, so schnell wie möglich von zu Hause
wegzukommen und selbständig zu werden. Auch deshalb ging
Fritz noch einmal in seine alte Schule nach Ludwigsburg zurück.
Walter aber wurde ein Wolle.

Genau genommen waren es zwei Aufsteigerfamilien, die in
der Schillerstraße aufeinander trafen. Die Burgers, bei denen
sich zumindest der Familienvorstand aus dem althergebrachten
Dorfleben nun in ganz andere gesellschaftliche Regionen, gar in
die Reichshauptstadt und zum Dienst in der Reichsregierung
emporgeschwungen hatte. Und die Wolles, vom Tuchhandel
zu mittelständischen Produzenten vorangekommen, die Bindungen zur jüdischen Religion gerade abstreifend und dabei
im höchsten Maße hingerissen von der künstlerischen Blüte der
Weimarer Jahre und der neuen Freiheit. Hier wie da fühlte und
dachte man deutsch. Und doch lagen Welten zwischen ihnen.
Die Wolles waren in der Metropole Berlin verwurzelt, sie waren
im 20. Jahrhundert angekommen, modern, großzügig und allem

Neuen gegenüber höchst aufgeschlossen. In den schwäbischen Burgers hingegen, die nur für ein paar Jahre hier hospitierten, wirkte die Provinz noch heftig nach. Das 19. Jahrhundert lag ihnen gewiss näher als diese brausende Zeit.

Während die Wolles abends ins Theater und in die Oper gingen, im Freundeskreis Bridge und Rommé spielten, Ausstellungen besuchten oder sich über die neuesten literarischen Erscheinungen die Köpfe heiß redeten, beschäftigte sich Kläre Burger, die schöne Kläre, vor allem zu Hause, strickte, stopfte Strümpfe oder las fromme Bücher. Wer noch anwesend war, nahm eben-

»Schon ganz ein Wolle« unter Wolles.
Walter Burger (Mitte) mit Günter, Edith, Hans,
Gustav und Thekla Wolle (von links)

falls ein Buch zur Hand und ging dann früh schlafen. Manchmal kamen Verwandte oder Freunde aus der schwäbischen Heimat zu Besuch. Dann blieb man schon einmal etwas länger auf, saß auch nett beieinander.

Offenheit bei den einen, eine gewisse Enge bei den anderen. Allenfalls das bewusst Bürgerliche, das die Jahrhundertwende überspannte, verband sie. Nicht von ungefähr wohnten die beiden Familien in dieser bürgerlichen Gegend, in der so bürgerlichen Gemeinschaft der Charlottenburger Schillerstraße. Und so ganz kulturlos ging es in dem süddeutschen Haushalt ja auch nicht zu. Da wurde immerhin musiziert. Kläre spielte nicht schlecht Klavier. Ihr Sohn Walter brachte es sogar zu einiger Meisterschaft. Aber das literarische Interesse bei den Schwaben entsprach nicht ihrem musikalischen Niveau, und außer Meyers Konversationslexikon, ein paar Bänden Karl May und Büchern von Rudolf Herzog, der in seinen Romanen vom national gesinnten Bürgertum erzählte, fand sich nicht viel in den Regalen. Für Walter stand schnell fest: Die Wolles waren kultivierter, gebildeter, da war es interessanter, da war auch die Atmosphäre viel gelöster als bei den Burgers – toleranter, lebendiger. Und was die Väter anging, so musste »ein Vergleich zwischen Ediths Vater und dem meinen ohne jede Einschränkung zugunsten von Gustav Wolle ausfallen«.

Nicht dass das, was er später die »unguten Verhältnisse im Elternhaus« nannte, seine Entscheidung für Edith Wolle beeinflusst hätte, eine Entscheidung, die nicht leicht war, da ihm gedroht wurde, er dürfe im Falle, dass er sich binden würde, nicht mehr nach Hause kommen. Auch schickte man ihn für ein paar Monate zu Verwandten nach Württemberg. Dort sollte er sich beruhigen, sollten sich auch die erregenden Berliner Eindrücke verwischen, sollte womöglich ein anderes Mädchen in sein Leben treten. Auf Mutter Kläres Betreiben hatte die Verwandtschaft eine passende Partie ausgeguckt und die beiden

jungen Leute miteinander bekannt gemacht. Sie wurden angeregt, auf der schwäbischen Alb spazieren zu gehen. Man lud sie
zusammen zum Kaffee ein. Walter tat es auch leid um das junge
Mädchen, das ihm so angepriesen und dargeboten wurde. Doch
es half nichts. Im Gegenteil. Was so oft geschieht, geschah auch
hier: Die Trennung feuerte die Liebe erst richtig an.

Hätte er es nicht schon vorher gewusst, so hätte er jetzt bei
den schwäbischen Verwandten noch einmal intensiv erfühlt, was
Edith ihm bedeutete. Er konnte es kaum abwarten, sie wiederzusehen. Und an seinem 21. Geburtstag, dem Tag seiner Voll-
jährigkeit, fuhr er nach Berlin zurück, ein entschlossener und
nun erwachsener junger Mann, auf dem Wege, sich für immer
an das jüdische Mädchen zu binden. Natürlich hatten die »Verhältnisse« in seinem Elternhaus immerhin dazu geführt, »dass
nichts von alledem, was der Vater und unter seinem Einfluss
die Mutter gegen diese Verbindung vorbrachten, auch nur den
geringsten Eindruck auf mich machten«. Als der Konflikt mit
den Eltern, der gewiss, bei allen Besonderheiten, auch ein ganz
normaler Generationenkonflikt war, in den Jahren zwischen
1923 und 1926 richtig aufbrach, hatte er sich längst entschieden für diese zarte und nervlich anfällige junge Frau, für ein
»Lebensglück«, das er, wie er für seine Nachkommen festhielt,
»fast seherisch erahnte«.

Eine ganz große Liebe

In den Berliner Jahren verkehrten im Hause der Eltern Burger in der Schillerstraße häufig Tübinger Studenten, die für ein Semester in die Hauptstadt gekommen waren. Einer von ihnen, mit dem hübschen schwäbischen Namen Frieder Karle, offenbar ein Pfiffikus mit gut ausgebildeter Beobachtungsgabe, der später Probst der deutsch-evangelischen Kirche in Chile wurde, hänselte Walter gern mit dem Hinweis, er sei doch in Edith verliebt. Wenn der sich wehrte und darauf beharrte, es könne auch Freundschaft zwischen Jungen und Mädchen geben, ohne dass dies gleich in eine – wie man damals sagte – »Poussage« ausarten müsse, kam die Antwort: »Ich weiß ja, dass du nicht lügst. Du weißt es eben noch nicht.« Recht hat er gehabt.

Als Walter an jenem Nachmittag, der ihn zum ersten Mal in den Familienkreis der Wolles führte, auch Edith kennenlernte, gefiel ihm vor allem ihre Natürlichkeit. Seine Schwester Hilde hatte ihn schon darauf hingewiesen, wie besonders nett Edith sei. Zu jener Zeit und noch lange danach verstanden sich die beiden Mädchen wunderbar. Genauso gut wie Walter und Hans. Aber ganz besonders gut verstanden sich Walter und Edith. Erst sprach Walter, wenn er bei Wolles zu Besuch war, ab und an auch mit ihr. Bald sprach er nur noch mit ihr: »Es war unwahrscheinlich, was wir uns alles zu erzählen hatten.« Oft kam Mutter Thekla ins Zimmer, schaute nach den jungen Leuten und fragte, ob ihnen der Erzählstoff immer noch nicht ausginge. Was für eine Frage! Ihr Zwiegespräch dauerte das ganze gemeinsame Leben lang. Walter und Edith, das war der seltene Fall einer ganz großen Liebe zwischen zwei Menschen, die gewiss auch durch die äußeren Umstände zusammengeschweißt wurden. Aber Walter fühlte sich anfangs unwürdig und unbeholfen, als Junge aus der Provinz. Edith war doch gewandt, war umschwärmt von jungen, beruflich schon erfolgreichen Großstadtmännern. Und gebildet war sie auch. Wie gebildet, das wurde Walter bald klar, und wie ungebildet er war, das begriff er, als sie begann, ihn mit Weltliteratur zu füttern. Sie borgte ihm den »Demian« von Hermann Hesse, die »Buddenbrooks« und den »Zauberberg« von Thomas Mann, die Romane von Jakob Wassermann, vorweg »Der Fall Maurizius«, außerdem Werke von Strindberg oder Selma Lagerlöf. Walter verschlang diese Bücher, und er blieb sein ganzes Leben ein Bücherfreund. Kein Abend, an dem er nicht las, bevor er das Licht löschte. Immer setzte er sich mit den neuesten politischen und literarischen Erscheinungen auseinander. Ein allzeit hochinteressierter Mann. Es dauerte gar nicht lange, da hatte er Edith an Wissen und Belesenheit überrundet. Und sicherer fühlte er sich auch.

Aber das war gar nicht selbstverständlich. Denn beide Burger-Buben, Walter wie Fritz, waren in Berlin erst einmal aus dem Tritt geraten. Im Herbst 1920 hatten sie Ludwigsburg verlassen. Walter nannte es eine Zäsur: »Ich stand mit meinem Bruder Fritz, der Schwester Hilde und einer Tante auf dem Bahnhofsvorplatz in Ludwigsburg, der damals so wenig schön war, wie er es heute ist. Ich war noch nicht 15 Jahre alt, trug meinen geliebten Bozener Mantel, einen kleidsamen, grünen Lodenmantel, und einen Rucksack auf dem Rücken. Auf dem Kopf die Klassenmütze der Untersekunda des Ludwigsburger Gymnasiums. Diese Klasse hatte ich gerade hinter mir, also die Mittlere Reife, das ›Einjährige‹, in der Tasche. Und nun hieß es Abschied nehmen von Ludwigsburg, der Stadt, in der ich lebte, seit ich denken konnte, von den Freunden und von vielen schönen Kindheitserinnerungen. Vor mir stand die Aufgabe, mich in Berlin zurechtzufinden.« Das fiel ihm schwer, zum Teil misslang es sogar. Deshalb war ihm auch alles, was damals geschah, bis in sein siebzigstes Lebensjahr, als er diese Zeilen zu Papier brachte, noch so überaus gegenwärtig.

Eine Fehlentscheidung des Vaters führte zu unvorhergesehenen Ereignissen. Aber vielleicht stand dahinter auch Hegels »List der Vernunft«. Als die Familie endlich wieder vereint und in der Berliner Schillerstraße eingezogen war, machte sich Erwin mit seinen Söhnen zum Kaiserin-Augusta-Gymnasium auf, um sie dort anzumelden. Dabei wollte er alle beide ein halbes Jahr zurückstufen lassen, da das Berliner Schuljahr an Ostern und nicht, wie in Württemberg, mit den großen Ferien zu Ende ging. Ein vernünftiges Vorhaben also, um den Buben den Beginn an einer neuen Schule und in einer völlig ungewohnten Umgebung leichter zu machen, zumal die Lehrpläne in der Reichshauptstadt ohnedies ein Stück weiter waren als die in der schwäbischen Provinz. Der Direktor des Gymnasiums, ganz preußisch und streng, meinte allerdings, die Jungen sollten sich auf den Hosenboden setzen. Die Zeugnisse seien so, dass sie das Pensum ohne weiteres schaffen würden. Der Vater vernahm es mit Stolz und gab vielleicht auch aus diesem Hochgefühl heraus klein bei.

Doch die Hoffnungen, die in seine Söhne gesetzt wurden, erwiesen sich als zu hochgesteckt. Zwar wurden sie, was beflügelnd hätte wirken können, in ihren Klassen gut aufgenommen. Und Walter fand am Schluss des ersten Schuljahres die Beurteilung, er sei »freundlich und bescheiden« in seinem Zeugnisheft. Das war ja nichts Negatives, deutete allerdings doch auf ungewöhnlich viel Zurückhaltung, ja eine gewisse Verzagtheit hin. In der Familie trug ihm dieser Satz dann auch noch reichlich Spott ein.

Es lief eben in der großen Stadt Berlin nicht ganz so glatt wie ursprünglich erwartet, obwohl er das Leben dort flott begonnen und am ersten Tag am Kiosk eine »*Vossische Zeitung*«, am zweiten »eine *Vossische*« und am dritten nur noch »ne *Voss*« verlangt hatte – eine vergleichsweise leichte Übung. Aber jetzt mussten anderthalb Jahre Mathematik nachgeholt werden, Nachhilfestunden in Latein standen ebenfalls auf dem außerschulischen Lehrplan. Das ging schließlich über die Kraft dieser Halbwüchsigen, die infolge der Nachkriegsknappheit auch nicht ausreichend ernährt waren. Allerdings hätten sie schließlich doch noch die Chance bekommen, eine Klasse tiefer neu zu beginnen. Aber das war gegen ihren Stolz. Jetzt, sozusagen nach dem Versagen, wollten sie sich nicht mehr herunterstufen lassen. Es erschien ihnen als eine Erniedrigung gegenüber den Mitschülern. So zog Fritz für den Rest der Schulzeit lieber noch einmal nach Ludwigsburg, kam in seiner alten Klasse anstandslos mit und schloss mit dem Abitur ab. Walter fand den Weg nicht zurück zum schulischen Erfolg, den er zuvor in Ludwigsburg durchaus gehabt hatte, und resignierte nun allzu schnell. Sein Vater kümmerte sich nicht um andere Ausbildungsmöglichkeiten. Er wollte ja, dass der Sohn auf dem Gymnasium blieb.

Doch in der Familie Wolle trat der Familienrat zusammen, und Vater Gustav regte an, Walter solle in die Konfektion gehen. Er sei ein guter Zeichner und könne das Niveau in der Branche heben. Nicht auszuschließen, dass Edith ihren Angebeteten in dem Entschluss, der dann tatsächlich so gefasst wurde, bestärkte. Auf diese Weise blieb er in ihrem Einflussbereich, in ihrer Welt, ihrem Milieu und entschwand nicht für ein paar Jahre auf irgendeine, womöglich ferne Universität. Das hätte dann doch noch gefährlich werden können.

Sein ganzes Leben lang hat Walter diesen Schritt bereut, ja mehr: darunter gelitten – nicht Ediths, aber wohl der Bildungsehre wegen. So ein gescheiter Mann, so ansehnlich, ein richtiger Herr, ein hochgeachteter Unternehmer, aber kein Abitur. Und spät, sehr spät, als er nach dem Ende des Dritten Reiches zum Spruchkammervorsitzenden berufen wurde, entdeckte er, wie sehr ihm die Arbeit eines Richters gelegen hätte. Schließlich ver-

»Ein Jungchen wie Samt und Seide«.
Walter Burger, der Vater der Autorin, im Juli 1923

fügte er doch über das ausgleichende Temperament, das man in diesem Beruf braucht, hatte auch die Gabe, klar zu denken, präzise zu formulieren und menschlich zu urteilen, was alles ihm, solange er diese Tätigkeit ausübte, sehr hoch angerechnet wurde. Doch diese Einsichten kamen spät. Viel zu spät.

Er war hochgewachsen, 1 Meter 84 groß, mit schwarzen Haaren, großen, dunkelbraunen, allzeit sanft blickenden Augen, einem vollen und weichen Mund. »Ein Jungchen wie Samt und Seide«, so hat eine Besucherin im Hause Lovis Corinths einmal über ihn gesagt, wohin die Wolleschen und Burgerschen Kinder eingeladen waren, weil die jeweiligen Töchter – Edith und Hilde – mit der Tochter des berühmten Malers befreundet waren. Die Beschreibung erschien allen so treffend, und sie beinhaltete so genau, wie Walter aussah, wie er sich gab und was er war, dass der Satz jener Dame in der Familie niemals in Vergessenheit geriet. Dazu trug auch bei, dass sich der so Beschriebene das Samtene und Seidene auch in seinem erwachsenen Leben erhielt. Ich habe meinen Vater kaum einmal anders als liebenswürdig erlebt, und ein sehr gut aussehender Mann blieb er auch.

Die Musikalität hatte er von der Mutter geerbt, ebenso die stete Freundlichkeit, dazu eine gewisse Naivität, die ihn bisweilen wehrlos machte gegenüber Menschen, die ihn ausnützen wollten. Das geschah ihm immer wieder in seinem Leben. Davor konnte ihn auch der klare Kopf nicht bewahren. Im Grunde war Walter eine Künstlernatur, nachgiebig, leicht zu begeistern, einfühlsam – vielleicht zu einfühlsam, zu weich –, bisweilen auch schnell erregbar. Dagegen half das Klavierspielen. Jeden Abend, wenn er vom Geschäft nach Hause kam, und ebenso jeden Sonntagmorgen setzte er sich an seinen Blüthner-Flügel. Nachdem er als Erwachsener noch einmal Unterricht genommen hatte, spielte er wirklich sehr gut, weit über dem bürgerlichen Durchschnittsniveau. Schuberts Wandererphantasie und die Sonaten von Beethoven zählten zu seinen Paradestücken. Für Bach und Chopin gab es jeweils besondere Tageszeiten – Bach am Vormittag, Chopin eher am Abend. Die Zweistimmigen Inventionen oder das Italienische Konzert des Thomaskantors standen jeden Sonntagmorgen auf dem Programm. Um sich einzuspielen, wählte er das Solfegetto mit den langen Läufen des Bach-Sohnes Philipp Emanuel. Allabendlich perlten Chopins Nocturnes und Preludes in unsere Seelen, außerdem Franz Schuberts Impromptus und Moments musicaux, die Klavierparts von Mozartkonzerten, Schumanns Carnaval oder Variationen von Brahms.

Er hätte gern Musik studiert, befürchtete jedoch, dass sein Talent für eine Karriere nicht ausreichte. Als Klavierlehrer wollte er nicht sein Brot verdienen. Und das Abitur hatte er eh schon abgeschrieben. So wurde er eben Kaufmann, ein klavierspielender, Briefe schreibender Kaufmann. Von allen Briefen, die in der Familie geschrieben wurden, und es waren viele, waren seine die gewandtesten, dazu in einer Handschrift zu Papier gebracht, die – so abgerundet und ebenmäßig –, über ein halbes Jahrhundert hinweg unverändert und ohne Brüche von einer schönen Seele kündeten. Oder soll ich sagen auch davon, dass hier einer, nicht nur, weil es in ihm angelegt war, sondern auch, weil er es sein wollte, in einem übertragenen Sinne ein Christ blieb? Keiner freilich, der, obschon von einer »zutiefst gläubigen Mutter sehr christlich erzogen mit dreimaligem Gebet am Tag und allsonntäglichem Kirchgang«, am Kanon hing, sondern einer, der einfach von Natur aus zur Nächstenliebe begabt war und sie zudem ganz bewusst lebte, was alles er noch wenige Jahre vor seinem Tod aufschrieb: »In allen entscheidenden Phasen meines Lebens habe ich mich von Überlegungen leiten lassen, die man nur als ausgesprochen christlich bezeichnen kann, ohne dass ich mich selbst einen guten Christen nennen könnte. Man kann die Gebote befolgen, ohne an den Gott, seinen Sohn, den Heiligen Geist und ein Weiterleben nach dem Tode zu glauben ...«

Reizvoll war sie gewiss.
Edith Wolle, die Mutter der Autorin, 1925

Feinde oder besser: Leute, die ihn nicht mehr grüßten, die mit ihm keinen Kontakt mehr haben wollten, kannte mein Vater nur in der Zeit des Dritten Reichs – aus politischen und rassischen Gründen, innerhalb wie außerhalb der Familie. Denn nicht eine einzige Sekunde lang dachte er daran, sich von seiner jüdischen Frau zu trennen. Er liebte sie bis zu seinem letzten Atemzug und blieb ihr auch ein Leben lang treu. Niemals hörte er auf, Edith anzubeten, ihren Charme zu bewundern.

Dabei war sie in den Jahren, als sie sich kennen lernten, weder schön noch im landläufigen Sinne ein Typ für Männer oder gar sexy. Aber reizvoll war sie gewiss, ein zierliches junges Mädchen, nur einszweiundfünfzig groß, Walter gerade mal bis zur Schulter reichend, mit schlanken Beinen und einer Figur wie eine Porzellanpuppe. Als Paar ergaben sie eine seltene Silhouette.

Edith hatte volle, dunkle, wildgelockte Haare und ein feingeschnittenes Gesicht. Ihre braunen Augen, weil äußerst kurzsichtig, musste sie später hinter einer Brille verbergen. Sie zog sich elegant an und bewegte sich entsprechend. Geistesgegenwärtig und schlagfertig war sie, bisweilen sogar ein bisschen frivol. Wenn sie wollte, konnte sie sehr witzig sein und eine ganze Gesellschaft unterhalten. Mit einem Wort: ein apartes Geschöpf. Walter fürchtete lange, sie zu verlieren. Immer wieder war er auf den Tag gefasst, »an dem sie erkennen würde, wie minderwertig und unscheinbar ich neben all den Konkurrenten war«.

Edith sah sich umschwärmt, obwohl oder vielleicht auch weil sie etwas kränkelte. Vermutlich erhöhte das ihren Reiz, forderte die Beschützerinstinkte der Männer und natürlich auch Walters heraus. Sie fiel oft in Ohnmacht, klagte gern über »Zustände«, die immer »furchtbar« waren, vertrug nicht jedes Essen und musste viel geschont werden. In der Pubertät litt sie an einer Agoraphobie. Panikattacken überfielen sie, sobald sie einen Platz überqueren oder alleine mit der Straßenbahn fahren sollte. Deshalb wohl hat sie ihre gymnasiale Ausbildung auf der höheren Mädchenschule in Berlin-Charlottenburg nicht beendet, wobei wir niemals erfuhren, wie weit sie gekommen war. Nur soviel war ihr zu entlocken, dass sie gerne Medizin studiert hätte, sich aber nur schwer konzentrieren konnte. Immerhin beherrschte sie ihr Leben lang den damals in bürgerlichen Schichten üblichen Kanon deutscher Gedichte auswendig und beglückte uns, wann immer es gerade passte, mit Goethes »An den Mond«, Fontanes »Archibald Douglas« oder August von Platens »Das Grab im Busento«. Wie oft haben wir es vernommen, dieses mit dramatischer Gebärde in der Stimme und doch leicht ironisch angerauht vorgetragene: »Nächtlich am Busento lispeln, bei Cosenza, dumpfe Lieder …«.

Nach und nach, auf Vermittlung von Max Marcuse eingeschaltet, bekam ein jüdischer Arzt in München Ediths nervöses Leiden einigermaßen in den Griff. Mit einer Art Verhaltenstherapie, einer für damalige Verhältnisse ganz ungewohnten Methode, versuchte er sie, anfangend mit kleinen Strecken, die sie zu bewältigen hatte, an größere Selbständigkeiten zu gewöhnen. Doch sie war und blieb schwierig. Und klaustrophobisch – nun also die Jugendkrankheit umkehrend, sich nicht in der Weite, sondern in engen Räumen ängstigend – war sie auch. Es haftete ihr ein Leben lang an. Niemals stieg Edith alleine in einen Fahrstuhl. Immer sah sie allüberall Katastrophen oder Krankheiten auf sich und uns alle zukommen. Kaum einmal verließen ihr Mann oder wir Kinder das Haus, ohne dass sie uns »Sei vorsichtig!« nachrief, geradeso, als ob sie bei Spinoza in die Schule gegangen wäre, der seine Briefe mit dem lateinischen Pendant »caute«, Hüte dich, unterzeichnete. Aber war nicht Spinoza ebenfalls ein Jude gewesen? Und mussten Juden nicht immer auf der Hut sein? In welchem Jahrhundert sie auch lebten, allemal mussten sie doch die Erfahrung machen, dass es angebracht ist, sich in Acht zu nehmen.

Trotz aller Ängste und Bedenken, von denen Edith Wolle lebenslang verfolgt wurde, steckten doch noch besondere Kräfte in ihr, entwickelte sie sich später völlig anders – nur eben nicht von Jugend an, auch nicht in den ersten Jahren ihrer Ehe. Da zeigte sie sich eher schwach, der Mutter am Schürzenzipfel hängend. Stark ist sie erst geworden, als sie es werden musste. Aber streitbar war sie schon immer, auch kontaktfähig, hilfsbereit, sozial im Umgang mit Menschen, denen es schlechter ging als ihr, oder – später, in ihrem Nachkriegsleben – mit all jenen, die für sie arbeiteten. Dass sie sich wegen ihrer jüdischen Herkunft ausgesondert, herabgesetzt, bedroht fühlte, legte sie freilich niemals ganz ab. Sie schämte sich, eine Jüdin zu sein.

Ein Urerlebnis, in dieser Hinsicht gewiss prägend – eines zumindest, das ihr bewusst war und von dem sie immer mal wieder erzählte – hat sie nicht einmal über den ungleich schlimmeren Schrecken des Dritten Reiches vergessen können. Es lag weit zurück in ihrer Kindheit, im Jahr 1915. Sie war gerade elf Jahre alt. Weil sie ein zu dünnes, etwas kränkelndes Kind war, schickten die Eltern sie des anregenden Klimas wegen auf eine Internatsschule, eine der damals modernen Reformschulen, nach Wyk auf Föhr. Nach anfänglichen Schwierigkeiten fühlte sich Edith dort sehr wohl, blühte auch richtig auf, wollte schließlich gar nicht mehr weg. Irgendwann, gleich zu Beginn dieser Zeit, fragte ein Lehrer die Religionszugehörigkeit der Schüler ab. Das ging der Reihe nach, und Edith begann zu zittern. Denn sie und noch ein Junge waren die einzigen jüdischen Kinder der Klasse.

Da sitzt sie also in der Schulbank, ihr Herz schlägt wild, sie weiß, wann sie dran sein wird und bekennen muss, dass sie nicht evangelisch und nicht katholisch, sondern jüdisch ist. Sie fürchtet sich entsetzlich vor diesem Moment, in dem offenbar werden wird, dass sie nicht wie alle ist, dass sie anders ist, dass sie zu einer oft verachteten Minderheit gehört, ausgestoßen, scheel angesehen, vielleicht sogar ausgelacht, von nun an immer an die

Noch völlig unbeschwert.
Edith und Walter beim Badevergnügen
im Sommer 1931

Seite gestellt. Und dann geschieht das Wunder: Der Lehrer fragt alle Kinder, nur die beiden kleinen Juden übergeht er, erspart ihnen die Scham, sich bekennen zu müssen. Edith atmet auf, ist erleichtert, ist unendlich dankbar. Der Kelch ist an ihr vorbeigegangen. Und doch: dass sie nicht gefragt worden ist, bedeutet es nicht auch eine Ausgrenzung? Ist das nicht auch ein Stigma? Heimlich in ihr Leben eingebrannt wie Jahrzehnte später das große J und der Davidstern in ihren Personalausweis?

Ähnliches wird sie zuvor erlebt haben, muss sie zuvor erlebt haben, obwohl sie sich nicht daran erinnern konnte. Ähnliches und viel Schlimmeres kommt danach. Sie bleibt gezeichnet. Hat die Ausgrenzung, die Verachtung, den Vernichtungswillen der Nazis verinnerlicht. Als sie schon sehr alt ist, in einem Heim lebt und nachliest, was ihre Tochter einmal für den *Spiegel* über Erlebnisse aus dem Dritten Reich berichtet, fürchtet sie immer noch, es könnte ihr zum Nachteil gereichen, wenn mit der Herkunft der Tochter auch die ihre bekannt würde. Unverändert, als sei nach 1945 kein Wandel eingetreten, empfindet sie es als einen Makel, jüdischer Abstammung zu sein, als ein Stigma. Keine anderen Erfahrungen, bessere, menschlichere, hilfreiche, sie achtende – von denen sie doch viele in der Zeit nach den Verfolgungen, etliche sogar schon während des Dritten Reiches gemacht hat –, haben sie von dieser schmerzlichen Empfindung heilen können. Das Thema ist infiziert, tabuisiert. Darüber spricht man nicht, nach wie vor nicht, auch 36 Jahre nach Kriegsende noch nicht. Sie klagt, sie beschimpft mich. Wie konnte ich das nur zu Papier bringen. Nun werden es alle wissen: »Wie kannst du mir das antun?«

Erste Kämpfe

Sie drohten sogar mit Selbstmord, um die Eltern Burger von der
Kraft ihrer Liebe und der Unabdingbarkeit ihres Ehevorhabens
zu überzeugen. Vielleicht dachten sie sogar ernsthaft daran, sich
das Leben zu nehmen, waren es doch Zeiten, in denen sich Kinder, auch die erwachsenen, lange nicht so selbständig gebärden
konnten, wie das heutzutage der Fall ist. Letztendlich zogen sie
aber das Leben vor, auch wenn es nicht leicht werden und für
Walter die Trennung von seinen Eltern und Geschwistern bedeuten würde. Vater Erwin hatte sogar Ediths Onkel, den Rechtsanwalt Max Simon, noch bedrängt, er solle Einfluss nehmen und
die Verbindung der beiden verhindern, es könne doch nichts
Gutes daraus erwachsen, war aber mit dem Hinweis abschlägig
beschieden worden, eine so phantastische Partie sei der Sohn
Walter nun auch wieder nicht.

Am 20. Dezember 1927 heirateten Walter Burger und Edith
Wolle gegen alle Widerstände auf der schwäbischen Seite. Die Braut
war 23, der Bräutigam gerade mal 22 Jahre alt. Eine frühe Ehe, geboren aus den Träumen der bewegten zwanziger Jahre und des Teen-
ager-Paradieses in der Berliner Schillerstraße 104. Nun wohnten
sie erst einmal ganz bescheiden und möbliert in der Livländischen
Straße in Wilmersdorf. Das fühlte sich dann doch viel schöner an,
als aus dem Leben zu scheiden, auch wenn Walter nicht mehr zu
seinen Eltern nach Hause kommen durfte, nachdem er nun ganz
im Kreis der Wolles aufgegangen war. Es floss eben manches zusammen in diesem anhaltenden Widerstand von Erwin und Kläre.

Gewiss spielte die antisemitische Grundhaltung des Vaters
ebenso eine Rolle wie Kläres Herkunft aus dem pietistischen

Ein Ehepaar, allen Widrigkeiten zum Trotz.
Edith und Walter Anfang der dreißiger Jahre

Milieu, aus dieser selbstgefälligen Enge, in der man die Seligkeit zu Lebzeiten schon in der Tasche hatte und sich gar nicht vorstellen konnte, jemals so frei und weltoffen zu denken wie in der Welt der Gebildeten unter den Berliner Juden, in der – so sah es Walter – »absolute Toleranz« herrschte, »ein ungenierter, reizender Ton ohne Verbogenheit«. Das war eine *terra incognita* für diese schwäbische Familie, in der die Toleranz, insbesondere was Juden anbetraf, schnell an Grenzen stieß. Denn dort vermuteten die meisten ihrer Mitglieder wirklich eine völlig fremde Welt.

Welche Gräben sich da in der Schillerstraße 104 auftun konnten, zeigt sich nachgerade exemplarisch an einer kleinen Begebenheit. Als Walters Großmutter Marie Baur einmal aus Tübingen in Berlin zu Besuch war und Edith kennen lernte, nicht ahnend, dass sich der Enkel und das junge Mädchen längst einig waren, bemerkte die alte Dame auf gut schwäbisch-pietistisch: »Des wär' au a netts Chrischta-Fraule worda – aber sie wird wohl heirate müsse, wen die Eltern ihr aussuachet.« So stellten sich also die Schwaben die Juden vor, auch die assimilierten Juden in Berlin: archaisch, uralten Gesetzen unterworfen, die Töchter knechtend, zur Ehe zwingend. Das waren freilich noch die mindesten aller denkbaren Schrecken. Und hatten diese Leute nicht unseren Herrn Jesus ermordet? Dass der auch ein Jude gewesen war, lag außerhalb des pietistischen Bewusstseins jener Zeit. So weit dachte man nicht. Nein, man war ganz und gar nicht angetan von dieser Verbindung.

In den Augen des Vaters hatte das natürlich auch damit zu tun, dass Walter alle Hoffnungen enttäuschte, die der Alte in seinen Jungen gesetzt hatte. Für das Niveau bei den Wolles, das Walter so begeisterte, fehlte seinem Vater, obwohl er Kläres Frömmigkeit nicht teilte, jedes Gespür und jedes Verständnis. Wo sich Walter neue und hochinteressante Horizonte öffneten, sah sein Vater ausschließlich Schatten auf das Leben seines Sohnes fallen. Erwin, der Aufsteiger aus dem schwäbischen Dorf, begriff nur, dass sein Sprössling kein Abitur machte, also auch nicht studierte, dass er aus Liebe zu diesem jüdischen Mädchen in einer jüdischen Firma mit einer kaufmännischen Lehre begann, um dann irgendwann in das Geschäft seines Schwiegervaters einzusteigen, wozu die Söhne des jüdischen Unternehmers keinerlei Lust zeigten. Sein Sohn, sein Walter, also als Ersatz, als Hilfswilliger, als Lückenbüßer, als »Koofmich«, in den Klauen einer missachteten Minderheit, degradiert, während die Herren Judenjungchen sich fein heraushielten. Der eine, Hans, studierte Elektrotechnik und war auf dem Weg zum Diplom-

Noch in Sicherheit.
Walter (zweiter von links)
mit den drei Geschwistern Wolle

ingenieur, der andere, Günter, eher künstlerisch begabt, hatte sich für die Werbegrafik entschieden. Kein Wunder, dass die Wolles so begeistert waren über den angehenden Schwiegersohn, sollte dieser doch in die Bresche springen, sollte das seltsame Metier der Damenkonfektion betreiben. Unerhört. Nicht akzeptabel. So also wurde zunichte gemacht, was er, Erwin, aufgebaut und errungen hatte, so wurde in der nächsten Generation wieder abgerückt von seinem mühsam errungenen Status, von Studium und Promotion, von einer Laufbahn aus dem Bauernstand zum höheren Beamten.

Noch vereint.
Kläre Burger umrahmt von ihren Kindern
Fritz, Gudrun, Hilde, Walter und den Schwiegertöchtern
Wilhelmine (links oben) und Edith (rechts oben)

Nun also« ging es schon wieder abwärts, in seinen Augen wohl sogar hinter den Status seiner bäuerlichen Herkunft. Während Walter sich in der Verbindung mit den Wolles erhoben fühlte, sah ihn sein Vater bloß sinken. Für Erwin war es der schreckliche Abstieg eines begabten Kindes. Darüber wurde er bitter und ungerecht. Der Alkohol gab noch einen guten Schuss Halsstarrigkeit und Bösartigkeit dazu, und lange, sehr lange, hat er seinem Zweitgeborenen die vermeintliche Mesalliance nicht verziehen. Walter nahm es mit Fassung und war auch gar nicht so traurig, als er und Edith als einzige Familienmitglieder zur Verlobung seiner jüngsten Schwester nicht eingeladen wurden: »Ich bedaure das weniger, denn wenn ich so denke: da steht nun Kläre, voller Rührung, Aufregung und übertriebener Herzlichkeit, daneben, sturen Blickes, Erwin mit unsicheren, aber cäsarischen Gebärden … und dann so viele Möglichkeiten zu einem *faux pas*.«

Keine Frage, das war auch ein politischer Hinweis. Denn wie hätten sich seine Geschwister und deren Partner positionieren oder gar bekennen sollen? Wie freundlich oder zurückhaltend hätten sie sein können? Und wäre das nicht alles sehr belastend gewesen für Schwester Gudruns fröhliches Fest? Aber weh tat es trotzdem, so bündig aussortiert zu werden, weshalb Walter kurz nach seinem 33. Geburtstag offenbarte, dass er mit den Geschwistern immer noch böse sei, weil ein nach Amerika emigrierter schwäbischer Onkel, der in der schwierigen Situation vielleicht irgendwie hätte weiterhelfen können, auf der Durchreise nicht kam, obwohl er vorbeikommen wollte, »um sich das Kind anzusehen, wovon ich mir doch eventuell etwas versprochen habe – in Anbetracht der Zauberhaftigkeit des kleinen Deibels«. Was immer das hätte sein können. Vielleicht eine Bürgschaft im Falle, man würde doch noch auswandern wollen, vielleicht auch eine Empfehlung irgendwann oder irgendwo, oder auch, zur Abwechslung, nur einmal ein gutes Wort und die Gewissheit, dass es drüben über dem Teich, in einer gerechteren Welt, jemanden gibt, der Sympathie für die jungen Burgers empfindet? Etwas von dieser Art muss Walter bewegt haben. Aber die Geschwister, die mit dem Verwandten an jenem Nachmittag einträchtig beieinander saßen, verhinderten den Besuch des Onkels und beanspruchten ihn ausschließlich für sich, »so dass wir nur mit einem blöden Anruf abgespeist wurden«. Ja, sie waren Parias – nicht nur in der Gesellschaft, auch in der Familie, auch im Kreis der Geschwister.

Damit befanden sich alle natürlich satt im Trend der immer unheilvolleren Zeit. Doch was die aus Liebesgründen getroffene Berufswahl seines Sprösslings anging, hatte Vater Erwin nicht ganz unrecht. Denn Walter war alles andere als ein geborener Kaufmann, obwohl er durchaus gefällige Kollektionen zu entwerfen verstand. Er war nicht raffiniert, war viel zu großzügig, zu vertrauensselig, zu gutgläubig und dennoch in den Jahren des Wirtschaftswunders – bevor es dann wieder abwärts ging – durchaus ein höchst erfolgreicher Unternehmer. Der Anfang war jedoch schwer, sehr schwer. Was darauf folgte, noch viel schwerer. Hätte er das Abitur gemacht, womöglich gar studiert, es wäre zweifellos ein leichteres Leben gewesen. Die Entscheidung für Edith zog eben alle anderen Entscheidungen fast zwangsläufig nach sich – die Trennung von den Eltern, die Absage an eine lange, erst schulische, dann akademische Ausbildung, die Hinwendung zur Konfektion, wofür es in der eigenen Familie ja keinerlei Vorbilder gab.

Um sich auf das Geschäft seines Schwiegervaters einzustellen, machte Walter zunächst eine Lehre bei David Riese, einem Verwandten der Wolles, der ein »Spezialhaus für Moderne Frauen-Konfektion« besaß. Am 8. Januar 1923 begann der junge Mann die Ausbildung – nicht einmal ganz drei Jahre, nachdem er nach Berlin gekommen war. So schnell hatte sich alles entschieden. Als er 1926 die Firma verließ, schrieb ihm der Chef ins Abschlusszeugnis: »Herr Burger war stets ein fleißiger, gewissenhafter und befähigter Mensch, der trotz seiner Jugend einen seltenen Ernst hatte und sich seiner Verantwortung stets voll bewusst war … Herr Burger führte die Kontokorrente sowie sämtliche dazugehörenden Bücher selbständig, desgleichen die Cassen; ferner die Statistiken. Außerdem ist Herr Burger mit dem Steuer- und Monierungswesen bestens vertraut.«

Vom 1. November 1926 bis zum 31. Oktober 1933 arbeitete er dann noch bei O. Hirsch & Sohn, einem Konfektionsbetrieb für »Damen, Backfisch und Kindermoden«. Zehn Jahre Fron also in Betrieben der jüdischen Konfektion in Berlin, Jahre die er, wie wiederum ein Zeugnis aussagt, mit »Fleiß, Geschick und Interesse« hinter sich gebracht hat«.

War er dabei glücklich? Fühlte er sich bei den Konfektionären zu Hause? War das seine Welt? Wohl doch nicht ganz: »Ich war zuerst sehr unglücklich. Die Branche fand ich interessant, die Leute aber grässlich, die Kollegen dämlich.« Ihn faszinierte nur eine Art »Verbrechersprache«, die ihm derart »imponierte«, dass er sie gleich im Hause Wolle wieder von sich gab. Edith musste ihn aufklären, dass diese Art sich auszudrücken aus dem Jiddischen stamme und hier nicht als Verbrechersprache genutzt würde. Mutter Thekla schlug die Hände über dem Kopf zusammen. Das wollte man doch partout von der Familie fernhalten.

Jetzt war diese fremde Welt seine Welt, und Walter doch nicht ohne Schmerzen darin aufgegangen. Die Wollesche Familie war seine Familie, aber in seinem siebzig Jahre währenden Leben gelang es ihm niemals ganz, sich von seiner eigenen Familie loszusagen, allem zum Trotz, was ihm von dieser Seite angetan wurde.

Doch das lag zu diesem Zeitpunkt noch in weiter Ferne. Vorerst war er damit beschäftigt, sich eine eigenständige Existenz aufzubauen. Der Plan, einmal das Geschäft des Schwiegervaters zu übernehmen, schlug freilich fehl. Denn am 11. Mai 1926 starb Gustav Wolle an den Folgen jener Galloperation. Da waren Edith und Walter zwar verlobt. Aber erst anderthalb Jahre später heirateten sie. Und der junge Mann mit seinen knapp 21 Jahren hatte auch nicht ausreichend Erfahrung, um einen Betrieb zu führen. Gustav Wolles Geschäft musste also aufgelöst werden. Erst ein paar Jahre später nahm Walter einen eigenen Anlauf und machte sich zusammen mit einem Kompagnon, von dem er sich auch bald wieder trennte, auf den Spuren seines Schwiegervaters selbständig. Wie jener Betrieb, so stellte auch seine Firma Mäntel für Kinder und junge Mädchen her. Da schrieb man schon das Unglücksjahr 1933. Es war November, Hitler hatte die Macht übernommen und sich auch längst enttarnt. Aber wie so viele andere ahnte auch Walter nicht, was das zu bedeuten hatte. Wie anders hätte er den Mut aufbringen können, eine eigene Firma zu gründen?

Es war bekanntlich alles andere als eine Wirtschaftswunderzeit, und es war, selbst wenn man die politischen Verhältnisse nicht mit einbezog, ein ziemlich hartes Brot. Da seiner Erfahrung nach auf Vertreter kaum Verlass sein konnte, sie nur »große Töne spuckten«, vor allem Spesen verursachten und wenig verkauften, worüber er sich immer wieder beklagte, musste der Chef in regelmäßigen Abständen selbst auf Reisen gehen, mit schweren Koffern, wie er es zuvor schon für seine Arbeitgeber getan hatte – zudem emotional belastet: »Ich werde mich diesen Monat wieder auf Geschäftsreise begeben müssen. Davor ist mir ziemlich mies.« Denn Edith reagierte auf jeden Abschied mit einem ihrer »Zustände«, die nach wie vor »furchtbar« waren. Sie fiel dann in eine »so tiefe Ohnmacht«, dass sich sogar die leidgeprüfte Mutter, die in dieser Hinsicht schon manches gewohnt war, nicht so schnell von dem Schock erholte. Und hatte er nicht vor der Eheschließung von Ediths Nervenarzt die Direktive mit auf den Lebensweg bekommen, ihr allzeit eine Stütze zu sein, da sie immer anfällig bleiben würde? Gottlob sprang »Omi« Thekla immer wieder ein und übernachtete in der Burgerschen Wohnung, damit das schwache Edithchen mit dem Kind nicht alleine blieb. Anschließend genoss sie es sehr, wieder in den eigenen vier Wänden ruhig schlafen zu können oder auch mit einer Freundin für ein paar Tage wegzufahren – meistens in den Harz –, um sich »von dem reichlich strapaziösen Enkelchen zu erholen«.

Zwei Hochzeiten, ein Sinneswandel

Walters Eltern und die beiden Schwestern lebten inzwischen wieder in Württemberg. Vater Erwin war zum Landrat im südwürttembergischen Tuttlingen aufgestiegen. Eine Versöhnung mit dem jungen Paar in Berlin hatte es nicht gegeben. Jahrelang durfte Walter überhaupt nicht mehr zu Hause erscheinen. Und als er von einem Kurzurlaub »einigermaßen erholt« nach Hause kam, war, wie er nach Brasilien berichtete, »ein Teil der Erholung gleich wieder futsch, indem dass ich meine Mutter um eine Bürgschaft für 4 Wochen gebeten hatte, um bei meiner Bank einen Kredit zu bekommen, sie dieses aber nicht ohne ehemännliche Genehmigung bewerkstelligen konnte und besagter Ehemann mir sagen ließ, ich solle doch Pleite machen und ins Ausland gehen …« In diesem Jahr, wir schreiben 1937, ist Walter eben immer noch »der Stein ungeheuren Anstoßes. Denn der größenwahnsinnige Hengst hat sich nicht damit begnügt, mir Liebenswürdigkeiten an den Kopf zu werfen, sondern hat auch beide Bankkonten von Kläre sperren lassen«. Das konnten Ehemänner damals noch. Aber wenig später wurde das Unausweichliche, die Verbindung mit Edith, vielleicht nicht goutiert, aber doch als etwas Gegebenes hingenommen und nicht mehr bekämpft.

Jetzt war der Vater, der vermutlich auch infolge seines Alkoholmissbrauchs zu Gefühlsschwankungen neigte, bisweilen sogar freundlich eingestimmt. »Bei meinem Vater bin ich übrigens bis auf weiteres der Allerbeste. Es kann sich aber auch schon geändert haben. Aber mit Frau und Kind darf ich doch noch nicht nach Hause kommen. Zwar würde ich Kläre gerne mal ihre prächtige Enkeltochter vorführen, aber das wäre doch nicht das Richtige!« Inzwischen hatte das noch nicht besichtigte Enkelkind – zu diesem Zeitpunkt das einzige der Burgers – schon das dritte Lebensjahr erreicht. Vielleicht wäre bei einer früheren Besichtigung das Eis schneller geschmolzen. Denn Erwins zeitweilige Freundlichkeiten erwiesen sich doch bald als erste Anzeichen eines erstaunlichen und radikalen Gesinnungswandels.

Aber erst einmal sah sich Walter noch ein paar Monate lang hin und her gerissen zwischen seiner jungen Familie und den schwäbischen Bindungen, was sich vor allem dann zum Drama auswuchs, wenn Familienfeste auf der Agenda standen, die Hochzeit seiner jüngsten Schwester Gudrun etwa oder erst recht die Hochzeit von Hilde, der älteren Burger-Tochter. Jedes Mal tauchte dann die Frage auf, ob Walter allein oder eben überhaupt nicht dabei sein könne, Walter, der Ausgestoßene, der doch auch immer wieder im Mittelpunkt familiärer Wirbel stand und ob seines ausgleichenden Charakters und seiner vermittelnden Fähigkeiten gebeten wurde, die Wogen zu glätten. Denn es gab noch andere Turbulenzen.

Seine nun schon zehn Jahre währende Ehe mit Edith war keineswegs der einzige Grund für elterliche Erregungen. Gudrun, die Jüngste unter den Burgergeschwistern, von Beruf Röntgenassistentin, hatte sich in einen Röntgenarzt verliebt und beabsichtigte, ihn zu heiraten. Dieser nette, tüchtige und intelligente Mensch brachte nur einen einzigen Fehler in seine lobenswerten Absichten mit ein: Auch er verfügte nicht über das richtige Gesangbuch. Er war katholisch, also fast so etwas Schlimmes wie jüdisch. Oder war das vielleicht noch viel schlimmer? Für die fromme Kläre brach schon wieder eine Welt zusammen, und plötzlich war Walter, der Konflikterfahrene, wieder gefragt: »Meine Mutter hat sich inzwischen dank meiner mit glühender Überzeugungskraft geschriebenen Briefe betreffs des katholischen Schwiegersohnes etwas beruhigt, und ich hoffe, dass alles bald o. k. ist.«

Doch so o. k. war es dann doch nicht, dass Walter und Edith nun gemeinsam zu Gudruns Hochzeit anreisen durften. Das lag freilich weniger an den alten Burgers oder gar dem Brautpaar. Es hing mit der inzwischen immer nationalsozialistischer gewordenen Zeit zusammen, die dem Affront gegen Walters jüdische Ehefrau noch einmal einen ganz anderen, einen rassistischen Anstoß gab. Aber sollte Walter nicht trotzdem mitfeiern? Könnte er nicht ohne Edith kommen und wie üblich ein Hochzeitscarmen dichten und am Klavier vortragen oder eine kleine Ansprache halten, wozu außer ihm niemand in der Familie mit soviel Geschick imstande war? Da er jedoch nur mit Edith anreisen wollte, wurde die Einladung für alle beide rückgängig gemacht, obwohl er doch mit seiner Vermittlung zum Gelingen des Ereignisses entscheidend beigetragen hatte.

Was also war geschehen? Hilde, die ältere Schwester, wollte auf Gudruns Hochzeit ihre Verlobung mit einem SS-Obersturmführer verkünden, und der Bräutigam lehnte es entschieden ab, zusammen mit einer Jüdin an einem Tisch zu sitzen und zu feiern. Das ging ja nun wirklich nicht an, das musste man doch verstehen, und die ganze Burgerei fügte sich brav. Also blieben beide, Walter und Edith, dem Ereignis fern. Ein halbes Jahr später stellte sich die Frage erneut. Im Herbst 1938 heiratete Hilde ihren SS-Offizier, und nun schrieb Mutter Kläre an ihren Sohn, der Vater, der gerade eine schwere Krankheit überstanden hatte, wolle alle vier Kinder noch einmal zusammen sehen. Kann man einem Todkranken eine solche Bitte abschlagen? Walter konnte es nicht, zumal da sich das Verhältnis zwischen Vater und Sohn mittlerweile völlig überraschend und grundlegend geändert hatte. Er ließ sich also beknien, nein: erpressen, alleine anzureisen, wobei ihn seine Schwiegermutter Thekla unterstützte und bemerkte, das alles sei doch keine »so welterschütternde Sache«, und er solle in Gottes Namen alleine hinfahren.

Allerdings ging es dabei auch um Geld. Walter hatte einen jüdischen Kompagnon im Geschäft. Von dem musste er sich trennen, wenn er das Geschäft weiterführen wollte, musste ihn folglich auch auszahlen. Nur als alleiniger Inhaber konnte er den Betrieb als »arischen« Betrieb überhaupt retten. Immer vorausgesetzt, die Behörden würden ihm die »Arisierung« trotz der nichtarischen Ehefrau durchgehen lassen. Das war nicht sicher. Aber er musste es versuchen. Deshalb trennte er sich tatsächlich von seinem jüdischen Partner: »Ich habe nämlich mein ›waiches‹ Herz bezwungen und das getan, was mir die Pflicht meiner Familie gegenüber vorschrieb, mit Zeller gesprochen. Er wird nun am 1. oder 15.7. austreten.« Außerdem bewarb er sich um die Mitgliedschaft bei der DAF, der Deutschen Arbeitsfront, jener vermeintlich die Klassengesellschaft einebnenden Organisation für Arbeitgeber und Arbeitnehmer: »Ich habe den Aufnahmeantrag in die DAF gestellt, hoffe, dass alles glatt geht, und kann mich dann, nach Zellers Austritt, als arische Firma in den Bezugsquellennachweis der NSDAP eintragen lassen. In die ADEFA kann ich natürlich nicht kommen.«

Gemeint war die Arbeitsgemeinschaft deutsch-arischer Fabrikanten der Bekleidungsindustrie, die sich die »Mode arischer Wesensart« und die Vertreibung der jüdischen Konfektionäre auf die Fahnen geschrieben hatte und die alle Verpackungen für Waren ihrer Mitglieder mit dem Zeichen ADEFA versah, so dass man schon beim Ein- und Ausladen erkannte, ob da Nazis unter sich Geschäfte machten, oder ob irgendein Abtrünniger bei Juden einkaufte oder an Juden verkaufte. Da war Walter also ausgeschlossen, und wo jüdische Geschäftsleute – fürs erste noch – unter sich handelten, wurde ihm bedeutet, dass er auch hier nicht dazugehöre und man die eigenen, ausgegrenzten Leute unterstützen müsse. Er gab aber nicht auf und hoffte, »auch so mein bescheidenes Geschäft betreiben zu können«. Er hatte also keine Wahl, er musste sich von Zeller trennen. Und welche

Schizophrenie: Der aus Deutschland verjagte jüdische Schwager in Brasilien sollte bitte die Daumen halten, »dass alles klappt«. Trotzdem plagte ihn ein schlechtes Gewissen, obwohl ihn die Nazi-Gesetze zu der Trennung gezwungen hatten: »Für Z. ist es ja sehr bitter, aber da wir jetzt gerade eine recht gute Saison hinter uns haben, ist der Zeitpunkt des Austrittes, der ja doch einmal vor sich gehen musste, auch wiederum günstig für ihn.«

Welcher Wahnsinn, angezündet von einem wahnsinnigen System! Doch dieser Versuch einer Anpassung an die herrschenden Verhältnisse, den er sich abgerungen hatte, erwies sich am Ende als wirkungslos. Die Aktion half kein bisschen weiter. Gleichwohl mag sie ihm anfangs als einzige Chance erschienen sein, die Existenz seiner Familie zu sichern: »Das Geld, um Zeller auszuzahlen, scheine ich nun doch von meinen Eltern zu bekommen. Der Alte macht zwar viel Schwierigkeiten, aus purer Wichtigtuerei, und sie haben es dadurch nun geschafft, dass ich alleine zu Hildes Hochzeit fahren werde. Ich hatte schon mal abgesagt, aber für 10 000.– kann man schließlich auch so etwas über sich ergehen lassen. Wir sind allzumal käufliche Seelen! Insofern war es ja ganz günstig, dass mein Smoking schon in Ordnung gebracht wurde.« Doch Edith, die kaum einmal in ihrem Leben einen Grund hatte, ihrem Mann etwas übel zu nehmen, vergaß es nie, dass er sie in diesem Fall zurückgesetzt hatte. Und Zeller, was mag aus ihm geworden sein?

Walter ließ sich also von der Mutter, der heißgeliebten, erpressen und fuhr tatsächlich nach Württemberg, um im Stuttgarter Rathaus eine »scheußliche SS-Trauung«, eine Art Religionsersatzfeier zu erleben. Die standesamtliche Trauung hatte das Paar bereits am Tag zuvor in Nussdorf hinter sich gebracht, dem Ort, aus dem Vater Erwin stammte und wohin er sich im Alter wieder zurückgezogen hatte. Nun also in Stuttgart der Kniefall vor dem neuen Nazi-System. Der Bräutigam und seine Kumpane erschienen in schwarzen Uniformen mit Hakenkreuz-

Heidnische SS-Trauung im Stuttgarter Rathaus.
Hilde Burger heiratet einen Obersturmführer

binden am Arm. Über dem simulierten Altar wurden Schwerter gekreuzt, während die Kameraden – anstelle eines Chorals – die SS-Hymne, das schmachtfetzende »Treulied« sangen: »Wenn alle untreu werden / so bleiben wir doch treu, / dass immer noch auf Erden / für uns ein Fähnlein sei, / ihr Lehrer unserer Jugend / ihr Bildner bessrer Zeit, / die uns zu Männertugend / und Liebestod geweiht. / Ihr Sterne seid uns Zeugen, / die ruhig niederschaun, wenn alle Brüder schweigen / und falschen Götzen traun, / wir wollen das Wort nicht brechen, / nicht Buben werden gleich, / wollen predigen und sprechen / vom Heiligen Deutschen Reich.«

Dann mussten die Gäste den Raum unter einem Spalier beidseitig zum Hitlergruß erhobener Arme den Saal verlassen, ein heidnisches Riesentheater, dessen hübsche Details Walter, nicht ohne Süffisanz und sich eines jiddischen Ausdrucks bedienend, wenige Tage nach dieser »Zimche«, diesem Getue, am

27. September 1938, in einem seiner wöchentlichen Berichte nach Sao Paulo weiterreichte: »Freitag Nachmittag Ziviltrauung in Nussdorf, vorher Kaffee, nachher großes Abendessen im »Adler«. Anwesend die Familie und die Nussdorfer Honorationen. Am nächsten Mittag 13 Uhr Eheweihe. Spalier von SS und BDM. Ich schritt leutselig die Front ab. Musik bei Einzug des Brautpaares. Hilde mit fünf Meter langem Schleier! Aufsagen eines Nietzsche-Spruches von einem SS-Obersturmführer. Sodann Ansprache eines SS-Hauptsturmführers. Dann Ringwechsel mit feierlichem Spruch, Dolchverleihung mit Musik, symbolisch für die Aufnahme in die SS-Sippengemeinschaft, Aufsagen eines Spruches durch BDM-Führerin, Gesang mit erhobenem Arm und, bei Musikbegleitung, durch das Spalier ab durch die Mitte … Es war sehr feierlich, der Saal war sehr hübsch und alles ernst und wirksam gestaltet. Dann im Auto zurück ins Hotel, wobei ein Wagen leider verunglückte. Es ist aber weiter nichts passiert. Nur ein SS-Mann musste am Kinn genäht werden, und ein Mädchen hatte Prellungen im Gesicht. Dann großes Essen. Anwesend 30 Personen. Miserable Rede von Fritz. Einige andere besser, mehrere Vorträge teils, teils. Dazwischen Tanz, an dem ich mich nicht beteiligte. Dann Kaffee und Abendbrot. Abends in Autos Rückfahrt nach Nussdorf. Am nächsten Tag Mittagessen im Adler, Kaffee bei Burgers. Abends im Auto nach Stuttgart, von dort im Liegewagen nach Berlin …«

Kein reines Vergnügen für Walter, dieser kurze Ausflug zurück in ein anderes, familiäres, zum Teil auch feindliches Leben. Und doch sieht man ihn auf den alten Fotos nicht ganz unfroh mit seiner Tischdame plaudern, einer sehr intelligenten Schulfreundin der Braut, die gerade ihren Mann verloren hatte und nach dem Krieg als Gymnasiallehrerin Karriere machte. Beide waren keine Nazis. Da gab es natürlich Möglichkeiten, sich über das verkitschte Ritual, das sie gerade erlebt hatten, auszutauschen.

Dass Erwin seinen Sohn Walter im Jahre des Herrn 1938 zusammen mit seinen anderen Kindern noch einmal, vielleicht ein letztes Mal, um sich hatte scharen wollen, bedeutete aber doch, dass er sich nun, im elften Jahr dieser Ehe, auch mit der jüdischen Schwiegertochter endgültig abgefunden hatte. Die Art der Ausgrenzung, wie sie bei Gudruns und Hildes Hochzeit von dem Herrn SS-Hauptsturmführer erzwungen worden war, entsprach in keiner Weise seinen Vorstellungen. Und nachdem Walters Ehe nun schon so lange hielt, der Sohn keinesfalls ein Ladenschwengel im Dienste jüdischer Konfektionäre, sondern ein selbständiger Unternehmer geworden war, sah die Sache doch ganz anders aus.

Hinzu kam: auch wenn Erwin Burger in einer Ecke seines Wesens ein Antisemit war – ein Nazi war er überhaupt nicht. Ja, das gab es! Obwohl sein Berufsleben lang ein höherer Beamter, war er doch im Kern seines Wesens der freie, aus eigener Kraft zu Einfluss und Ansehen gelangte, selbständig denkende, rechtschaffene schwäbische Bauernsohn geblieben. Ein konservativ-liberaler Kopf, dem jeglicher Dogmatismus und Zwang zutiefst zuwider waren. Damit hielt er auch in seiner Zeit als Tuttlinger Landrat nicht hinter dem Berg, und abends in der Wirtschaft mag ihm – zu allem politischen Zorn – der Alkohol noch die Zunge gelöst haben. Gleich 1933 entledigten sich die Nazis dieses Unbequemen und bescherten ihm einen vorzeitigen Ruhestand. Erwin wurde aus dem Amt gedrängt, aber natürlich behaupteten die Nazis, er wäre freiwillig gegangen. So dokumentiert die Arbeitsgemeinschaft der Kreisarchive beim Landkreistag Baden-Württemberg, seine Person betreffend, völlig zutreffend: »Burger, Erwin Friedrich, Dr. der Staatswissenschaften … 31.10.1933 auf Antrag vorzeitige Zurruhesetzung (auf Betreiben der örtlichen NSDAP)«.

Als nach den Söhnen auch seine Töchter heirateten, war er also schon Pensionär und nun Vater und Schwiegervater einer bunt gemischten Schar von Nachkommen, deren Wahl er bei den einen mehr, den anderen weniger missbilligte und deren Verhalten in religiösen Dingen vor allem seine Frau Kläre unglücklich machte. Walter hatte ein jüdisches Mädchen geheiratet, Hilde nahm einen SS-Offizier zum Mann, der sich nicht dazu bereit fand, evangelisch zu heiraten, obwohl die Schwiegermutter in seine Heimat gefahren war und bei den Gegenschwiegerleuten Druck gemacht hatte. Gudrun entschied sich für ihren streng katholischen Arzt, der verlangte, dass die Kinder katholisch getauft würden, was dann auch geschah. Nur die Ehe von Fritz, dem Ältesten, blieb unbeanstandet. 1936 hatte er sich mit Wilhelmine, einer in St. Petersburg geborenen Baltendeutschen, zusammengetan – sogar vor dem Altar. Kläre war es zufrieden gewesen. Walter, Edith und sogar Ediths Bruder Günter hatten damals noch mitgefeiert und sich alle miteinander vor dem Kirchenportal zu einem Gruppenfoto aufgebaut – die Protestanten, die Juden und Schwester Hilde. Von dem SS-Offizier war zu diesem Zeitpunkt noch nicht die Rede. Der mörderische Wahn hatte die Familie noch nicht entzweit. Aber nur zwei Jahre später, 1938, als Gudrun und Hilde heirateten, sah eben alles schon ganz anders aus.

Es war ein »Schlägle« gewesen, wie man im Schwäbischen zu sagen pflegt, und die Kinder hatten sich schon auf Erwins Ableben eingerichtet. Aber der Vater erholte sich wider Erwarten gut, aß »soviel wie seit Jahren nicht«, konnte auch bald wieder aufstehen. Und jetzt zeigte er sich Walter und Edith gegenüber plötzlich versöhnlich, ja wie verwandelt, gerade so, als habe die Tatsache, dass er dem Tod noch einmal entronnen war, seinen Sinn für das Wesentliche und das Richtige in seinem Leben geschärft. Walter besuchte ihn auf einer seiner Geschäftsreisen durch Süddeutschland in Nussdorf und konnte sich anschließend in einem Brief vom 18. 7. 1938 gar nicht genug wundern, wie freundlich der Alte ihm entgegengekommen war: »Er war wieder mild und zärtlich zu mir. Ernst nehmen kann man ihn aber schon lange nicht mehr.« Zweifel blieben also, und doch gab es ausreichend Grund, die dargebotene Hand zu ergreifen und eine Woche später fast jubelnd zu berichten: »Dass aber das Schlägle, oder was es war, die verhärtete Kruste seines Herzens gesprengt hat und ich mit Weib und Kind übermorgen nach Nussdorf fahre, das ist die erste große Neuigkeit«.

Nach Jahren des Zwistes, der Ausgrenzung, der Trennung, der Unterstellungen, nun auf einmal drei Wochen Urlaub in Erwins Urheimat, auf dem Dorf, mit Edith und dem Kind; die so lange Verfemten unverhofft angenommen, der verlorene Sohn wieder zu Hause und alle miteinander glücklich – das war eine Sensation. Die Großmutter, die bei einem Berlin-Besuch kurz zuvor ihre Enkeltochter, damals fast drei Jahre alt, zum ersten Mal gesehen hatte, gab sich die allergrößte Mühe: »Kläre hat uns maßlos verwöhnt. Es war wirklich für uns alle eine sehr schöne Zeit. Edith hat es auf dem Lande sehr gut gefallen, sie hat sich auch sehr gut gemacht, ist in alle Bauernhäuser hineingegangen und hat sich stundenlang mit den Bäuerinnen beschmust. Erwin war lieb und milde, schwer begeistert von seiner Enkeltochter und hat uns zum Abschied eine lange Rede gehalten: dass er hoffe, wir fänden nun auch wieder von selber den Weg zu ihnen, und wir sollen immer daran denken, dass, was auch passieren möge, wir bei ihnen immer eine Zuflucht hätten. Also ganz groß! Hoffentlich ändert er sich nicht wieder.«

Nein, Erwin änderte seine Haltung nicht mehr. Er blieb bei seiner Abneigung gegenüber den Nazis, und er hielt an der versprochenen Unterstützung für die Verfolgten fest. Ohne die Standfestigkeit dieses vom Alkoholmissbrauch schon schwer Gezeichneten hätten sie, hätten vor allem Edith und wir Kinder womöglich nicht überlebt.

Was aber war geschehen? War es wirklich nur der persönliche Zusammenbruch, der Erwin milde gestimmt hatte? Wohl kaum.

Anzeichen eines Umschwenkens hatte es ja vorher schon gegeben. Und seine Abschiedsrede, als die junge Familie im August 1938 nach Berlin zurückreiste – »… was auch passieren möge, wir bei ihnen immer eine Zuflucht hätten …« –, beweist, dass er begriffen hatte, wie die Nazis den Juden, die noch in Deutschland geblieben waren, die Luft abdrückten, wie sie diese armen Menschen schikanierten, entrechteten, beraubten, in allergrößte Gefahr, ja in Lebensgefahr brachten.

Die Nürnberger Gesetze waren seit 1935 verabschiedet, die »Arisierung« jüdischen Eigentums in vollem Gange, das Leben der Juden bis auf wenige Enklaven eingeengt, der Fluchtweg für die jüdische Bevölkerung abgeschnitten. Was immer seinen Antisemitismus, seine Abneigung gegen Heinrich Heine oder seine Ablehnung der Ehe von Walter und Edith einst gestützt hatte – an etwas so Niederträchtiges wie das, was die Nazis nun taten, hatte er gewiss nie gedacht. Hatte er überhaupt darüber nachgedacht? Hatte er sich je in die Gemütslage der Familie Wolle und der jungen Burgers versetzt? Hatte er es nicht viel mehr für natürlich gehalten, dass man die Juden nicht mochte? Dass man so etwas nicht heiratete? Weshalb hätte er sich über diese Abneigung, die er aus unerfindlichen Gründen teilte, erregen sollen? Sie lebten doch mit ihm in einem Haus. Sie lebten wie er, auf demselben Niveau und gleichermaßen in Sicherheit. Aber dann, als es ernst wurde, als es schließlich um Leben und Tod ging, erwies sich sein Antisemitismus, diese gefühlte Fremdheit, doch als etwas eher Atmosphärisches, das eben in der Luft lag, das er mit Millionen anderer Zeitgenossen in Deutschland eingeatmet hatte. Jetzt atmete er es wieder aus. Anders als seine Tochter Hilde hatte er nicht jeden klaren Gedanken, alle moralischen Maßstäbe oder gar sein Rechtsempfinden aufgegeben. Wenn man es an seinem Verhalten in dieser Zeit misst, so hatte der Nationalsozialismus den Juristen Erwin Burger vom Antisemitismus geheilt.

Verderbliche Trauben und ein gelber Stern

Für mich, Erwin Burgers erstes Enkelkind und nach den Maßgaben der Nationalsozialisten ein »Mischling ersten Grades«,
fing alles mit einer Liebesgeschichte an, einer Geschichte aus
Kinderspielereien und schon seltsam erwachsenen Gefühlen,
aus tiefen Blicken, Händchenhalten, Umarmungen und dem
unvermeidlich unglücklichen Ende. Er war acht, ich gerade
mal sieben Jahre alt. Wir wohnten in demselben Haus, aber
in zwei Straßen. Der Block, aus zwei Flügeln bestehend, lief
an der Spitze zusammen wie die Planken am Bug eines Schiffes. Zwischen unseren Wohnungen lag ein nach hinten offener
Hof. Von Badezimmerfenster zu Badezimmerfenster konnten
wir uns zuwinken. In solchen Momenten war es ein Ort wie
jeder andere, ein freundlich verbindendes Territorium unseres
Lebens.

Nachts aber, bei Fliegeralarm, wenn alle Bewohner über
die Hinterausgänge in den Luftschutzkeller strebten, hatte der
Hof etwas Bedrohliches. Ein weißer Wintermond durchschnitt
dann oft die eiseskalte Berliner Luft und wies den Weg in jene
unterirdische Hölle, wo wir uns ein um das andere Mal begegneten, das bisweilen auch genossen, wo wir aber auch verbrannt
oder verschüttet hätten werden können und uns, in dem Tosen
und Krachen, das nach dem Sirenengeheul alsbald losbrach, zu
Tode ängstigten. Bis auf den heutigen Tag ergreift mich in kalten
Mondnächten, wenn ich sie nach einem Fest, einem Konzert
oder einem Theaterbesuch überraschend erlebe, diese Panik,
dieses klamme Gefühl, aber auch diese unglaubliche Erregung,
ein bis tief unter die Haut reichendes Spüren der Kraft und des

Lebendigseins, das aus der Gefahr kam und ebenso aus dem Willen, sie zu überstehen.

Tagsüber trafen wir uns an der Ecke, an der unsere Straßen aufeinanderstießen, alle beide mit einem Tretroller bewaffnet, dem avantgardistischsten Kindermobil jener Zeit. Begeistert fuhren wir um die Wette. Oder wir sammelten und tauschten Bombensplitter, Trophäen der Zerstörung, was uns in diesen Momenten überhaupt nicht bewusst war, uns, den Kindern des Krieges, die sich schon gar nicht mehr vorstellen konnten, dass es ein Leben geben könnte, in dem man nachts nicht aus dem Schlaf gerissen, hastig in Trainingsanzüge gesteckt und für eine, zwei oder mehr Stunden mit vielen anderen Menschen in schlecht beleuchtete, muffig riechende Verliese geschickt würde.

Er hieß Horst. Seinen Nachnamen habe ich vergessen. Ich weiß auch nicht mehr genau, wie er aussah, sehe ihn nur noch schemenhaft vor mir – mit kurz geschnittenen dunkelblonden Haaren und einem schmalen Gesicht. Aber ich erinnere mich ziemlich deutlich daran, wie er auftrat und was mich an ihm beeindruckte. Es war eine bestimmende, ja bezwingende Art, es war schon etwas Männliches in diesem kleinen Kerl, der offenkundig immerhin eine Vorahnung hatte von richtiger Liebe und allem, was dazu gehört, wie dem Austausch von Körpersäften und innersten Geheimnissen. Denn eines Tages, nachdem er mir mehrmals erklärt hatte, dass er mich heiraten werde, Ankündigungen, die unter Kindern in diesem Alter durchaus alltäglich sind, eröffnete er mir, dass wir die Sache bekräftigen müssten. Er hatte sich auch schon ausgedacht wie, hielt mir eine Handvoll Weintrauben unter die Nase, zupfte eine Traube ab, steckte sie in den Mund, nahm sie wieder heraus, verlangte von mir, dass ich sie auch in den Mund stecke und dann zerkaue und schlucke. Danach sollte nun ich eine Traube abreißen, in den Mund nehmen und ihm zum Kauen und Schlucken zurückreichen. Ein erstaunliches Verfahren. Mir war es außerordentlich zuwider, aber ergeben, wie schon kleine Mädchen gegenüber größeren Jungen sein können, sofern die genau wissen, was sie wollen, gehorchte ich. Es war wohl so etwas wie eine erste Liebe.

Fraglos war es, so empfand ich es zumindest an dem ein oder anderen Tag, eine größere Zuneigung als die zu Heini, dem Freund vor dem Freund, einem wasserblonden, blassen, stark berlinernden Kind. Heini war mein allererster Spielkamerad. Wir stritten uns um das jeweils schönere Dreirad, wir suchten Ostereier in dem kleinen Garten, den meine Eltern für 2,60 Reichsmark im Monat am Volkspark gepachtet hatten, und auch hier stand der Wettbewerb im Vordergrund. Wer hatte die meisten Eier gefunden? Wer bekam die buntesten und wer die meisten Bonbons? Ich fühle noch die Enttäuschung, als ich mich einmal im Nachteil wähnte.

Aber wir spielten nicht nur auf der Straße oder im Garten zusammen. Am Heiligen Abend trafen sich sogar Kinder und Erwachsene bei Heinis Eltern. Das ist mir zwar nicht in Erinnerung, weil ich zum Zeitpunkt dieser Anfänge noch viel zu klein, nämlich gerade mal zwei Jahre alt war. Aber so steht es geschrieben in einem Brief meines Vaters, in dem er seinem Schwager in Brasilien vom Weihnachtsfest 1937 erzählt, in dessen Verlauf sich die ganze Familie, nach der Bescherung in den eigenen vier Wänden, samt Großmutter und Großtante dorthin begab, wo noch einmal »eine ganz große Bescherung vor sich ging. Heinis Vater hatte für seinen Sohn einen wunderbaren Kaufmannsladen gezimmert, dazu eine Garage, Pferdestall, Tankstelle und für Bille ein Puppenhaus, was uns etwas peinlich war. Die beiden Kinder haben sich wunderbar amüsiert, die Eltern vielleicht noch mehr.«

Beide Familien saßen unter dem Weihnachtsbaum einträchtig beisammen und erfreuten sich im trauten deutschen Lichterglanz an der Glückseligkeit ihrer kleinen Kinder. Merkwürdige Zeiten. Denn Heinis Vater war später unser Blockwart, der

Chefaufpasser der Straße, die Verkörperung der sozialen und politischen Kontrolle in Adolfs Gemeinwesen. Mit so jemandem konnte also eine jüdisch »versippte« Familie im Winter 1937 noch freundschaftlich verkehren. Vielleicht nahmen manche Leute das Rassengerede zunächst nicht gar so ernst. Oder Heinis Vater hielt es erst einmal nur pro forma mit den Nazis. Auf alle Fälle waren sein kleiner Sohn und ich dicke Freunde. Auf den alten Kinderfotos legt der Junge den Arm besitzergreifend um meine Schultern, und fast verliebt schauen wir uns in die Augen.

Der dritte meiner kleinen Freunde hieß Peter, Sohn eines mit unserer Familie eng befreundeten Paares, Süddeutsche wie mein Vater, die es auch nach Berlin verschlagen hatte. Sie wohnten ebenfalls in unserem Block, nur zwei Hauseingänge weiter. Beim Einkaufen oder bei zufälligen Gesprächen über die Kinder sind sich die Eltern näher gekommen. Und solange ich noch in Berlin lebte, blieb mir Peter als Spielkamerad erhalten. Ganz im Gegensatz zu Horst, dem Traubenlutscher, der mir von einem Tag auf den anderen aus dem Weg ging. Wenn er mich sah, rannte er davon. Im Luftschutzkeller schaute er an mir vorbei. Beim Bombensplittersammeln würdigte er mich keines Blickes und keines Wettbewerbs mehr. Es war, als ob ein Bannkreis um mich gezogen wäre. Bis hierher und nicht weiter. Ich konnte es nicht verstehen, wollte mit ihm reden, schließlich würden wir doch heiraten, später, im erwachsenen Leben. Doch aus und vorbei. Nichts mehr zu spüren von der alten Vertrautheit. Das Heiratsversprechen vergessen. Ich war wütend, empört und fühlte mich abgewiesen. Das tat weh und ist mir durchaus im Gedächtnis der Gefühle zurückgeblieben. Auf mein Weinen und Klagen hin machte mir die Mutter klar, dass so etwas nun häufiger vorkommen könne. Warum, das wurde nicht recht deutlich. Auf alle Fälle sollte ich mich von Horst fernhalten und nicht mehr bei ihm an der Haustüre klingeln. Er dürfe wohl zur Zeit nicht mit mir spielen.

Ich weiß nicht mehr, wie ich mir die Sache zurechtlegte. Aber Kinder verstehen oft intuitiv, was sie noch nicht begreifen können oder sollen. Und dass es mit unserer Familie eine besondere Bewandtnis hatte, musste ich spätestens wahrnehmen, als nun, nach Horst, auch Heini einen Bogen um mich machte. Aber da schrieben wir schon das Jahr 1942, in dem am Wannsee die Vernichtung der Juden beschlossen und auch alsbald in die Tat umgesetzt wurde. Das gemeinsame Weihnachtsfest lag schon fünf Jahre zurück, und ein paar sehr wenig kindliche Fragen beschäftigten mich: Was genau unterschied meine Familie plötzlich von der des kecken Jungen, der mir abgeleckte Trauben in den Mund geschoben hatte? Waren nicht alle Menschen gleich? Und sollte ich das nicht seiner Mutter mitteilen?

Ich weiß nicht, wo ich diesen Gedanken aufgeschnappt hatte. Vermutlich im Kreise der Familie, die ihn, um mich zu trösten, ins Gespräch brachte. Nun ging er Tag und Nacht mit mir um, vor allem abends vor dem Einschlafen. Dann steigerte ich mich geradezu hinein, lag lange wach im Bett, stellte mir vor, wie ich trotz des mütterlichen Verbots bei Horstchen klingen würde. Ich sah mich die Treppe hinaufgehen und in der Wohnungstüre auf die Mutter meines verhinderten Zukünftigen treffen, ich hörte mich mit ihr reden, ihr immer wieder sagen, es gebe keine Unterschiede, alle Menschen seien gleich, es sei ungerecht, wahnsinnig ungerecht, meinem Freund den Umgang mit mir zu verbieten, ihn nicht mit mir spielen, nicht reden und Bombensplitter sammeln zu lassen. Ganz zu schweigen davon, dass er mich doch hatte heiraten wollen. Über solchen Phantasien schlief ich ein. Bis zum nächsten Wachtraum. Wieder und wieder stieg ich in Gedanken die Treppe hinauf, sprach mit Horstchens Mutter, wies sie zurecht, belehrte sie. Undenkbar, dass ich mich mit dieser Zurückweisung abgefunden hätte, ich, ein von den Eltern, der Großmutter und den Onkels stark beachtetes Einzelkind, geliebt, angebetet, bewundert, umschwärmt wie eine kleine Prinzessin. Und nun dies?

Das nagte an mir. Aber dann tröstete ich mich doch relativ schnell mit Peter, der nach wie vor zu uns in die Wohnung kam und sehr intime Gespräche mit mir führte, was die Eltern höchst amüsiert belauschten und später immer wieder erzählten. Gemeinsam bewunderten wir auch meinen Vater, wenn der einmal zu Hause war und sich, für damalige Zeiten doch sehr ungewöhnlich, in der Küche nützlich machte, einem Hühnchen die Federn herausrupfte oder Pfannkuchen erst in der Pfanne tanzen ließ, sie dann nach oben warf und wieder auffing.

Es war eine ungetrübte Verbindung mit diesem Kind, das, seltsam genug, nach wie vor mit mir spielen durfte. Denn sein Vater war ein PG, ein Parteigenosse der Nazis, zudem einer mit einer ziemlich niedrigen Mitgliedsnummer und dem goldenen Parteiabzeichen, was einen sehr frühen nationalsozialistischen Eifer bezeugte. Vielleicht war er mittlerweile, nach dem Röhm-Putsch oder später, nach den ersten Misserfolgen im Kriegsgeschehen, enttäuscht. Vielleicht war er zur Vernunft gekommen oder es wohnten einfach zwei Seelen in seiner Brust. Das kam vor. Auf alle Fälle geriet die Freundschaft meiner Eltern mit ihm, dessen Frau 1943 an einer Grippe starb und den ich auch als einen äußerst liebenswürdigen Mann in Erinnerung habe, die ganzen Hitlerjahre hindurch nicht ins Wanken. Sie lebte sogar in der Nachkriegszeit fort und hielt bis zu seinem Tod.

Er war es auch, der uns, weil er besondere Verbindungen hatte, zumindest einmal rechtzeitig vorwarnte, als die Gestapo vorfahren und jüdische Menschen abholen sollte. Nach seinem Anruf verließen wir auf der Stelle die Wohnung und kamen zunächst bei der alleinstehenden Dame unter, die auf unserem Stockwerk gegenüber wohnte. Sie beobachtete in den folgenden Stunden, wie ein Lastwagen mit uniformierten Männern vorfuhr, wie die Kerle ausstiegen, wieder einstiegen und abfuhren. Nie wurde ganz klar, ob die Aktion uns oder anderen Verfolgten gegolten hatte. Aber kaum war es dunkel am Abend jenes Tages, da rannten wir los. Mit der einen Hand schob meine Mutter den Kinderwagen, in dem mein kleiner, wenige Monate alter Bruder lag, mit der anderen hielt sie mich fest und zerrte mich durch das nächtliche Berlin.

Ein paar Tage lang versteckten wir uns bei einer Freundin, kamen dann zurück, flohen noch einmal, wiederum nach einem Hinweis. Jetzt war es ein SS-Offizier, der uns warnen ließ, ein Bekannter von Bekannten, dem seine ursprünglichen Überzeugungen ob der Untaten seiner einstigen Gesinnungsgenossen offenbar abhanden gekommen waren. Der Mann glaubte erfahren zu haben, dass der Terror nun auch auf die sogenannten Mischehen und auf deren Kinder ausgedehnt werden sollte, was ja auch tatsächlich der Fall war. »Anfang März 1943 sollten Edith und die Kinder abgeholt werden«, berichtete Walter später nach Brasilien. Es blieb uns erspart. Die inzwischen ob ihrer Einzigartigkeit berühmte Demonstration der nichtjüdischen Ehepartner von schon inhaftierten und zur Deportation bestimmten Juden in der Rosenstraße bewirkte, dass die Nazis diese Aktion erst einmal abbrachen und die Gefangenen freiließen. Die Demonstration hatte am 27. Februar begonnen und war eine Woche lang immer wieder aufgelebt.

Aber das bedeutete natürlich keine Entwarnung, allenfalls eine Gelegenheit, um kurz Luft zu holen. Die Bedrohung blieb, und jeden Abend, wenn er nach Hause fuhr, hatte Walter Angst, seine Frau und wir Kinder wären nicht mehr da. Um mich auf diesen schlimmsten Fall vorzubereiten, sprachen die Eltern sogar gelegentlich davon, dass ich womöglich in ein Lager verschickt würde, was ich mir natürlich nicht richtig vorstellen, was ich auch nicht wirklich glauben konnte. Ob aber die Eltern wussten, was diese »Verschickung«, wäre sie eingetroffen, bedeutet hätte?

Auf alle Fälle bekannten sie später: »Wir waren dem Wahnsinn nahe. Es war eigentlich kein Leben.«

Die eine Gefahr ging von der nationalsozialistischen Willkür aus, die andere kam von den sich häufenden Bombenangriffen in unserer Nähe, da wir in unmittelbarer Nachbarschaft eines Elektrizitätswerks wohnten. Noch harrten wir aber aus in der sehr hübschen Wohnung im Ermslebener Weg 3, die meine Eltern 1936 gemietet hatten, nachdem sie aus ihrem vorherigen Domizil wegen Ediths jüdischer Abstammung verjagt worden waren. Sechs Kinderjahre habe ich in diesem Haus verbracht und weiß noch gut, wie alles aussah: schlichtes Treppenhaus mit einem Fahrstuhl im Gittergehäuse. Erster Stock. Wenn man zur Wohnungstür hereinkam, lag links das Wohnzimmer mit den Möbeln, die Alfred Stieler, von Beruf Architekt, der Mann von Mutters Jugendfreundin Steffi, extra für die jungen Burgers entworfen hatte. Das Schlafzimmer schloss sich an. Am Ende des Ganges lag mein Kinderzimmer, auf der rechten Seite das Klosett, Badezimmer und die Küche. So fein, sagten die Eltern, hatten wir vorher noch nie gewohnt.

Aus dieser allerersten Zeit finde ich, abgesehen von der Anlage dieser Wohnung und von den wenigen Geschichten mit Horst, Heini und Peter, nur Fetzen der Erinnerung in meinem Kopf. Da ist vor allem die kapriziöse Mutter. Der Vater hat ihr einen Hut aus schwarzem Samt mitgebracht. Der gefällt ihr nicht, sie setzt ihn auch nie auf, nennt ihn einen Pantoffel. Obwohl sehr schick, sah er tatsächlich so aus – pantoffelhaft. Der Vater ist ein bisschen gekränkt. Das tut mir weh.

Ab und zu gehe ich in einen »arischen« privaten Kindergarten. Der Vater meines Kinderfreundes Peter hatte dafür gesorgt, dass ich überhaupt aufgenommen werden konnte. Die Erzieherin, die uns betreut, bringt immer ein Glas Joghurt und ein Extraschälchen Himbeermarmelade mit, das sie, rote Streifen ziehend, in die weiße Köstlichkeit einrührt. Wir

Kinder bekommen ab und an einen Löffel ab. Es schmeckt einfach göttlich.

Später dann die ersten Monate in der Schule. Vom Unterricht habe ich nicht mehr die allergeringste Vorstellung. Aber der Heimweg, vorbei an Schrebergärten und am S-Bahnhof Schmargendorf, ist jeden Tag überschattet von der Angst, es könnte sich ein gefährlicher Mann an meine Fersen heften und mir etwas antun. Was genau, bleibt natürlich völlig im Nebel. Sprich mit niemandem, lass dich nicht locken: all das, was man zu kleinen Mädchen so sagt und mir natürlich auch eingeschärft hat, sitzt mir buchstäblich im Nacken, jagt mich mit der Höchstgeschwindigkeit, zu der ein Kind fähig ist, über das freie, häuserlose Gelände bis zum S-Bahnhof, dann die Rudolstädter Straße entlang und schließlich aufatmend in den Ermslebener Weg. Geschafft. Wieder einmal geschafft. Damals hat man Kinder nicht überall herumgefahren, hingebracht, abgeholt. Sie konnten auf der Straße spielen. Die Gefahren waren überwiegend anderer Art.

Nicht weit von unserem Wohnblock liegt der Volkspark Wilmersdorf. Da gehen wir oft spazieren. Die Sonne fällt zwischen hellgrünen Blättern auf den Gehweg. Beglückender, schönwetterverklärter Junisommer. Er hat einen ganz besonderen Geruch, leicht, vielversprechend und blütenschwanger. Sonnendurchflutete Chlorophyllbilder. Glücksgefühle. Unter uns donnert die U-Bahn in regelmäßigen Abständen hindurch. Nicht nur die Mutter, auch die Großmutter geht mit mir hier spazieren. Mir selbst hat sich von diesen Unternehmungen mit Thekla so gut wie nichts eingeprägt. Alles ausgelöscht.

Doch es muss ziemlich viel gewesen sein. Jahrelang. Und sie muss darin eine Bestätigung dafür gefunden haben, dass es richtig gewesen war, in Berlin zu bleiben und nicht nach Palästina auszuwandern. Hier wurde sie gebraucht, hier musste sie die junge, anfällige Mutter unterstützen, hier wäre ohne ihre

Hilfe weißgottwas passiert. Wie sehr sie eingespannt war und in welchem Ausmaß sie ihr Dasein als Großmutter ausfüllte, das erschien ihr immer wieder bis in die kleinsten Details wichtig genug, um es nach Sao Paulo weiterzureichen. Denn während sich die Welt um sie herum immer mehr verdüsterte, hier gab es doch noch ein Leben, das sich entwickelte und von dem sie annehmen konnte, dass sich der Sohn in der Ferne noch daran gebunden fühlte: »Heute waren wir mit Sibyllchen und Frau Bernhard in Dahlem«, schrieb sie im August 1937, »ich hatte sie die ganze Zeit an der Leine an meinem Arm festgebunden, so dass sie sich nicht selbständig machen konnte. Heute Abend haben wir sie gebadet. Das war beinahe so schön wie Kino.« Eine Woche später: »Heute Abend sitze ich zu Hause und bewache das süße Ungeheuer.« Und in demselben Brief, offenbar geschrieben, als die Eltern des Kindes zur Erholung im Harz sind: »Wenn die etwas anstrengende Zeit hier bei Sibylleken vorbei ist, werde ich mit Frau Bernhard auf 3 Wochen verreisen.« Danach, am Ende der Strapaze: »Heute gebe ich Sibylleken wieder an seine Eltern zurück, die hoffentlich mit der Kinderfrau zufrieden sind. Leider fühle ich mich doch reichlich angestrengt, trotz aller Freude, die ich an dem süßen Menschlein hatte. Ja, man spürt das Alter.«

So und ähnlich ging es weiter. Es galt eben, Edith vor einem völligen Zusammenbruch zu bewahren, aber natürlich gab diese Aufgabe dem Leben der Großmutter noch einmal einen beglückenden Sinn. Und da Thekla ihrer Tochter bei der Betreuung des »Ablegers«, wie Mutter Edith sich auszudrücken pflegte, oft sogar Tag und Nacht vertrat, fand sich ausreichend Stoff, um den über den Atlantik gespannten familiären Draht allemal wieder zum Glühen zum bringen: »Nach schlafloser Nacht wurde ich gegen 6 Uhr schön müde und wollte gerade in tiefen Schlaf versinken. Aber ich denke und Bille lenkt. Ein herausforderndes Gebrüll drang an mein Ohr …« Oder am 3. Januar 1938: »Ich ziehe morgens das kleine zappelige Weibchen an, so kann

Edith im Bett liegen bleiben.« Im Frühjahr 1939: »Das Jöhr ist derart eigenwillig und selbstbewusst mit allen Unarten einziger Kinder ...«; dann im Sommer dieses Jahres: »Während ich hier schreibe, liegt Bille neben mir und schläft ganz fest. Edith ist in die Stadt gefahren. Das kleine Wurm lutscht noch immer mit heißer Inbrunst an ihrem Däumchen und schlotzt laut und vernehmbar ...« Im April 1940: »Billeken ist nicht mehr zu bändigen, die strenge Hand des Vaters fehlt dem kleinen Ding sehr.« »Billeken ist frech, aber ...« Dann im schönen Monat Mai des Kriegsjahres 1940: »Heute habe ich Billeken den ganzen Tag hier gehabt, sie ist ein zu drolliges kleines Geschöpf mit ihren altklugen Reden.« Immer ist die Großmutter, die »Omi«, zur Stelle: »Edithchen benimmt sich ganz gut, wir sind aber auch immer bei ihr und ich schlafe auch bei ihr ...«

Edithchen! Das schwache, von einem »Zustand« zum anderen schwankende, hilfsbedürftige Wesen, eine Tochter, die nicht aufhört, Kind zu sein, obwohl sie schon Mutter ist. Übersensibel. Höchst ängstlich auf die Zeitumstände reagierend, ängstlicher als alle anderen der noch in Deutschland ausharrenden Mitglieder der Familie, insofern aber durchaus vorausschauend. Ein bisschen lebensuntüchtig scheint sie auch zu sein. Immer auf andere angewiesen, auf die Mutter, auf den Mann, und wenn der auf Reisen oder im Krieg ist, wieder auf die Mutter. Und die, eine praktisch veranlagte, zupackende, nüchterne, lebensnahe Person, schmeißt den ganzen Laden. Wenn Edith umzieht, zieht sie auch um, sucht sich eine Wohnung in der Nähe; wenn Edith ruft, betreut die Großmutter Ediths Kind, unter Umständen wochenlang; braucht Edith Ruhe, dann nimmt Thekla die Unruhe auf sich – so auch Mitte 1940: »Wir sind abends immer bei Edith, ich bleibe auch nachts drüben. Bis jetzt hat sich Edith sehr tapfer benommen, aber diese Beherrschung kostet sie viel Nervenkraft. Das Billeken ist leider ein zu großer Rüpel, und so leicht ist es nicht, mit dem kleinen Ungeheuer fertig zu werden.«

Das geht so über Jahre hinweg, bis 1941 ein gewisser Zustand der Befreiung eintritt: »Billeken ist mobil und frech. Mit dem vielen Schnee ist sie hochbeglückt und tummelt sich den ganzen Tag mit ihrem Rodelschlitten draußen selbständig herum. Die große Kälte macht ihr nichts. Edith ist heilfroh und hat immer ein paar Stunden Ruhe.« Und damit das arme Edithchen noch mehr Ruhe hat, aber auch, weil das Kind hartnäckig hustet, schickt man es im darauf folgenden Juni mit einer Freundin und deren Söhnchen auf die Halbinsel Usedom, nach Ückeritz. Hoffentlich kann »das Wurm« bis September dort bleiben, schreibt die offenkundig erschöpfte Großmutter: »Das wäre für alle Teile eine schöne Erholung und erzieherisch für Bille von großem Wert.«

Von den Auswirkungen dieser auch pädagogisch gemeinten Maßnahme weiß ich nichts mehr. Nicht viel auch von Thekla und den gewiss harmonischen Tagen, Wochen, ja Jahren unter ihren Fittichen. Nur dieser eine Auftritt ist in meinem Gedächtnis haften geblieben. Es muss kurz nach dem 19. September 1941 gewesen sein, dem Tag, an dem die Verordnung der Nazis in Kraft getreten war, dass Juden den gelben Stern tragen müssen. Niemals habe ich diese Szene vergessen. Wir standen auf unserer Veranda im Ermslebener Weg, einem verglasten und deshalb besonders hellen Vorbau – meine Großmutter, meine Mutter und ich –, und Thekla zeigte Edith den gelben Stern, den sie auf ihren Mantel genäht hatte, dieses Kainszeichen, das die jüdischen Organisationen und Gemeinden für 3 Pfennige pro Stück von der Berliner Fahnenfabrik Geitel & Co. beziehen und für 10 Pfennige an ihre Leute weiterreichen mussten. Der Mantel war schwarz, der Stern darauf hob sich leuchtend ab.

Mit ihrer ledernen Unterarmtasche versuchte sie zu demonstrieren, wie er auf harmlose, im Falle einer Kontrolle sofort korrigierbare Weise abzudecken sei. Erst hielt sie die Tasche vor den Schandfleck, ließ sie dann sinken, schob sie gleich wieder nach oben, ließ den Judenstern auf diese Art verschwinden, so dass sich ihre Erscheinung nicht von der anderer deutscher Frauen unterschied. Doch es half nichts, Thekla Wolle, mit ihren 62 Jahren eine immer noch fesche Frau, war von einem Tag auf den anderen an den Pranger einer entgleisten Nation gestellt, aus der Mitte eines vollkommen unauffälligen, gutbürgerlichen und absolut redlichen Lebens gerissen, zum täglichen Spießrutenlaufen verdammt, in diesem Moment zitternd vor Erregung, völlig aufgelöst, weinend, verzweifelt, in Panik, ausgerechnet sie, die sich – ihre Briefe beweisen es – sonst immer als ruhig, stark und ausgeglichen gezeigt hatte.

Das also war neu, war ungewohnt und deshalb wohl so eindrücklich für mich. Auch Walter hat sich diesen Einschnitt notiert, hat aufgeschrieben, wie sehr »Omi darunter gelitten hat«: »Ich sehe sie noch vor mir stehen, klein, hübsch, vornehm und entsetzlich aufgeregt, als ich sie zu einem Gang zur Kartenstelle abholte, um sie das erste Mal nicht allein gehen zu lassen.«

Wie mag sie sich gefühlt haben, als sie beim zweiten Mal alleine gehen musste? Wie ist das, wenn man unverhofft aus dem Kreis der Nachbarn herausgezerrt und zum Außenseiter, zu einer minderwertigen Spezies erklärt wird? Wie tief brennt sich dieser aufgenähte gelbe Fleck ins Fleisch, diese schreiende Schrift, die aller Welt verkündet, dass sich die bis dahin ehrbare und allseits geschätzte Frau Wolle plötzlich in einen Untermenschen verwandelt hat? Wie viel Mut braucht man, um sich – so sichtbar und plakativ erniedrigt, entwürdigt – überhaupt noch auf die Straße zu trauen? Und auf was kann der Mensch in einem derart elenden Zustand noch hoffen?

Günter Wolle, Theklas Jüngster, wurde als »Volljude« angesehen und musste ebenfalls den Judenstern tragen. Edith, seine Schwester, war befreit, weil sie mit einem »arischen« Mann verheiratet war, also in einer sogenannten »privilegierten Mischehe« lebte. Der Wahnsinn hatte Methode. Oder doch nicht? Verdünnte sich denn das jüdische Blut durch die Heirat mit einem »arischen« Mann? Was war an Edith weniger jüdisch als an ihrem Bruder? Und was war jetzt anders an ihr als in den Jugendjahren in der Schillerstraße, als Hilde Burger, Walters Schwester, sie so überaus nett fand und ihrem Bruder von diesem Mädchen vorschwärmte? Warum will die Schwägerin nun nichts mehr mit ihr zu tun haben, warum wird sie es im Frühjahr 1944 ablehnen, mit der Jugendfreundin unter einem Dach zu wohnen? Was hat Hildes Sinne getrübt, ihre Moral verdorben, ihre Menschlichkeit vergiftet?

Dabei waren sie doch einmal so »dicke« miteinander gewesen, lebten als junge Leute jahrelang in einem Haus und waren zu alledem seit über einem Jahrzehnt durch die Ehe von Walter und Edith auch familiär verbunden. Was war inzwischen geschehen? Was war mit ihr geschehen? Weshalb fühlte Hilde Burger sich plötzlich erhoben, schwebte im siebten Himmel der nationalsozialistischen Politik, schaute herab auf Menschen, die ihr einmal nahegestanden hatten? Ausgerechnet Hilde, die muntere, sportliche, erdgebundene, intelligente Hilde, die Vater Erwins Aversion gegen die jüdische Familie Wolle in den ersten Jahren keineswegs geteilt hatte und die mit Edith bis über die Mitte der dreißiger Jahre hinaus befreundet geblieben war! Sie erwischte es am schlimmsten.

In den Fängen des Wahns

Von allen Burger-Kindern war sie dem Vater am ähnlichsten. Klein, kurzbeinig und etwas gedrungen von Gestalt, aber schlank, wild im Temperament. Mit dicken schwarzen Zöpfen und dunkel funkelnden Augen, nicht so hübsch wie Walter und Gudrun, aber kraftvoller. Als Kind schwang sie auf der Straße gern eine Hundepeitsche, um sich zu behaupten. Machte man ihr Vorwürfe für ein ungenügendes Verhalten, so wälzte sie die Schuld mit Vorliebe auf Fritz und Walter ab, ihre Brüder: »Des hab i von meine Bube.« Ein selbstbewusstes Mädchen, das auch liebenswürdig sein konnte, bisweilen sogar übertrieben bescheiden wie Kläre. Die pietistische Erziehung war keinesfalls spurlos an ihr vorübergegangen. Der Mensch ist eben selten aus einem Guss.

Als der Vater dann 1928, nach einem Umweg über Aalen, Landrat in Tuttlingen wurde, zog sie mit den Eltern zurück ins Schwäbische und machte in dem südwürttembergischen Städtchen ihr Abitur. Das ging alles glatt und ohne Probleme vonstatten. Sie war bewegungsbegabt wie ihr Vater, eine gute Tänzerin, gleichermaßen sicher auf den Skiern wie auf dem Pferderücken. Sie gewann Preise bei Reitturnieren, und sie konnte schon Auto fahren. Ein Sportstudium hatte sich angeboten, das sie auf der Hochschule für Leibesübungen in Berlin-Ruhleben erfolgreich abschloss.

Überraschenderweise fand sie auch schnell eine Arbeit, dabei waren doch die Zeiten wirklich nicht danach. Ausgerechnet bei Ullstein kam sie unter. In einer Hauspostille, dem *Blatt der Hausfrau,* bot der Verlag seinen Abonnentinnen Schwimmunterricht und Turnstunden an. Hilde erhielt den Zuschlag, diesen Unterricht zu erteilen. Gleich der erste Abend, er fand in der Frankfurter Allee statt, schlug unerwartet gut ein. Die Kurse waren überfüllt und die Lehrerin, gerade mal 24 Jahre alt, hoch zufrieden. Mit Begeisterung stürzte sie sich in die Arbeit, freute sich auch über die vielen neuen Kontakte, nahm sogar anstandslos wahr, dass ihr Chef Jude und »ein sehr netter Mensch« war. Da funktionierte ihr Verstand noch völlig normal, und auch am nächsten Arbeitsplatz hielt diese Balance noch ein Weilchen vor. Ein Angebot für den Posten der »Sportwartin« an der Reichsführerinnenschule in Potsdam war ihr ins Haus getrudelt, und

Geschickt auf Skiern und fest im Sattel.
Sportlehrerin Hilde macht Karriere

das lag natürlich weit über dem Niveau dessen, was sie in so jungen Jahren erwarten konnte. Hilde nahm es selbstredend auf der Stelle an und stieg schon ein Jahr später zur stellvertretenden Schulleiterin auf. Hilde machte Karriere. Hildes Selbstbewusstsein festigte sich. Eine wunderbare Zeit begann für die junge Frau – die beste Zeit ihres Lebens.

Das Institut war in einer Villa aus der Gründerzeit untergebracht, herrlich an der Havel gelegen, im klassizistischen Stil erbaut, mit säulenbewehrten und überdachten Treppenabgängen zum Wasser hin, von einem parkartigen Gelände umgeben. Schon durch diese Äußerlichkeiten strahlte es aus, dass dies ein Platz für Auserwählte war. Hilde bekam ein schönes Zimmer zugewiesen. Sie genoss ihre Rolle, genoss ihren Aufstieg, genoss die Umgebung, die neuen Freundinnen und nicht zuletzt die vielen interessanten Besucher. Dass sie damals Baldur von Schirach, dem Reichsjugendführer der NSDAP, die Hand schütteln durfte, erfüllte sie noch im hohen Alter, kurz bevor sie starb, mit Stolz. War das ein Leben! Wunderbar, welche Möglichkeiten das nationalsozialistische System jungen Leuten bot. Da konnte einem schon schwindelig werden.

Nur im Rasseunterricht, an dem sie teilnehmen musste, stutzte sie anfangs ein bisschen. Klein, schwarzhaarig, mit dunklen Augen: Passte nicht fast alles, was da über die Juden behauptet wurde, ziemlich haargenau auch auf sie? Mit solchen Gedanken, immerhin, kokettierte sie noch zu Beginn des Dritten Reiches. Doch dann kam er: groß, blond, blauäugig, ein gut aussehender, wohlerzogener und freundlicher junger Mann. Auf einem Offiziers-Ball der SS in der Berliner Krolloper – jenem nach dem Reichstagsbrand zur Tagungsstätte umgebauten ehemaligen Kunsttempel, in dessen Mauern das Parlament tagte und wo es auch das Ermächtigungsgesetz beschlossen hatte – waren sie sich das erste Mal begegnet. Ein offenbar wenig interessanter Jurist saß als Tischherr neben der jungen Frau. Der blondhünenhafte SS-Kerl am Nebentisch blickte oft herüber, forderte sie schließlich zum Tanz auf, und spät nachts, als das Vergnügen abgefeiert war, gehörte er zu der Gruppe, welche die Mädchen von der Reichsführerinnenschule nach Hause begleitete. In Potsdam angekommen, reichten die angehenden Führungsfrauen den Kavalieren noch ein paar belegte Brote durchs Küchenfenster hinaus, denn Herrenbesuche waren nicht erlaubt. Am nächsten Morgen rief der Schöne schon an, und Hilde war erst einmal ganz erstaunt, dass er sie sprechen wollte, ja tatsächlich sie, und nur sie und nicht eine ihrer Freundinnen.

W. H., so will ich ihn hier nennen, weil dies seine Initialen waren und die beiden Buchstaben ihm auch in der Familie als Spitzname anhafteten – Weha –, umgarnte und verwirrte meine Tante nicht nur erotisch, er nebelte sie zudem ideologisch ein. Der Boden war ja gut vorbereitet, zum einen durch die antisemitische Grundhaltung des Vaters, obwohl ihm die Tochter in seiner Verdammung des nun »jüdisch versippten« Bruders Walter anfangs nicht gefolgt war. Dennoch mussten ihr solche Gedanken durchaus vertraut vorkommen. Sie lagen ja auch in der Luft. Außerdem war sie tief beeindruckt von der angenehmen neuen Umgebung, von den Bequemlichkeiten, von den Privilegien und von dem Erfolg, den ihre Aufnahme in Potsdam bedeutete.

So jung sie noch war, gehörte sie doch schon dazu, zur Elite, zu diesen von der »Vorsehung« Auserwählten, zu den wunderbaren nordischen Herrenmenschen – auch wenn sie sich selbst bei kritischer Betrachtung nicht ganz so edel und nordisch fand. Aber durch die Aufgabe, die sie übernommen hatte, war sie es geworden. Sie war selbst erfolgreich und nun auch noch geadelt durch die Liebe eines im System nach oben gelangten Offiziers. Was für ein Aufstieg. Höhenluft umgab sie. Ein Taumel ergriff sie. Die Jugend, die Liebe, der Zeitgeist, die Politik, die Zukunft – alles war auf ihrer Seite. Alle Saiten in ihrem Inneren waren angeschlagen. Hätte sie sich dagegen wehren sollen? Und welchen Grund hätte es denn gegeben, so jung, so lebens- und liebeshungrig, wie sie war, sich all der schmeichelhaften Erhebungen und womöglich auch noch der Liebe dieses schmucken Offiziers zu berauben?

Nein, sie hat sich nicht gewehrt. Im Gegenteil. Sie gab sich hin – dem Mann, dem System, dem ganzen Wahnsinn, aus vollem Herzen, mit allen Sinnen, unter Ausschaltung ihres Verstandes und aller anerzogenen Moralvorstellungen. Es ist ihr kein Segen daraus erwachsen. Doch erst einmal hatte sie nicht nur diesen W. H., sondern zudem auch noch einen neuen Gott gefunden, dem sie inbrünstig huldigte – den »Führer«. Einer Riesenikone gleich hing er in Öl gemalt, farbig, uniformgeschmückt und überlebensgroß in ihrem Wohnzimmer über dem Sofa an der Wand. Heil Hitler.

Hilde ging es gut. Sehr gut sogar. Je siegessicherer Hitler seine Kreise zog, desto besser ging es ihr. Den Wolles hingegen ging es schlecht. Sehr schlecht. Je weiter und tiefgreifender sich die nationalsozialistische Herrschaft ausbreitete, desto elender fühlten sie sich. Und für Walter, den abtrünnigen Burger, der ein Wolle geworden und doch auch ein Burger geblieben war, ging der Kampf jetzt erst richtig los. Am Ende wurde es ein Kampf ums Überleben. Und wenn die Fronten bis dahin einigermaßen klar verlaufen waren, nämlich zwischen Walter und Edith auf der einen Seite und den Eltern Burger auf der anderen, so begann sich das Feld mit den Jahren mehr und mehr zu verändern, ja völlig zu verschieben. Jetzt bekannte sich Vater Erwin ausdrücklich zur Hilfe für die Verfolgten, und die Geschwister Walter und Hilde standen sich ablehnend gegenüber. Daran sollte sich bis zum Ende des Zweiten Weltkrieges nichts mehr ändern. Dennoch: Kontakte gab es notgedrungen viele.

Wer war Onkel Pu?

Seltsame Symbiose. Eine Ménage à deux. Thekla Wolle und ihr erwachsener Sohn Günter, in der ganzen Familie nur »Pu« gerufen, leben 1937 immer noch zusammen in einer Wohnung. Pu, 1912 geboren, von Beruf Werbegrafiker und Designer, wie man heute sagen würde, ist jetzt 25 Jahre alt. Als Freiberufler kann er zu Hause arbeiten und noch ein Weilchen an Mutters Schürzenzipfel hängen. Morgens steht er ungern auf, macht es sich auch sonst mit Vorliebe bequem und isst viel. Gemeinsam kümmern sich Mutter und Sohn um Ediths widerspenstigen Sprössling, gemeinsam gehen sie ins Café, um Zeitung zu lesen, gemeinsam verbringen sie traute Abende beim Bridge, und in einträchtiger Anstrengung schreiben sie auch am wöchentlich zu versendenden Brasilien-Brief. Es ist eine Lebensgemeinschaft, gewiss, aber viel mehr noch eine Schicksalsgemeinschaft.

Thekla erweist sich bei alledem ganz als »jiddische Mamme«, opfert sich also nicht nur für die nervenschwache Tochter, sie bemuttert und bekocht den offenbar etwas unselbständigen, nesthockenden, Kette rauchenden und stets hungrigen Sohn. Hat er keine Freundin? Davon ist nirgendwo die Rede, in keinem Brief und in keinem anderen Dokument. Allerdings klagt die Mutter der widrigen Zeitumstände wegen: »Für unseren guten Pu ist ja leider für derartige Pläne keine Möglichkeit gegeben.« Nur ein einziges Foto vom Sommer 1928 zeigt den damals Sechzehnjährigen in weiblicher Begleitung. Da liegt er, zusammen mit Walter, Edith und einer gewissen »Grete M.«, wie die Bildunterschrift bezeugt, auf dem Sonnendach im Berliner »Wellenbad«. Aber vielleicht war diese Grete auch

*Glückliche Zeiten
vor der Katastrophe.
Walter, Günter, Hans
beim Skifahren*

*Walter und sein Schwager Günter
beim Rudern auf der Havel*

eine frühe Freundin des älteren Bruders Hans, der dieses Foto geschossen hat.

Andere Leidenschaften? Ja, das Schachspiel, das er wie sein Bruder vom Vater gelernt und übernommen hat. Und wenn sich die beiden früher vor dem Brett gegenübersaßen, so spielen Hans und Günter nun in ihren Briefen über den Atlantik hinweg weiter – immer wieder von Sao Paulo nach Berlin und von Berlin nach Sao Paulo: »Also nach stundenlangem Brüten bin ich zu dem hoffentlich weisen Entschluss gekommen, dass 4) d7–d6 den einzigen Ausweg aus Deinem übermächtigen Angriff bietet. Ich habe mir zwar lange überlegt, ob ich aufgeben soll, aber schließlich habe ich mich laufender Nase aufgerafft, das Spiel bis zu Deinem bitteren Ende weiterzuführen.« Oder, ein paar Briefe weiter: »Auf Deinen gewaltigen Damenzug, der mich Tag und Nacht beunruhigt, erwidere ich still und bescheiden 9) Sd7–c5.« Oder auch: »Lieber Hans! Also die Hitze hat sich auch schon auf Dein Gehirn gelegt und Deinen kümmerlichen Verstand mit Blindheit geschlagen, so dass Du nicht sehen konntest, dass auf f1 kein Bauer steht, sondern ein Turm, den Du auch nicht nach f2 ziehen kannst, dieweil dort schon ein anderer Bauer sich befindet. Sintemalen Du mir meinen Fehlgriff auch verziehen hast, werde ich friedlicherweise annehmen, dass Du als 19. Zug f2–f3 gemeint hast und ziehe mich bescheidenerweise mit Sg4–f6 zurück …«

Als Hans sich nach einer schlimmen Amöbenruhr endlich auf dem Wege der Besserung befindet, pflaumt ihn der kleine Bruder auf gut Berlinisch an: »Olla Doofa! Da habe ich mich nun geistig und körperlich darauf vorbereitet, Deinem kühnen Schachzug begegnen zu können, aber da kam keiner, obgleich ich mir ausgerechnet hatte, dass Du inzwischen wieder in der Lage gewesen wärst, geistig zu produzieren. Oder solltest du schon nach dem 8. Zuge aufgegeben haben? Falls innerhalb der nächsten zwei Wochen kein neuer Zug eingetroffen ist, werde ich zur Siegesfeier schreiten.«

Lieber Peti!.Wir wollen Dich natürlich nicht ohne Nachricht lassen,
aber dass das Schreiben uns heute schrecklich schwer wird,wirst Du uns
sicher nachfühlen können.Die letzten Tage wohl die erregensten,die wir
je erlebt haben und unsere Nerven und Seelen werden wohl noch lange
Zeit die Nachwirkungen zu spüren haben.Viel darüber zu schreiben hat
ja keinen Sinn und ändert nichts.Du wirst in den Tagen viel an uns
alle gedacht haben...Da Günter noch immer keine Antwort aus Australien
hat,haben wir die kleine Hoffnung,dass sie vielleicht doch bejahend
ausfallen könnte. Vorgestern haben wir noch mal an das Woburnhouse in
London telegraphiert,dass die Angelegenheit eilig ist.Hoffentlich hilft
das, ein wenig Dampf hinter die Leute zu bringen,die anscheinend keine
Ahnung haben wie dringend das alles ist. Vielleicht haben sie es jetzt
auch gemerkt,dass Eile not tut. Wenn ich erst mal Ada und Günter draus-
sen weiss,dann kann ich vielleicht auch mal an mich denken.Aber einstweilen tritt das vollständig in den Hintergrund.Edithchen hat sich
die ganze Woche sehr tapfer gehalten,aber Book ist von all seinen Erlebnissen zusammen gebrochen,und erholt sich furchtbar schwer.
Ein kleiner Silberstreifen am Horizont ist im Moment die Hoffnung,dass
es mit Ada in nicht zu ferner Zeit etwas werden wird. Auch da haben
sich,wie wir Dir schon Ende der Woche schrieben aufregende Tage ab-
gespielt,sodass wir jetzt vollkommen erschöpft sind. Als heute früh
nun auch noch die Nachricht aus Oberhausen kam, da war es ganz vorbei.
Du kannst verstehen,dass Ada da heute keinen langen Brief schreiben
kann. Wir wollen nur beten,dass bald wieder alles gesund ist,dann wolle
wir gern wieder mehr schreiben. Für heute wird es auch Dir genügen.
          Bleib gesund und sei herzlichst gegrüsst von
                                                    Mama

[handschriftliche Notiz von Günter, teilweise unleserlich]

Leidenschaft postalisch.
Sogar nach der Reichspogromnacht
setzt Günter
sein geliebtes Schachspiel fort

Die Ironie und der Humor, mit dem sie dieses Spiel über die Jahre betreiben – fast schon ein Galgenhumor – reicht weit, sehr weit. Am 15. November 1938, wenige Tage nach den Schrecken der von den Nazis so benannten »Reichskristallnacht«, schreibt Mutter Thekla an ihren Sohn Hans: »Wir wollen Dich natürlich nicht ohne Nachricht lassen, aber dass das Schreiben uns heute schrecklich schwer wird, wirst Du uns sicher nachfühlen können. Die letzten Tage waren wohl die erregendsten, die wir je erlebt haben, und unsere Nerven und Seelen werden wohl noch lange Zeit die Nachwirkungen zu spüren haben.« Auf demselben Briefbogen fügt Günter handschriftlich noch ein paar Zeilen an, deren Inhalt Lichtjahre von den politischen Ereignissen entfernt ist: »Tscha, erst habe ich gedacht, ich hätte einen genialen Schachzug entdeckt, der Dich zur sofortigen Aufgabe zwingen würde, aber nachher war er gar nicht so genial. Deshalb ziehe ich jetzt still und bescheiden L f6 – e5.« Auch fast zwei Jahre, nachdem Hans emigriert ist, am 15. Mai 1939, hält die Leidenschaft am transatlantischen Spiel immer noch an und die brüderliche Flachserei geht ungebrochen weiter: »Ich erinnere mich, vor einiger Zeit mit Dir eine Schachpartie gespielt zu haben, die nie zu Ende gekommen ist. Vermutlich kannst Du innerhalb von 1½ Wochen nicht die nötige Zeit finden, um deinen Geist in die zu einem Prachtzug benötigte Positur zu bringen.«

So gut sich die Brüder auch verstanden, Günter hatte nicht mit dem sieben Jahre älteren Hans nach Brasilien auswandern wollen. Er fürchtete sich vor der fremden Sprachwelt und versteifte sich auf ein Land, in dem Englisch gesprochen wird. Australien zum Beispiel. Den fünften Kontinent konnte er sich durchaus als seine künftige Heimat vorstellen. Also bewarb er sich dort um eine Stelle, kümmerte sich aber gleichzeitig um sein berufliches Fortkommen als Werbegrafiker und Designer für »Samson« und »Agulnik«, zwei jüdische Auftraggeber, versteht sich, gerade so, als ob er in der allerschönsten Normalität leben würde und in Berlin noch eine Zukunft haben könnte: »Ich habe jetzt eine ganze Menge zu tun, da die Geschichte mit Samson geklappt hat. Er ist sehr zufrieden mit meinen Sachen. Ich habe mich auch sehr schnell in seine Dekorationsständer hineingefunden und mache sie schon genauso gut wie mein Vorgänger. Technisch ist es nicht so schwer, wie der Mann sich das gedacht hatte, und zeichnerisch sind die Anforderungen nicht groß. Die Hauptsache ist, dass einem was Nettes einfällt. Im Übrigen geht der Betrieb ähnlich wie bei Agulnik. Der Mann hat sein Bürochen und reist herum. Ab und zu kommt er zu mir, um die Aufträge abzuliefern. Hoffentlich bestellen jetzt aber auch die Kunden voller Eifer die von mir entworfenen Gegenstände, was ja schließlich die Hauptsache ist.«

Sein Plan auszuwandern ist infolgedessen »einstweilen in den Hintergrund getreten«. So erfolgreich ist der junge Künstler, »dass ich mir 6 Hände und 7 Popos anschaffen müsste, um nur halbwegs mitzukommen«. Aber dann – alles im Sommer 1937 – klagt er doch: »Ich bin mir nämlich beim besten Willen nicht klar darüber, was eigentlich aus mir werden soll. Allmählich bekommt man ja doch mal die Nase voll. Wenn ich jetzt auch so einigermaßen zu tun habe, so weiß man ja doch nicht und so … Na, ja.«

Nein, man weiß es nicht, weiß aber immerhin, dass die Juden im Reich inzwischen schon lange zum Freiwild erklärt worden sind. Zu diesem Zeitpunkt ist es den Nazis längst gelungen, diese »Volksschädlinge« und vermeintlichen Schmarotzer am deutschen Volkskörper – 1933 waren es gerade mal 500 000 Bürger jüdischer Herkunft, ein Drittel davon in Berlin – aus den akademischen Berufen, aus den Bürokratien und aus der Wehrmacht zu vertreiben, viele ihrer Existenzen zu ruinieren, sie um jeglichen Einfluss auf das öffentliche Leben zu bringen. Und der war nicht unbeträchtlich. Ein Jude, Hugo Preuß, hatte den Entwurf zur Weimarer Verfassung vorgelegt. Im Reichstag hatten immerhin 24 jüdische Abgeordnete gesessen. In den meisten deutschen Ländern waren Juden Mitglieder der Regierungen gewesen, und zwischen 1919 und 1924 hatten sechs jüdische Reichsminister Sitz und Stimme im Kabinett. Vom Einfluss jüdischer Verleger wie Mosse, Publizisten wie Tucholsky, Wissenschaftler wie Einstein und Künstler wie Max Liebermann ganz abgesehen. Was für ein Reichtum an Begabungen, an Intellekt und Kreativität! Alles vorbei. Alle verjagt. Deutsche und Juden gleichermaßen beraubt.

Längst müsste eigentlich auch klar sein, dass man ihnen den spärlichen Rest an persönlichem Freiraum, den sie noch besitzen, und das bisschen Vermögen, das sie vielleicht noch haben, nicht lassen wird. Wer auswandert, darf nicht einmal seinen Schmuck und die privaten Wertsachen mitnehmen. Aber begreifen es diejenigen, die noch da sind, bis zur letzten Konsequenz? Oder haben sie sich – so schleichend das Bedrückende, Erniedrigende, Herabsetzende über sie gekommen ist – schon ein bisschen an die Situation gewöhnt? Noch kann man ja auf die Straße gehen, auch wenn man sich im Park nur noch auf die gelb markierten Parkbänke setzen darf; die grünen sind für Nichtjuden reserviert. Bald wird es Juden auch verwehrt sein, die Wohnung nach acht Uhr abends zu verlassen und zu anderen Zeiten als zwischen vier und fünf Uhr nachmittags einzukaufen. Noch aber kann Günter seine Zeichnungen zumindest an jüdische Auftraggeber wie »Agulnik« und »Samson« verkaufen, noch trägt niemand einen Judenstern, noch haben die systematische Enteignung und die massenhafte Verschleppung und Ermordung nicht begonnen. In den jüdischen Reservaten wie dem »Kulturverein« versuchen die Bedrängten das Niveau zu halten, die Lebensqualität von einst zu konservieren und sich mit eingezogenem Kopf durch die Schreckenszeit zu mogeln in der Erwartung, dass sie irgendwann vorüber sein werde. Wie soll sich ein zivilisierter und kultivierter Deutscher auch vorstellen können, was noch kommen wird?

Also konzentriert man sich auf den Alltag. Läuft zu den Ämtern, zu Reisebüros und Konsulaten, füllt Anträge, Formulare, Überweisungen aus, rennt dem »Hilfsverein der deutschen Juden«, der Auswanderungswillige und Auswanderer berät und unterstützt, die Türen ein. Eine Freundin, die dort tätig ist, verschafft Günter die Aussicht auf eine Stellung in Australien. Für die Bewerbung füllt er Fragebogen aus, kramt Zeugnisse hervor, holt Referenzen ein, beantwortet alles auf Deutsch und auf Englisch, wird zwischendurch krank, tippt danach die halbe Nacht mit heißem Kopf noch im Bett an einem Wust von Übersetzungen und schaffte es schließlich, die ganzen Sachen pünktlich abzuliefern. Im Juni 1937 weiß er: »Meine Bewerbung für die australische Stellung schwimmt wohl jetzt irgendwo in irgendeinem Weltmeer. Nachdem mein Konkurrent inzwischen ausgeschieden ist, hat man meine Papiere anständigerweise alleine nach London geschickt, ohne sich vorher nach weiteren Kandidaten zu erkundigen ...« Schöne Hoffnung. Wieder mal vergebens. Am 16. Juli 1937 beschränkt der Nazi-Staat die Ausgabe von Reisepässen an Juden.

Im Mai 1938 – nachdem die jüdischen Religionsgemeinschaften gerade ihren Status als Körperschaften öffentlichen Rechts verloren haben und Juden gezwungen sind, ihr Vermögen anzumelden, was den nationalsozialistischen Raubzug, die »Arisierung«, einläutet – notiert Mutter Thekla, als ob bis dahin alles nur Spiel und Tanz gewesen wäre: »Es ist ja nun so, dass Günter leider, leider auch ernstlich an seine Auswanderung denken muss und ich einsehe, je eher, desto besser ...« Am 18. Juli 1938 berichtet sie: »Pu ist auch schon recht ungeduldig, was zu verstehen ist, aber diese Dinge lassen sich nicht erzwingen, und die Leute in Australien haben es leider nicht so eilig mit ihren Antworten, so dass er mit drei Monaten rechnen muss. Und wenn die Antwort abschlägig ausfällt, was dann?«

Fünf Wochen später, Anfang August 1938, vor der Konferenz des Roten Kreuzes in London, sinkt die Stimmung weiter: »Ich will nachher zum Reisebüro gehen und hören, ob sich irgendetwas so machen lässt, wie Du vorschlägst, obgleich ich sehr pessimistisch geworden bin durch all die Fehlschläge. Ich glaube, dass wir noch eine Menge Geduld aufbringen müssen. Die einzige Hoffnung ist London, von wo aus ich glaube auf die Länder, die in Frage kommen, eingewirkt werden wird. Auf welche Art wir den Pu herauskriegen werden, ist mir auch noch recht schleierhaft. Ich selbst würde auch so gerne weggehen, kann es aber Ediths wegen nicht und muss eben durchhalten.« Ende August scheint noch mehr Ernüchterung angesagt, wenn Pu schreibt: »Über Australien habe ich Dir ja inzwischen geschrieben. Bisher hat sich nichts daran geändert, nur dass ich heute noch mal beim Hilfsverein war, um mich nach der Möglichkeit eines Handwerkerzertifikates nach Australien zu erkundigen. Aber das war vollkommen erfolglos.«

So geht es fort und fort zwischen Hoffnung und Verzweiflung. Jahrelang. Zum Beispiel am 18. Oktober 1938, nachdem Hans von der Möglichkeit einer »Geschwisteranforderung« aus Brasilien geschrieben hat: »Was die Möglichkeit der Geschwisteranforderung betrifft, so möchte ich doch erst mal abwarten, was die Australen nun endlich von sich hören lassen. Mein Einwanderungsgesuch wird ja bestimmt, wie tausend andere auch, abgelehnt werden, aber einstweilen hoffe ich ja immer noch auf meine Stellenbewerbung.« Am 29. November liegt die Absage auf dem Tisch: »Heute bekam ich von den Australen die Absage auf meine erste Bewerbung, was aber nicht so aufregend ist, da inzwischen meine zweite von wegen Stellung durch das Woburn-House dort eingetroffen sein dürfte. Man hat mir ja hier bestimmt zugesichert, dass die Stellenbewerbungen durch den Hilfsverein ziemlich sicher Erfolg haben werden.« Er hört einfach nicht auf zu hoffen, und wenige Tage nach der »Reichskristallnacht« hat er immer noch nicht begriffen, dass es gar nicht mehr darauf ankommt, wohin er auswandert – ob nun zu den »Australen« oder den »Brasilen«, wie er nach wie vor im Berliner Schnodderton schreibt –, sondern dass er nur raus muss aus diesem Land, raus, raus, raus, um zu überleben, dass er sich verkriechen muss, gleichgültig in welcher Ecke auf dem Erdenrund.

Immerhin beklagt sich Thekla Ende 1938 darüber, dass ihr Sohn partout nach Australien ausreisen will. Er sollte sich doch dringend auch nach anderen Chancen umtun. Im April 1939 gibt er jedoch immer noch nicht auf. Rund 7000 jüdische Flüchtlinge haben bis dahin auf dem fünften Kontinent ihre neue Heimat gefunden. Allerdings war eine Quote von 15 000 Aufnahmen ursprünglich beschlossen worden. Doch zur vollen Ausschöpfung kam es nie, die Auswahlverfahren zogen sich hin – wurden auch hingezogen. Nur Internierte aus England fanden noch Aufnahme, und jetzt endlich wird Günter unsicher: »Von Australien ist beim besten Willen nichts zu hören … Vorige Woche habe ich auch noch mal an das Komitee dort unten geschrieben, nachdem man mir Namen und Adresse des zuständigen Bearbeiters verraten hat. Ich möchte doch zumindest herausbekommen, in welchem Papierkorb meine gewichtigen Papiere eigentlich gelandet sind.«

Aber dann, einen Monat später, im Mai 1939, erfolgt eine überraschende Wende: »Man hat mir hier gesagt, dass die australische Sache jetzt so gut wie sicher sei, nur den Zeitpunkt der endgültigen Entscheidung kann niemand voraussagen. So bin ich mir im Augenblick noch nicht ganz klar, was zu tun ist. Man möchte nichts versäumen, aber auch nicht unnötig Deinen Geldbeutel belasten. Auf alle Fälle sei nicht überrascht, wenn Du eines Tages doch noch mit einem größeren Betrag in Anspruch genommen wirst.« Im Juni sieht sich der junge Mann auf September vertröstet: »Ich würde mein Australienpermit im

September bekommen, hat man mir gesagt, aber das tröstet mich nur wenig, wenn ich mir so die Zeitungen betrachte. Wer weiß, was dann ist.« Ende Juni dann wieder ein Hoffnungsschimmer: »Diese Woche hat sich der Hilfsverein entschlossen, mal in Sydney nachzufragen, wann mit meinem Permit zu rechnen ist. Woraus ich entnehme, dass meine Sache doch ziemlich sicher sein müsste. Aber eine Passbescheinigung wollen sie mir noch nicht geben. Ich hätte doch gern schon alles vorbereitet. Das nimmt nachher noch genügend Zeit in Anspruch. Außerdem wird es ja auch nicht einfacher, und die Koffer werden auch nicht gerade größer.« Und ein bisschen »jüdelnd« hängt er an diesen ebenso wie an viele andere seiner Briefe ein doch schon recht resignativ seufzendes »Äch und überhaupt und so« an. Trotzdem hört er nicht auf zu hoffen, so unübersehbar elend seine Lage auch ist.

Ende August 1939 hat er endgültig verstanden, dass er, ohne noch länger zu zögern, seine Heimat verlassen muss. Jetzt korrespondiert er mit dem Bruder plötzlich über eine Auswanderung nach Südamerika, nach Chile, und wieder geht es auch um Geld. Hans soll helfen, denn Hans ist der einzige in der Familie, der über Devisen verfügt: »Wie Du ja bereits erfahren hast, soll die Auswanderung von hier aus weiter betrieben werden. Du bist ja bereits darüber im Bilde, wieweit Du dazu beitragen musst. Ein Vorzeigegeld wird allerdings nicht verlangt. Ich muss es daher vollständig der Großzügigkeit Deines Bettelstabes überlassen, mit wie viel Moneten du mich zum Aufbau einer Existenz ausrüsten kannst, zumal auch das Konsulat hier wissen will, wie viel dem Auswanderer zur Verfügung stehen werden. Auch die Passage, die vermutlich von einer italienischen Linie übernommen wird, kann nur in ausländischer Währung bezahlt werden. Vielleicht ist es aber möglich, falls Du nicht die ganze Passage bezahlen kannst, den Rest durch ein Hilfskomittée zu besorgen … Tja, wir muten Deinem Geldbeutel eine ganze Menge zu, müssen aber dankbar sein, dass er uns überhaupt zur Verfügung steht, da wir sonst gar nichts anfangen könnten. Und so kann uns auch – mit alleruntertänigster Permission zu sagen – die Aussicht auf Dein zu nagendes Hungertuch nicht allzu sehr erschüttern. Dies, wie gesagt, mit Permission.« In der Erwartung, dass es mit diesem Plan vorangeht, lernt Günter auch schon fleißig Spanisch – »allerdings sehr vornehm, nämlich gleich mit südamerikanischer Aussprache, die hauptsächlich darin besteht, dass ein Haufen Konsonanten nicht mit ausgesprochen werden«.

Mittlerweile, im September 1939, hat Hitler den Zweiten Weltkrieg vom Zaun gebrochen. Der Luftpostbetrieb zwischen Berlin und Brasilien, bis dahin wöchentlich und pünktlichst funktionierend, beginnt zu stottern und fällt oft ganz aus. Die wenigen Briefe, die von nun an noch den Weg nach Sao Paulo finden, zeigen das Zeichen eines Zensors. Anfang 1940 sind Thekla und Günter schon seit zwei Monaten ohne Nachricht von Hans. Die Versuche, nach allen Fehlschlägen doch noch auszuwandern, werden nun immer hektischer, chaotischer, panischer, und Günter verfolgt mal wieder einen neuen Plan.

Mit Datum vom 8. Januar 1940 informiert er seinen Bruder: »Es besteht jetzt für mich die sehr konkrete Möglichkeit, nach Brasilien als legaler Einwanderer zu kommen. Es ist dazu nur nötig, dass die Passage 3. Klasse über Antwerpen inklusive der normalen Spesen, alles zusammen 200 amerikanische Dollars, von Dir möglichst schnell eingezahlt werden, und zwar an die dortige Vertretung der belgischen Linie: Compagnie Maritime Belge (Lloyd Royal) Anvers. Die Einwanderung wird durch den Sankt Raphaels Verein betrieben, der meinen Beruf als günstig für das Land ansieht. Sorge bitte für sofortige Bestätigung der Einzahlung nach Antwerpen und telegrafische Benachrichtigung nach hier, damit ich schon Ende Februar fahren kann.« Und am 7. Januar bestätigt Thekla: »Wenn alles klappt und dann die Reise gut vonstatten geht, wirst Du nun bald unseren Pu dort haben. So groß der Schmerz über die baldige Trennung von ihm ist, so sehr freue ich mich für ihn, dass er fort kann und besonders, dass er zu Dir kommt, was mir eine große Beruhigung ist. Er wird hoffentlich bald Arbeit finden und sich auch an das veränderte Klima gewöhnen. Er kommt wohl in den brasilianischen Herbst, der ihm sicher sehr heiß vorkommen wird, nach dem überaus harten Winter, den wir in diesem Jahr haben.«

Wieder kommt alles ganz anders. Auch der katholische »Sankt Raphaels Verein«, im 19. Jahrhundert gegründet, um deutschen Auswanderern und ausländischen Flüchtlingen zu helfen – heute Mitglied des Caritasverbandes –, kann keine Wunder vollbringen. Zwar gelang es rund 16 000 Flüchtlingen, in Brasilien einzuwandern. Doch wie viele andere Staaten auch, betrieb das Land eine verzögernde oder sogar verweigernde Einwanderungspolitik. 1938 wurden die Bestimmungen verschärft, 1941 galten die Grenzen offiziell als dicht. Mancher schaffte es trotzdem noch, weil er Geld oder einen für den Aufbau des Landes interessanten Beruf mitbrachte.

Günter Wolle schaffte es nicht. Am 2. April 1940 sitzt er immer noch in Berlin, »ohne zu wissen, wann es nun eigentlich losgehen kann. Es scheint hauptsächlich daran zu liegen, dass ich und etliche andere auch noch nicht lange genug beim Raphaelsverein eingetragen sind, und dass die Brasilen deshalb Schwierigkeiten machen. Wie man mir sagte, schweben die Verhandlungen noch und würden jetzt direkt zwischen dem Vatikan und den Brasilen ausgetragen. Grundsätzlich haben die Brasilen die Einwanderung von einer großen Anzahl zugesagt, aber sie scheinen noch einen Haufen Bedingungen daran zu knüpfen. Auf alle Fälle habe ich heute schon meine Koffer packen lassen, da es vielleicht auch bald werden kann, und ich alles bereit haben will.« Abermals eine Hoffnung. Jetzt hat er nun doch entgegen seiner ursprünglichen Abneigung begonnen, Portugiesisch zu lernen, liest sogar einen portugiesischen Roman. Es geht also viel besser voran, als er das früher befürchtet hat – »so dass ich schon längere Unterhaltungen stottern kann«. Aber im Juni 1940 muss er eingestehen, dass die Begeisterung zum Lernen nachlässt, »wo die Brasilen so große Schwierigkeiten machen«.

Am 19. September 1940, in einer der letzten aus der langen Reihe immer wieder mal froher, mal trauriger Botschaften zwischen 1937 und 1941, schaut Günter selbstanklagend zurück: »Ich habe mir in den letzten Jahren schon oft gesagt, dass Du recht gehabt hast, und ich weiß eigentlich gar nicht, warum ich Dir damals nicht gefolgt bin. Ich war hier nochmals bei der Caritas, wo man die Aussichten für Brasilien sehr düster beurteilt. Nur einige 50 Leute seien damals noch schnell genug fertig geworden und gefahren. Außerdem habe ich an die Schifffahrtslinie in Antwerpen geschrieben, dass sie Herrn Frizzo anweisen sollen, Dir die Passage wieder zurückzuzahlen.« Noch resignierter lesen sich die vorletzten Zeilen vom 12. November 1940: »Die Fahrkarte wirst Du ja wohl inzwischen bekommen haben, so dass der Rückzahlung der Passage keine Schwierigkeiten mehr im Wegen stehen. Ansonsten bin ich sehr müde …« Was Wunder, er ist ja auch ein Gejagter, ein Paria, ein Sklave. Die ersten Juden sind schon deportiert. Aber immer noch sind es 82 000, die in Berlin ausharren. Alle Fernsprechanschlüsse von Juden sind gekündigt. Ihre Radiogeräte und Wertsachen haben sie längst abliefern müssen. Vom 7. März 1941 an müssen alle Juden, die älter als 14 Jahre sind, Zwangsarbeit leisten.

Günter, der von Berufs wegen bisher am Zeichentisch gesessen hat, sieht sich plötzlich zu schwerster körperlicher Arbeit verdammt – zunächst bei Bauarbeiten auf der Straße, danach muss er Kohlen schippen. Früh um fünf Uhr steht dieser zuvor so bequeme junge Mann auf, abends kommt er erst gegen halb neun Uhr nach Hause. Oft durchnässt, vollkommen verdreckt, unfähig, lange Gespräche zu führen oder gar Briefe zu schreiben.

Lieber Hans!

Anstandshalber werde ich diesmal auch wieder etwas schreiben. Dass Du nicht mehr der Schlagsahne 5 Maymann in Übermaß frönen kannst, schadet dir gewiß. Ich weiß ja auch nicht mehr viel so etwas ausricht. Als Kohlenarbeiter bin ich nun gerade keine Akquisition für meinen Arbeitgeber; das geht nun doch über meine Kräfte, während ich als Straßenbauer gerade noch so mitturnte. Immerhin hat der Mann jetzt herausgefunden, dass ich seine Wagen neu anstreichen und beschriften kann, sodass ich mich jetzt zur beiderseitigen Zufriedenheit als Schildermaler betätige, was sich auch auf mein Lohntütchen etwas erfrischend auswirkt. Ich muss immer wieder staunen wie die anderen Kohlen tragen können, als ob sie nie etwas anderes getan hätten. Du könntest es vermutlich auch nicht. Aber Du hast ja schlauerweise das bessere Teil erwählt. In diesem Sinn und so

Dein Günter.

Die letzten erhaltenen Zeilen
aus der Feder von Günter Wolle

Aber 13 handgeschriebene Zeilen, mit dem Datum vom 8. 4. 1941, sind erhalten. Es sind die letzten, die den Weg über den Atlantik fanden und in denen er auch mit einem letzten Aufflackern von Ironie von seinem Sklavendasein berichtet: »Als Kohlenarbeiter bin ich nun gerade keine Akquisition für meine Arbeitgeber; das geht nun doch über meine Kräfte, während ich als Straßenbauer gerade noch so mitturnte. Immerhin hat der Mann jetzt herausgefunden, dass ich seine Wagen neu anstreichen und beschriften kann, so dass ich mich jetzt zur beiderseitigen Zufriedenheit als Schildermaler betätige, was sich auch auf mein Lohntütchen erfrischend auswirkt. Ich muss immer wieder staunen, wie die anderen Kohlen tragen können, als ob sie nie etwas anderes getan hätten. Du könntest es vermutlich auch nicht. Aber Du hast schlauerweise das bessere Teil erwählt. In diesem Sinne und so – Dein Günter.«

Als Günter Wolle im September 1935 den ersten Blick auf seine neugeborene Nichte werfen konnte, war er 23 Jahre alt. Ein sehr junger Mann mit gewelltem, vollem Haar, mittelgroß, eher zierlich, nicht hübsch, nicht hässlich, kurzsichtig wie alle Wolle-Kinder, hinter den Brillengläsern oft blinzelnd, vom Typ her eher ein Ingenieurstudent als ein Künstler, der sich gerade daran machte, mit Werbegrafik und Design sein erstes Geld zu verdienen. Heutzutage würde so einer des Nachts durch die Diskotheken touren, hübsche Mädchen anbaggern, fein essen gehen, im Fitness-Studio seine Muskeln stählen, sich um seine Karriere kümmern und in die Karibik reisen. So einer konnte Onkel Pu nicht sein. Denn zum Zeitpunkt meiner Geburt war Adolf, der Judenhasser und Judenvernichter, schon zwei Jahre und neun Monate an der Macht. Da schaute man unter den Geächteten notgedrungen mehr auf die Familie als auf die Entfaltungsmöglichkeiten in der Welt drum herum. Also schaute Pu auch auf mich, das erste Kind des ewigen Liebespaares Walter und Edith. Und was er da sah und erlebte, berichtete er umgehend dem Bruder nach Brasilien.

Er hatte nämlich innerhalb der wöchentlichen Briefproduktionen, noch vor allen anderen in der Familie, die Rolle des »offiziellen Billeberichterstatters« übernommen – nicht unbedingt die passende Aufgabe für einen jungen, gerade aufblühenden Mann. Doch da es sonst für ihn nicht viel zu berichten und erst recht nichts zu lachen gab, lachte er über »das süße Ungeheuer«, das den Onkel von seinem Schreibtisch verdrängte, seinen Arbeitsstuhl beanspruchte, seine Zeichenutensilien durcheinander brachte, kolossale Gedächtnisleistungen vorführte, eine schändliche Besitzgier entwickelte, voller Stolz alleine aufs »Klasett« ging, Vatis »Bauchnagel« entdeckte, bei allen anderen nun auch den »Bauchnagel« suchte, abends immer wieder aus dem

Bett kletterte, auch darauf bestand, mehrmals hintereinander zu beten, das Puppenbettchen gegen die Tür des Kinderzimmers rammte, bis die Eltern die Tür öffneten und ihre Tochter herausholten und was der üblichen heiteren Szenen mehr waren. Woche um Woche schilderte Günter liebevoll und aufs Ausführlichste, was ich alles anstellte und was in einem normalen Jungmännerleben gewiss keinerlei Interesse hervorgerufen hätte.

Was für ein ungewöhnliches Thema für einen Fünfundzwanzigjährigen – kein Wort über Freunde, über Aktivitäten mit anderen jungen Leuten, den Blick vor allem nach innen gerichtet. Was für ein eingeschränktes Leben muss er schon im Juli 1937 geführt haben, als er diese Zeilen schrieb und auch in den Jahren danach, als er die »Billeberichte« fortführte, so lange eben, wie das drollige Alter der Nichte noch etwas hergab. Denn mit Onkel Pu war ich in der Folge bis zu meinem siebten Lebensjahr fast so viel zusammen wie mit meiner Großmutter Thekla. Meine Erinnerung an ihn setzt jedoch erst spät ein, ist auch eher schemenhaft und eigentlich nur in einem einzigen Bild noch ganz gegenwärtig. Da war er schon dazu verdammt, als Kohlenschipper am Bahnhof Halensee zu schuften, kam aber abends, wenn es dunkel war, oft zu uns zum Essen. Bei Fliegeralarm konnte er nicht mit uns in den Keller gehen, weil die Leute ihn, der gegenüber gewohnt hatte, vielleicht erkannt und verraten hätten. Juden durften nicht in den Luftschutzkeller. Günter lebte jetzt anderswo in einem winzigen möblierten Zimmer. Manchmal, wenn die Sirenen heulten, die Bomben krachten und er sich gerade bei uns aufhielt, blieben wir alle in der verdunkelten Wohnung. Er saß dann auf dem zugedeckelten Klo und hielt mich auf seinem Schoß. In dem kleinen Raum fühlten wir uns ein bisschen geborgen – und zitterten doch alle beide.

Keine Rettung, nirgendwo

Immer mal wieder türmt sich Günters Gepäck im Flur. Dann räumt er alles wieder in die Schränke zurück. Aber auch Ada sitzt auf ihren Koffern, Ada Löwenstein, das jüdische Mädchen aus Krefeld, das mit Hans verlobt und inzwischen bei Thekla und Günter, wenngleich nicht in der Wohnung, so doch als neues Familienmitglied aufgenommen und angenommen ist. Keiner zweifelt daran, dass es ihr alsbald gelingen wird, ihrem Liebsten nach Sao Paulo zu folgen. Im Juli 1937, Hans Wolle ist gerade ein paar Wochen dort, darf man ja durchaus noch hoffen. Alle bauen fest darauf, dass Adas Ausreise gelingen wird, obwohl Walter von seinen Berufsreisen bedrückende Informationen mit nach Hause bringt, die Edith sogleich ironisch verklausuliert an ihren Bruder weiter reicht: »Uns geht es reichlich defekt, da es 1. sowieso ein Vergnügen ist und 2. Walter dermaßen viel auf seinen Geschäftsreisen gehört hat, dass ihm das Gehirn ganz geschwollen ist und wir uns fragen: wohin rollst Du, Äpfelchen? Na, für Dich ist ja die Hauptsache, dass Dein Äpfelchen bald angerollt kommt – ich denke schon, dass das nicht mehr so lange dauern kann ...« Edith glaubt also, dass Ada bald ausreisen wird, und eine Woche später weiß auch Mutter Thekla: »Wegen Adas Reise brauchst Du Dir keine Sorgen zu machen.«

Aber dann klappt es doch nicht: »Was soll man nur mit Ada machen, wenn die sich hier so merkwürdig zeigen. Walter opfert seine wirklich kostbare Zeit, er ist doch immer noch der Beredteste von uns, aber bis jetzt alles ohne den geringsten Erfolg. Die Leute auf dem Konsulat lassen überhaupt nicht mit sich reden, so dass man ihnen den Fall gar nicht auseinandersetzen kann.« Doch kurz danach heißt es unverhofft, die junge Frau könne schon in der nächsten Woche starten. Die Passage sei gebucht. Unmittelbar darauf herrscht schon wieder Stillstand. Also geht Thekla mit Ada aufs brasilianische Konsulat: »Der Besuch dort hat uns noch weniger als nichts eingebracht. Man hat uns in kurzen Worten mitgeteilt, dass besagtes Land gesperrt sei.« Nichts und niemand hilft weiter, auch die internationale Politik nicht: »Ich hatte ein ganz klein bisschen Hoffnung auf die Konferenz von Evian gesetzt«, schreibt Thekla im Juli 1938, nachdem sich diese internationale »Flüchtlingskonferenz«, die der amerikanische Präsident Franklin D. Roosevelt wegen der massenhaften Vertreibungen von Juden aus Österreich angeregt hatte, mit Ausnahme der USA einen feuchten Kehricht um die Lage der Verfolgten scherte – »leider sieht es aber so aus, als ob nichts dabei herauskäme. Es ist sehr schlimm.«

Und da haben wir nun das Häuflein der Versprengten. Thekla und Pu in der Rudolstädter Straße 11, dazu Walter, Edith und ihr ungebärdiges Kind schräg gegenüber im Ermslebener Weg 3, und schließlich, immer mal wieder zu Gast bei der angehenden Schwiegermutter, die schöne Ada, die in Gedanken schon in Brasilien weilt, ihrem Hans glühende Liebesbriefe schreibt – ihn aber niemals wiedersehen wird. Doch wie Pu, so kämpft auch sie erst einmal jahrelang darum, ausreisen zu dürfen, und mit ihr kämpft die ganze noch verbliebene Familie. Nachdem sich dieser Kampf schon anderthalb Jahre hinzieht, scheint an Sylvester 1939 das glückliche Ende wieder einmal ganz nah: »Ada ist seit Sonntag wieder hier. Hoffentlich erholt sie sich noch tüchtig, damit sie die große Reise, die doch hoffentlich steigen wird – man wagt kaum, es hinzuschreiben –, gut übersteht. Es gibt noch genug Laufereien für sie. Montag früh hat sie gleich damit anfangen müssen. Aber wenn es zum Ziel führt, was tut man da nicht alles.«

Verlobte ohne Zukunft.
Hans Wolle und seine Braut Ada Löwenstein

Sechs Wochen später sieht es »schon richtig nach Auswandern aus« – »Adas Kisten stehen im Korridor provisorisch gepackt. Da staunst Du, dass sie nur provisorisch gepackt sind. Aber wie ich Dir schon das vorige Mal schrieb, ist das jetzt alles nicht mehr so einfach. Die Sachen kommen von hier zum Packhof und werden erst dort richtig unter Aufsicht fertig gemacht. Dazu fehlt uns leider noch ein Papier, das hoffentlich noch vor Adas Abreise kommt, ansonsten sie nur mit einem Nachthemd ausgestattet fahren muss und ihre anderen Sachen erst später nachschwimmen. Aber das soll die größte Sorge sein. Ich glaube zwar, dass wir uns wegen des Visums keine Sorge mehr zu machen brauchen, da Ada ja schon den Termin der Abreise bekommen hat.« Noch einmal einen Monat später hat sich die Lage wieder völlig verändert: »Ada bereitet sich jetzt auf England vor, da sie wegen des Passes bald weg muss. Ob es von dort einen Weg gibt? Auch anderes wird schon wieder geplant, aber wir sind sehr skeptisch geworden nach all den Reinfällen.«

Im April 1939, die beiden Verlobten haben sich fast zwei Jahre nicht mehr gesehen, beginnt die Beziehung zu wackeln. In einem seiner Briefe zweifelt Hans daran, dass es Ada noch gelingen könnte, nach Brasilien zu kommen, und Ada ist tief gekränkt: »Aber das kann ich Dir sagen, ich glaube felsenfest daran, wenn es auch etwas lange dauert.« Außerdem ist sie sauer, dass er seinen letzten Brief nicht so herzlich unterschrieben hat wie die Briefe zuvor. Im November 1939, Ada sitzt immer noch in Berlin fest, moniert Thekla: »Ada will nicht eher schreiben, bis sie weiß, woran sie mit Dir ist«, aber im Februar 1940 ist dann endlich alles klar. Da ist alles aus: »Wenn wir auch schon seit einiger Zeit damit gerechnet haben, dass Du und Ada auseinandergehen würdet, so war die Bestätigung doch sehr deprimierend. Aber wir sehen keinen Weg, Ada nach Brasilien zu bekommen, und da muss ich auch sagen, dass die Quälerei einmal ein Ende haben muss.«

Ein halbes Jahr später hat Ada einen neuen »Anbeter« gefunden, einen zwanzig Jahre älteren ehemaligen Rechtsanwalt, den sie alsbald heiratet, natürlich auch einen Juden. Jede andere Verbindung wäre unter das Verdikt der Rassenschande gefallen. Am 21. November berichtet sie ihrem Ex-Verlobten, wie gut es ihr nun wieder geht: »Lieber Hans! Ich danke Dir sehr für Deine herzliche Gratulation zu meiner Hochzeit. Seit dem 31. 10. bin ich mit Dr. Kurt Zarinzansky verheiratet. Wir sind sehr glücklich miteinander, und alle Voraussetzungen sind gegeben, dass es immer so bleibt. Ich bin sicher, dass ich all das Schwere, was hinter mir liegt, vergessen werde.«

Weder Ada noch Pu noch Thekla ahnen offensichtlich, von welcher Art »das Schwere« sein wird, das vor ihnen liegt, obwohl schon im Februar 1940 die ersten Juden aus den Bezirken Stettin, Stralsund und Schneidemühl abgeholt worden sind. Mit Beschluss vom 1. September 1941 und am 19. September in Kraft, müssen alle Juden den gelben Stern tragen, sichtbar auf der linken Seite des Kleidungsstücks und fest angenäht. Am 18. Oktober beginnen in Berlin die Massendeportationen. Der erste Transport wird vom Bahnhof Grunewald aus ins Ghetto Lodz geschickt. Am 25. November verlieren Juden – als ob es dieses Aktes noch bedurft hätte – die deutsche Staatsangehörigkeit. Das Vermögen der Deportierten fällt an das Deutsche Reich. Die Weichen für den Massenmord und ebenso für den massenhaften Raubzug sind gestellt.

Das Leben ist »schlimm«, hält Thekla wieder einmal fest. Man ist eingesperrt in diesem Land des Wahnsinns, wo Juden nicht mit »Ariern« auf derselben Parkbank sitzen, wo sie keine öffentlichen Schulen mehr besuchen dürfen, wo ihnen der Zugang zu Theatern, Kinos, Konzerten oder Badeanstalten verschlossen ist, wo für jüdische Akademiker, Angestellte und Handwerker Berufsverbote erteilt werden; wo es ihnen verboten ist, »nichtjüdische Friseure« aufzusuchen; wo sie sich aller bürgerlichen Rechte und in der Öffentlichkeit jeglicher Würde beraubt sehen. Aber das Leben selbst in Gefahr? Nein. Dieses von Staats wegen absichtlich verarmte, eingeengte, verachtete, gedemütigte, schikanierte Leben: das glaubt man doch weiterführen zu können, bis alles vorbei sein wird. Thekla hat offenbar keinen Zweifel daran, zumindest im Sommer 1938 noch nicht: »Ich werde wohl mit Burgers als einzige aus unserem Bekannten- und Verwandtenkreis hier zurückbleiben und sehr vereinsamt werden. Ich hatte mir meinen Lebensnachmittag und -abend etwas anders vorgestellt.«

Noch im September 1940 klagt sie zwar, dass alle »reichlich nervös« seien, fügt aber an, dass man sich abfinden müsse – »und warten und hoffen, dass es doch noch mal wird«. Ende November dann: »Man muss hoffen, dass es bald anders wird, und immer wieder hoffen.« Gelegentlich denkt sie in solchen Momenten auch mal an sich, denkt daran, selbst nach Brasilien auszuwandern, nimmt den Gedanken jedoch gleich wieder zurück, weil der Schwiegersohn als Soldat der deutschen Wehrmacht in Posen ist und Edith sie braucht: »Für mich selbst kann ich leider jetzt nicht daran denken, denn für Edith bin ich unabkömmlich. Walter ist seit Tagen fort, nach Polen.« Im neuen Jahr, im Jahr 1941 – dem Jahr des Überfalls auf die Sowjetunion – berichtet sie von der Situation ihres zwangsarbeitenden Sohnes: »Puchen hat sich körperlich ganz gut an die Arbeit gewöhnt, aber sonst ist er doch reichlich deprimiert. Ich möchte ihm gerne helfen, wenn ich die Möglichkeit hätte. So sitzen wir doof und dumm hier und warten auf das große Wunder.«

Pu und immer wieder Pu. Er ist ihre größte Sorge: »Ich sehe auch gar keinen Weg, diese Sorge aus der Welt zu schaffen. Kannst Du von dort aus nichts tun? Immer wieder hört man erzählen, dass es Leute bei Euch fertiggebracht haben, einen Bruder oder eine Schwester herüberzukriegen. Wir sind eben in dieser Beziehung alle untüchtig.« Oder hat diese Erfolglosigkeit vielleicht noch andere Gründe? »Dass alle Leute mit ihren Unternehmungen mehr Glück haben als wir, ist unbegreiflich. Wir müssen doch sehr dumm sein. Ob es am Schmieren liegt?«

Je verzweifelter die Schreiberin, desto anklagender, bisweilen auch ungerechter ihre Briefe. Zum Beispiel der vom 11. November 1939: »Ich glaube ja kaum, dass Du die allerdings durch den Krieg teure Passage nicht bezahlen kannst, ich muss Dich aber dringend bitten, uns zu schreiben, dass Du in der Lage bist, die Hälfte wenigstens zu bezahlen. Pu muss dann sehen, ob durch den Hilfsverein etwas zu erreichen ist. Du weißt, dass die Linien nur noch Devisen annehmen. Und Du weißt auch, dass wir keine sonstwo haben … Du scheinst in Übersee Dich ganz von Deinen alten Freunden und Verwandten losgelöst zu haben, denn man hat gar nicht das Gefühl, dass Du Dir unseretwegen etwas Sorge machst.«

Wenige Tage später, am 28. November 1939, geht es ähnlich anklagend weiter: »Seit drei Wochen haben wir nichts von Dir gehört und sitzen Günters wegen doch wie auf heißen Kohlen. … Du weißt doch, um was es geht, kannst wegen des lumpigen Geldes den Jungen nicht im Stich lassen … Auf meine Auswanderung will ich schon gern verzichten, aber für den Pu musst Du sorgen, dass er wegkommt. Vorher hast Du Deine Pflicht als Bruder nicht erfüllt.« Noch einmal und noch einmal fordert sie von ihrem Sohn im Exil, was der ganz offenkundig gar nicht leisten kann: »So sehr ich mich immer freue, wenn Post von Dir kommt, so muss ich Dir leider sagen, dass mich die letzten Briefe sehr aufgeregt haben. Du schreibst, dass Du den Betrag in der nächsten Woche überweisen würdest. Warum zögerst Du so lange? Alle Leute, die mit Pu zur gleichen Zeit die Sache gemacht haben, haben schon die Chamada hier. Du kannst Dir wohl vorstellen, dass wir jetzt große Angst haben, dass durch

Dein Zaudern Pu entweder ewig lange zurücktreten muss oder die Sache überhaupt nicht klappt. Kannst Du ermessen, was das bedeutet?«

Nein, das kann er sicher nicht. Wie sollte er auch diese Situation des inzwischen totalen Wahnsinns in einem totalitären Staat nachzuvollziehen imstande sein, eine Situation, in der man den Juden inzwischen nicht nur ihr Vermögen und am Ende das Leben, sondern vorher ihre Hunde, Kanarienvögel und – um des »Deutschen Katzenwesens« willen, wie eine Zeitschrift für Katzenliebhaber heißt – auch die Katzen nimmt? Dabei tut Hans Wolle gewiss alles, was in seiner Macht steht, um seinen Lieben zu helfen und die »Chamada«, die Einreiseerlaubnis nach Brasilien, zu beschaffen. Und Thekla, die ihn in einer Art Paradies vermutet, vermag sich ihrerseits nicht vorzustellen, mit welchen Schwierigkeiten ein Einwanderer in Brasilien zu kämpfen hat, dass dort die Bürokratie wuchert, dass Korruption an der Tagesordnung ist, dass auch dies kein demokratischer Rechtsstaat ist, sondern eine Diktatur, dass sich alles verzögert, wenn es überhaupt klappt, und dass man sich in diesem Land, wie er immer wieder berichtet, völlig auf »paciencia«, auf Geduld, einrichten muss.

Jahrelang lebt Hans in einer Pension in einem kleinen möblierten Zimmer, und wenn er zurückdenkt an seine Wohnung in Breslau, »dann könnte ich mein jetziges Zimmer dreimal hineinsetzen«. Er hat Arbeit gefunden, gewiss, aber diese Arbeit entspricht weder in den Ansprüchen noch in der Bezahlung seiner Ausbildung als ein in Deutschland diplomierter Elektroingenieur. Er muss sich schinden, sitzt in einem Großraumbüro, hat Zeichenarbeiten zu verrichten, weit unter seinem Niveau, und er hat Heimweh: »Schreiben ist ja hier direkt lebenswichtig, man lebt ja von der Erinnerung, von der Sehnsucht, man hat nichts hier, an das man sein Herz hängen kann, keine Frau, keine Familie, keine Verwandten, keine liebgewordenen Stätten

Hans Wolle 1937 kurz vor
seiner Ausreise nach Brasilien

der Erinnerung, kein Vaterland (das wenigstens hätte man in Palästina gehabt), nichts, gar nichts.«

Verzweifelt und vergeblich kämpft er in den ersten Jahren nach der Auswanderung um eine »Chamada« für Ada: »So ein Scheißdreck, elender, ich hab' doch keine Lust, bis in alle Ewigkeit auf meine Frau zu warten. Ach, ich könnte vor Wut den ganzen Laden hier in tausend Stücke schlagen, es hat leider bloß keinen Zweck. Da sitzt man nun hier und rechnet sich heimlich schon aus, wann das Mädchen wohl hier sein kann, und dann … Äch«. Natürlich sehnt er sich nicht nur nach Ada, er sehnt sich auch nach Berlin zurück und schreibt im familienüblichen ironischen Ton und Abkürzungsstil, er möchte doch gern wieder einmal »mit Euch den Normalspaziergang 28c« machen, »erst nach Krula mit Mi-essen und Algrü, dann um den See rum nach Otohue, dort Katri und über Paubo, Ro-eck nach Hause. Dann ein Normalabend mit Katosala und Bridge bei Burgers.« Was ausgeschrieben soviel heißt wie: Hans träumt in Brasilien von seiner Heimat, träumt von einem Ausflug an die Krumme Lanke mit Mittagessen im Grunewald und auf dem Teller Aal grün, dann um den See herum nach Onkel Toms Hütte, dort Kaffeetrinken und Kuchenessen, schließlich über Paulsborn und Roseneck zurück nach Hause. Zum Abschluss möchte er bei Burgers Kartoffelsalat essen und Bridge spielen: »Das war eigentlich immer sehr gemütlich.«

Mit den Jahren verebben diese nostalgischen Gefühle. Er löst sich von Ada, und er erfährt auch Anerkennung in dem Elektro-Konzern, der ihn beschäftigt. Aber der Kampf mit der Bürokratie in Brasilien, mit dem schleppenden Gang aller Dinge und den restriktiven Einwanderungsbestimmungen in der Zeit nach dem Beginn des Zweiten Weltkrieges, geht natürlich weiter. Und er geht – was den Versuch anbetrifft, seinen Lieben in Deutschland zu helfen – ganz ohne sein Verschulden verloren.

Aber das versteht seine Mutter nicht, das kann sie angesichts der Gefahr, in der sie und ihr jüngerer Sohn schweben, auch nicht verstehen: »Was Du über das Dorthinkommen, vielmehr nicht Kommenkönnen schreibst, hat mich sehr niedergeschlagen. Ich meine immer, es müsste mal in Erfahrung zu bringen sein, wie die anderen es gemacht haben, und ich würde gern das Nötige opfern. Nimm es mir bitte nicht übel, aber aus Deinen Briefen hat man den Eindruck, dass Du Dich auch nicht bemühst, etwas zu erfahren. Von anderen Leuten höre ich, dass ihre Angehörigen in Übersee sich die Beine abrennen und ihr Letztes geben, um ihre Nächsten herüberzukriegen. Ich glaube, wir sind Dir schon ganz fremd geworden in den 4 Jahren. Vielleicht hast Du auch keine Ahnung, wie es immer dringender wird.«

Hat sie 1938 noch befürchtet, bald einsam zu sein, so ist die Einsamkeit im Jahre 1941 längst Wirklichkeit. Alle sind weg: die Simons in Südafrika, die Nathans, Rieses und Reyersbachs in den Vereinigten Staaten, die Goldbergs in England, die Marcuses in Palästina, nur Pu und Thekla harren in Berlin aus – und mit ihnen zu diesem Zeitpunkt, am Ende des Jahres 1941, immerhin noch 55 000 andere Juden, die es auch nicht geschafft haben, das Land zu verlassen – sei es, dass sie aus finanziellen Gründen nicht wegkonnten, sei es, dass sie die Gefahr nicht erkannten, sei es, dass sie aus Altersgründen nicht reisen wollten, sei es, dass sie sich – wie Günter Wolle – auf ein bestimmtes Ziel versteift hatten, folglich nicht jede Möglichkeit zur Flucht ergriffen und nun alle Auswege aus der Falle blockiert sehen.

Blauäugigkeit, blindes Vertrauen in ihr geliebtes Deutschland, familiäre Bindungen, Armut – da kam möglicherweise vielerlei zusammen. Auch Ada und ihr Mann gehören nun zu diesen Verlassenen, die ein sehr einsames Leben führen, »da fast niemand mehr hier ist«. Mindestens einmal in der Woche erscheint das junge Paar zu Besuch in der Rudolstädter Straße, wo Thekla heilfroh ist, »wenn unser eintöniges Leben mal unterbrochen wird. Außer Sonnabend und Sonntag sind Pu und ich jeden Abend zu Hause, und da wir ja auch ohne Telefon sind, so isoliert wie nur möglich. Das kannst Du Dir wahrscheinlich gar nicht vorstellen. Ja, wäre Günter nur so klug gewesen wie Du. Wie oft sagen wir uns das, obwohl es keinen Sinn mehr hat. Du glaubst nicht, wie ich den Kopf voller Sorgen habe.«

Nicht, dass es keine Vorwarnungen gegeben hätte, nicht, dass man nicht hätte erahnen können, was tatsächlich mit einem geschehen würde, die Signale waren doch überdeutlich. Am 30. Januar 1939 kündigt Adolf Hitler im Reichstag »die Vernichtung der jüdischen Rasse in Europa« an, für den Fall, dass ein neuer Weltkrieg ausbrechen sollte. Im Februar müssen Juden alle Gegenstände aus Gold, Silber und Platin sowie Edelsteine und Perlen abliefern. Von April an kann ihnen die Wohnung jederzeit gekündigt werden. Im September zieht der Staat ihre Rundfunkgeräte ein. Von 1940 an erhalten Juden keine Kleiderkarten mehr. Am 23. Oktober 1941 ergeht ein Auswanderungsverbot für Juden, und die Synagoge in der Levetzowstraße muss zum Sammellager umgestaltet werden.

Ende dieses Jahres dürfen Juden keine öffentlichen Fernsprecher mehr benutzen, wenig später wird ihnen verwehrt, Zeitungen und Zeitschriften zu kaufen. Sie müssen Fahrräder, optische Geräte, Schreibmaschinen und Schallplatten, außerdem ihre Haustiere zur Tötung abliefern. Die Lebensmittelmarken für Fleisch und Milch werden entzogen. Keine Möglichkeit mehr, die modernen Kommunikationsmittel zu nutzen oder sich mit den modernen Verkehrsmitteln fortzubewegen. So dreht man die Garotte zu, so hungert man die Juden aus, nimmt ihnen nach und nach die Nahrung für Körper, Seele, Geist und verlangt zum Schluss auch noch eine vollständige Aufstellung des verbliebenen Vermögens, damit der Nazistaat und seine Vollstrecker wissen, welches Erbe sie nach der massenhaften Vertreibung und dem Massenmord zu erwarten haben. Wie hielt man das aus, ohne verrückt zu werden? Ohne sich das Leben zu nehmen? Ohne einem dieser Schinder ein Messer in die Eingeweide zu stoßen?

Am 22. September 1942 erfuhr Thekla Wolle, dass man sie bald abholen würde. Aber wusste sie auch, dass man sie ermorden würde? An diesem frühherbstlichen Tag, an dem sie normalerweise den Geburtstag ihrer Enkelin gefeiert hätte, wurden ihr die gefürchteten »Listen« ins Haus gebracht, auf denen sie eine genaue Aufstellung ihres Vermögens zu machen hatte, auf denen freilich nicht nur nach Bankkonten, nach verbliebenem »Tafelgerät Silber«, nach »Rauchtisch« oder »Theaterglas« gefragt wurde, sondern auch nach »Strümpfen«, »Badelaken« und »Frottiertüchern«. Ein Bediensteter der jüdischen Gemeinde hatte die Papiere gebracht und nahm sie am nächsten Tag wieder in Empfang – ein Jude als Handlanger des antijüdischen Terrors. Das Regime konnte sich hinter ihm und allen jenen verstecken, die sich in dieser Weise instrumentalisieren lassen mussten, wenn sie noch ein bisschen leben wollten. Am Ende wurden sie doch nicht verschont.

Die Niedertracht kannte keine Grenzen. Denn so deutlich wollten die Nazis ihr räuberisches und mörderisches Wesen nicht offenbaren. Es musste auf den ersten Blick so aussehen, als ob die Juden sich selbst etwas wegnähmen – natürlich nur, um dem deutschen Volk zurückzugeben, was ihm zustand, weil es ihm zuvor von diesen Volksschädlingen abgegaunert worden war. Weshalb dann alles logischerweise erst einmal beim Oberfinanzpräsidenten Berlin-Brandenburg landete, der es – in Theklas Fall – unter dem Aktenzeichen 0 52 05-32/17505 und von Frau Wolle höchstselbst aufgelistet ablegte. Es war nicht viel, was sie an diesem Septembertag noch besaß, zwei Tage, bevor sie bei Nacht und Nebel aus ihrer Wohnung geholt wurde. Hier ist es:

a) Deutsche Bank, Bln. Friedenau, Barguthaben   RM 157.–
b) Deutsche Bank, Bln. Friedenau, Wertpapierdepot
   bestehend aus:
   RM   1500.– Meininger Hyp. Bank Goldpfandbriefe
   RM   6000.– 1200.– Dt. Ausl. Scheine plus 1/5 Ablös.
   RM   3600.– 4% Rhein. West. Bodencred. Goldpfandbriefe
   RM   400.– 3,5% 1941 Deutsche Reichsschätze
   RM   3000.– 6% Frankf. Aktienbrauerei Obl.
c) RM 25000.– Hypothek Ernst Ziffer, Berlin 0,
              Gubener Str. 19
d) RM 15000.– Hypothek Alfred Haller, Klopstockstr. 37
              Hansa-Apotheke
e) RM   7.30 Kautionsguthaben bei der Gasag
f) RM   616.– Einrichtungsgegenstände (Taxwert)

Offenkundig hatten die Wolles keineswegs so große Reichtümer
angesammelt, wie es die edlen deutschen Gemüter hinter jedem
Menschen mit jüdischer Abstammung vermuteten. Nach heuti-
gem Wert entsprächen Theklas hier aufgeführte Schätze gewiss
mehr als 100 000 Euro. Aber es sind schon wegen weitaus gerin-
gerer Ausbeute Menschen umgebracht worden, freilich nicht auf
diese bürokratisch organisierte Art und Weise. Und natürlich
gab es, weiß Gott, größere jüdische Vermögen. Allerdings hatte
Thekla, bevor sie, in einen Viehwagen gepfercht, vom Güterbahnhof Moabit aus Berlin verlassen durfte, schon 17 067.– Mark
»Reichsfluchtsteuer« bezahlt. Das erklärt, warum auf ihrem Konto
nur noch 157.– Mark bares Geld anzufinden waren. Den Schmuck
hatte sie schon 1939, wenige Tage nach dem Beginn des Krieges,
abliefern müssen – darunter eine Brillant-Nadel, eine Brillant-
Uhr, eine goldene Uhr, einen Herrenring, Gold mit Lapislazuli,
ein goldenes Zigarettenetui, ebenso Pelze und andere Wertsachen.
    Wo aber bunkerte der Nazi-Staat diese Vermögen? Auch das
ist, bürokratisch und gründlich, bis auf die Stellen hinter dem

Komma, überliefert. Man handelte schließlich auf der Grundlage von Gesetzen. Die Antwort auf die Frage, was, zum Beispiel, aus Theklas bescheidenen Rücklagen geworden ist, gibt »Der Treuhänder der Amerikanischen, Britischen und Französischen Militärregierung für zwangsübertragene Vermögen« in einem Schreiben mit Datum vom 27.9.1950. Darin heißt es:

»Wie die Deutsche Bank am 30.11.44 mitteilte, wurden für Rechnung des Finanzamtes Wilmersdorf-Süd an die Reichsbank abgeliefert:

RM 3500.– 700.– Dt. Auslos. Scheine
RM   400.– 3,5 % 1941 Deutsche Reichsschätze.
Ferner hat das Finanzamt Wilmersdorf noch abgerufen:
RM 3000.– 6 % Frankfurter Akt. Brauerei Obl.
Von der Deutschen Bank selbst wurden übernommen:
RM 3600.– 4 % Rhein. Sest. Bodencredit Bank Pfandbriefe
und der Erlös mit RM 3703,20 der Reichshauptkasse überwiesen. Bei der Deutschen Bank verblieb alsdann noch ein Barguthaben von RM 751,01.

Vom ehemaligen Oberfinanzpräsidenten Berlin-Brandenburg sind lediglich vereinnahmt worden:

1) das unter e) aufgeführte Kautionsguthaben
2) der Erlös aus den verkauften Einrichtungsgegenständen (unter f) oben aufgeführt)
sowie an Zinsen für die unter c) aufgeführte Hypothek
5 x 104,20 RM = RM 521.–

Was die beiden Hypotheken begrifft, so ist die Hypothek über RM 25000.– auf dem Grundstück Gubener Str. 19 seinerzeit vom Finanzamt Wilmersdorf Süd gepfändet und im Grundbuch am 30.10.44. auf das Groß-Deutsche Reich (Reichsfinanzverwaltung) umgeschrieben worden.

Die zweite Hypothek über RM 15000.– auf dem Gründstück Klopstockstr. 37 ist grundbuchlich noch auf den Namen Thekla Wolle eingetragen.«

Da war die Zeit bis zum Kriegsende wohl zu knapp geworden, um auch diesen Rest des Wolleschen Vermögens dem Deutschen Reich juristisch abgesichert einzuverleiben. Doch wer wollte, angesichts dessen, was sonst noch geschah, dem Gelde hinterherweinen?

Immerhin, wegen Thekla, die drei Monate zuvor noch einmal Großmutter und nun von dem Säugling, Ediths zweitem Kind, getrennt worden war, flossen tatsächlich Tränen – nicht nur in der Familie. Nachdem man sie in der Nacht abgeholt, ihre restlichen Habseligkeiten auf zwei Lastwagen verladen und weggefahren, die Wohnung zudem versiegelt hatte, die Rückkehr so sichtbar für immer ausschließend, zeigten sich die Nachbarn bestürzt. Schon vorher hatte ihr dieser und jener mal ein Päckchen mit Lebensmitteln auf die Fensterbank gelegt, das sie dann fand, wenn sie morgens die Jalousien hochzog. Und ihr plötzliches Verschwinden, schrieb Walter, gewiss leicht übertreibend, habe in ganz Wilmersdorf Aufsehen erregt: »In unserer Gegend standen am darauffolgenden Tag überall weinende Frauen. Die Anteilnahme hat uns wohl gut getan, aber verwinden kann man ein solches Erlebnis nicht.«

Natürlich hatte er versucht, diesen vorhersehbaren Gang der Dinge aufzuhalten. Über einen Geschäftsfreund, einen Holländer, war er an einen höheren SS-Offizier gelangt, der Thekla Wolles Akte erst einmal verschwinden ließ, wobei klar war, dass damit kaum mehr als ein Aufschub erreicht sein würde. Auf Grund eines Erlasses, dass sämtliche an einer Bahnlinie wohnenden Juden sofort abzutransportieren seien – geradeso, als ob von diesen Menschen eine Gefahr ausginge, als ob sie das Kriegsgeschehen beeinflussen könnten –, erstellte die Gestapo neue Listen. Thekla, in der Rudolstädter Straße und in der Nähe von U-Bahn- und S-Bahn-Linien wohnend, war also wieder erfasst, der ursprünglich hilfreiche SS-Mann mittlerweile jedoch nach Paris versetzt – »und ein Versuch meinerseits, bei der Gestapo unter Hinweis auf den damals einige Wochen alten Peter etwas zu erreichen«, schrieb Walter, »hatte nur meinen Hinauswurf zur Folge. Wir hatten auch ihre Flucht erwogen, aber sie selbst hat es mit Rücksicht auf Günter, den sie dadurch gefährdet hätte, und weil sie sich die erforderliche Nervenkraft nicht zutraute, wieder verworfen.«

Da war sie 63 Jahre alt. Oder soll man sagen: 63 Jahre jung? Jahrzehntelang haben wir nicht genau erfahren, wo und wie sie umgekommen ist und was sie vorher durchlitten hat. Erreicht hat uns nur der Hinweis auf einen Transport Richtung Riga und eine Mitteilung vom Standesamt Berlin aus dem Jahre 1949 über den »Tod von Thekla Wolle, geborene David, Witwe des Gustav Wolle, deutsche Staatsangehörige«. Er war auf den 31. Dezember 1944 festgesetzt. Doch da hatte sie alles längst hinter sich.

Ist es möglich, sich bis auf den Grund auszumalen, was ihr geschah? Ob sie vielleicht noch an ein Überleben glaubte? Was sie durchlitt? Wohl kaum. Und wie wäre es auch in allen Tiefen nachzuempfinden – dieses Entsetzen, diese Panik und am Ende vielleicht die Resignation? Aber zumindest annäherungsweise vorstellen kann ich mir schon, wie sich meine Großmutter, eine gepflegte Berliner Bürgerin aus gutbürgerlichen Verhältnissen, nicht mehr jung und wegen ihrer wiederkehrenden Rückenschmerzen und Verdauungsbeschwerden auch nicht ganz gesund, gefühlt haben muss, als man sie mit anderen in einen Viehwagen verfrachtete, ohne Klosetts, ohne Wasser, ohne frische Luft, ohne Nahrung, ohne Heizung, bei herbstlichen Temperaturen. Keine Möglichkeit, während der tagelangen Fahrt bequem zu sitzen oder gar zu liegen. Deutsche Stimmen, deutsche Befehle drum herum, die eigene Muttersprache, die das in Bewegung setzt, dieser Sadismus, diese Hölle. Werden sie das mit dem Sohn, mit der Tochter und mit der kleinen Enkelin auch machen? Wann hört es auf? Hört es überhaupt auf? Wie lange lassen sie uns schmachten? Und warum? Warum? Warum? Sind wir nicht seit

Jahrhunderten in diesem Land? Sind wir nicht mit ihnen zur Schule gegangen? Haben wir nicht mit ihnen Tür an Tür gelebt? Was für ein Abgrund. Was für ein Wahnsinn. Da muss man den Verstand verlieren. Will ihn verlieren, sofort, sofort, will aufwachen aus diesem Albtraum, will sterben, auf der Stelle.

Und neben all den fürchterlichen körperlichen und seelischen Schmerzen, neben dem Entsetzen dieses grenzenlose Erstaunen, dass es möglich ist. Ausgerechnet in Deutschland, ausgerechnet in dieser Zeit, da die Juden endlich so leben konnten wie andere Leute auch, da sie zu Wohlstand kamen, bewunderte Künstler waren, da sie Karrieren machten, Ärzte, Rechtsanwälte, Wissenschaftler wurden, ausgerechnet in diesem Moment diese Barbarei, dieser Absturz in die Steinzeit mit den Mitteln der Moderne. Wie muss Thekla im nachhinein Max Marcuses Klugheit einmal mehr bewundert haben, wie muss sie sich an den Kopf gefasst haben, dass sie ihren ältesten Sohn ohne den jüngeren Bruder nach Brasilien hatte ziehen lassen und dass sie selbst aus Palästina zurückgekommen war. Alles in allem unendliche Qualen und noch einmal Qualen am Ende dieses Lebens, das so fröhlich am Rhein begonnen hatte.

Günter blieben noch gut drei Monate. Nach einer Denunziation aus dem Kreis der kohleschippenden Kollegen – wahrscheinlich hatte der Mann sich geärgert, dass der junge Jude mehr Schilder malte als Kohlen schaufelte – holten ihn die Häscher der Gestapo im Januar 1943 direkt von der Arbeitsstelle weg. Gut drei Monate später wäre er 31 Jahre alt geworden. Sein Leben hatte noch gar nicht richtig begonnen, die Talente und Möglichkeiten waren nicht ausgeschöpft, von der Welt hatte er so gut wie nichts gesehen. Seine erste große Reise war auch schon die letzte. Sie führte ihn nach Auschwitz.

Ein paar Tage nach seiner Deportation, in aller Herrgottsfrühe um halb sieben, meldete sich bei Walter und Edith im Ermslebener Weg ein anonymer Anrufer. Nur einen Satz

Walter Burger   (14) Vaihingen/Enz, d.29.3.46
                                    Bahnhofstrasse 8
                                    Wuerttemberg US - Zone
Mein lieber Hans,

nun ist es also wirklich so weit! Man kann sich wieder an die
Maschine setzen und einen Brief nach São paolo schreiben, und
damit ist nun endlich der Krieg und die furchtbare Zeit der
Verfolgung wirklich ueberstanden. Dein Brief erreichte uns genau
zu Ediths Geburtstag, und Du kannst Dir vorstellen, wie glueck-
lich wir damit waren, wenn uns auch Kleckis allzufrueher Tod
sehr betruebt hat. Immerhin ist es ihm erspart geblieben, von
dem Ende seiner Geschwister ▨▨▨▨▨▨▨▨▨ erfahren zu muessen.
Walter Simon ist im KZ Sachsenhausen erschossen worden, Hugo
und Marta Cohen haben sich durch Freitod dem Abtransport entzogen.
Ehe ich abe von uns berichte, will ich zuerst unsre neue Schwae-
gerin Vera herzlichst begruessen. ....
Und jetzt soll ich ▨▨▨ von uns berichten und von unseren Erlebnissen seit dem Abbruch unserer Korrespondenz. Wo soll man da
anfangen? Und wie soll man es anstellen, um Euch nur einigermas-
sen einen Begriff von den fuerchterlichen Geschehnissen, den

---

ter war nichts in Erfahrung zu bringen, aber es gehoert nicht
viel Phant asie dazu, den Bericht zu ergaenzen. Die Wohnung war
versiegelt worden, und Guenter zog in ein kleines Zimmerchen
in unserer Naehe und kam so nach wie vor taeglich zum Essen zu
uns. Er arbeitete bei einer Kohlenfirma am Bahnhof Halensee, wo
er abøer gut behandelt wurde. Im Januar 1943 wurde auch er ab-
transportiert. qie bekamen eines Morgens um ½7 einen anonymen
Anruf, Herr Wolle liesse noch einmal vielmals gruessen. Das war
der Abschied von unserem guten Guenther, den ich mehr geliebt habe als alle meine Geschwister zusammen. Wir erfuhren durch Zufall
einige Monate spaeter, dass er nach Auschwitz gekommen ist, aber
weiter konnte ich bis jetzt nichts in Erfahrung bringen. Ich habe
natuerlich nach beiden die Suchaktion bei der UNRRA eingeleitet,
Ada und ihr Mann kamen mit dem letzten Massentransport Ende Februar 1943 weg. Anfang Maerz sollten Edith und die Kinder abgeholt
werden; diese Aktion ist aber in letzter Minute abgeblasen worden.
Es kam aber doch zu Abholungen grossen Stils, und nachdem wir
mehrere Anrufe hintereinander bekommen hatten, sind wir Hals ueber
Kopf mit den Kindern aus der Wohnung geflohen, obwohl wir durch
einen guten Freund bereits am Abend vorher von der Zurdecknahme
dieses Befehls gehoert hatten. Im August 1943 schickten wir Sibylle nach Nussdorf. bald darauf begannen die ersten groesseren An-

»Herr Wolle liesse noch einmal vielmals gruessen«.
Im ersten Brief nach Kriegsende, Ende März 1946,
berichtet Walter seinem Schwager Hans nach
Brasilien von den »fürchterlichen Geschehnissen«
seit dem Abbruch der Korrespondenz.

sprach er kurz ins Telefon: Herr Wolle lasse noch einmal vielmals grüßen.

Danach kein Wort mehr, keine Nachricht, niemals ein Lebenszeichen von einem Menschen, mit dem man so viele Jahre aufs Engste zusammengelebt hat. Nur noch Stille, wo man einmal seine Stimme hörte. Leere, die zuvor von seiner Person ausgefüllt war. Günter Wolle, ein junger männlicher Mensch, liebenswürdig, gern ein bisschen ironisch und keinem anderen Laster als dem Schachspiel ergeben, ohne ein Spur zu hinterlassen aus der Gemeinschaft gerissen:

»Das war der Abschied von unserem guten Günter«, schrieb Walter in seinem ersten Nachkriegsbrief an Hans, »den ich mehr geliebt habe als alle meine Geschwister zusammen«.

Walter zwischen allen Fronten

Sein kleines Unternehmen hatte er in der Markgrafenstraße in Berlin-Mitte angesiedelt, unweit des Hausvogteiplatzes, dem Zentrum der überwiegend jüdischen Konfektion, mit ihren rund 2400 Betrieben der zweitgrößte Industriezweig in der alten Reichshauptstadt. Wie die meisten seiner Kollegen und Konkurrenten betrieb Walter Burger an diesem Ort keine Fabrikation. Geschneidert wurde außer Haus von den sogenannten Zwischenmeistern. Hier waren nur Lager, die Zuschneiderei, Verkaufs- und Vorführräume und die Büros untergebracht; hier versuchte er auch erst einmal geschäftlich zu überleben, und hier versammelten sich gelegentlich die untergetauchten Juden aus dem Umkreis der Wolles, Freunde und Verwandte, die Informationen austauschten und sich gegenseitig zu helfen versuchten. Manchmal fand sich »eine ganze Assemblée von untergetauchten Juden« in seinem »Privatkontorchen« ein.

Am 9. November 1938 aber war er ganz allein. An diesem Tag, den er in seinen Aufzeichnungen den »Kristalltag« nennt, befand sich mein sensibler und musischer Vater plötzlich im wilden Strudel der Schrecken, welche die Meute losgelassener SA-Leute verbreiteten. Ein Wolle hatte er werden wollen. Nun musste er ein Wolle'sches Schicksal erleiden. Er hatte sich unter den jüdischen Konfektionären Berlins eingereiht und sah sich in diesem Moment mit ihnen von der nationalsozialistischen Zerstörungswut bedroht. Sein Geschäft war ja noch nicht »arisiert« – was auch später nicht gelingen sollte, obwohl er sich von seinem jüdischen Partner getrennt hatte. Niemals aber würde er sich von seiner jüdischen Frau trennen. Deshalb musste er damit rechnen, dass die Nazis ihn im Visier hatten und dass er auf einer ihrer, wie er meinte, »schwarzen Listen« stand.

Als der Sturm losbrach, harrte er in seinen Räumen aus, um eventuelle Eindringlinge durch Vorzeigen seiner Papiere abwehren zu können. Doch man hatte ihn übersehen oder bewusst ausgelassen, vielleicht auch vergessen. Er blieb verschont: »Aber das stundenlange Aushalten in dem brodelnden Hexenkessel und die Angst, die ich hatte, angesichts der unübersehbaren Menschenmenge, die alle Straßen verstopfte und, durch einen Polizei-Kordon im Zaum gehalten, dem Treiben der paar Rowdys teils johlend, zum größten Teil aber stumm zusah, all das hat meinen Nerven den ersten, nicht wieder gutzumachenden Stoß versetzt. Clubsessel, Stoffballen, Schreibmaschinen, ganze Büro-Einrichtungen – alles flog aus den verschiedensten Stockwerken durch die Scheiben auf die Straße. Nachdem Wehrmacht und alles, was damals noch ein bisschen einen Namen in Deutschland hatte, diesen Schritt in die Niederungen menschlicher Abscheulichkeiten und nationaler Schande mitgemacht hatten, war auch mir unverbesserlichem Optimisten klar geworden, dass unter diesem Gesindel keine Lebensmöglichkeit für uns sei.«

Spätabends erst kam er völlig verstört zu Hause an und hat, ein erwachsener Mann von 33 Jahren, »geheult wie ein kleines Kind«. In den Monaten, die diesem von Staats wegen organisierten Pogrom folgten, in dessen Verlauf Synagogen, jüdische Geschäfte und Wohnungen demoliert und 12 000 Berliner Juden in das KZ Sachsenhausen verbracht wurden, trug sich nun auch Walter mit Auswanderungsplänen. Aber dann, nachdem im September 1939 der Zweite Weltkrieg ausgebrochen war, verflüchtigten sich die Pläne wieder, und er versuchte weiter, von seinem Geschäft zu retten, was zu retten ihm möglich erschien. Vergeblich.

Erst verhängte die Regierung eine Einkaufssperre für die gesamte Konfektionsbranche, dann hob sie das Verdikt für die großen »arischen« Firmen wieder auf, zu denen die seine

Auch beim Militär ein Zivilist
mit ungebrochen musischen Neigungen.
Walter 1940

natürlich nicht gehörte. Vielmehr erhielt er einen »Stilllegungs-
bescheid«, musste sein Unternehmen abwickeln und sich –
er war ja noch ein junger Mann – am 22. April 1940 zur Mus-
terung melden. Zu seiner unendlichen Erbitterung blieb ihm,
einem Verfolgten, einem Schikanierten des Nazi-Systems, zudem
an einer Herzschwäche leidend, nichts anderes übrig, als am
17. Mai 1940 für die Feinde seiner Familie zur Waffe zu greifen.
Erst schickten sie ihn nach Polen, später nach Lothringen, zuletzt
nach Forbach bei Saarbrücken.

Während der Monate, die er in Posen stationiert war, durften
meine Mutter und ich ihn einmal besuchen. Wir übernachte-
ten irgendwo in einem schäbigen Haus, von dem mir nur ein
Küchentisch mit einer dürftigen Hängelampe darüber in Erinnerung geblieben ist samt tausend und abertausend Stuben-
fliegen, die uns um die Köpfe summten und sich auf unsere
Hände setzten. Ich ekelte mich entsetzlich. Während dieses
Besuches hatten meine Eltern ein erheiterndes, den ganzen
Wahnwitz der Hitlerei kurz aufscheinen lassendes Erlebnis. Ein
Kamerad aus der Truppe blickte wohlgefällig auf mich herab
und sagte zu meinem Vater ohne einen Funken von Ironie und
in der Annahme, er bereite ihm damit eine große Freude: »Ist
das deine Kleine? Ja? Na großartig: rank und schlank, blond und
blauäugig, wie's der Führer sich wünscht.«

Die Monate bei der Wehrmacht überstand Walter besser, als
er selbst und alle anderen es erwartet hatten. Dabei war das Militär wirklich nicht seine Welt, was freilich nicht nur an der ideologischen und durch die Ehe unverrückbar gewordenen Differenz
zu den Nazis lag. Er war nun mal von Natur aus nicht kämpferisch, nicht sportlich, eben das erwachsen gewordene »Jungchen
aus Samt und Seide«, ein Zivilist mit ungebrochen musischen
Neigungen. Aber von dieser Art gab es noch mehr in der Wehrmacht, und die Gemeinsamkeit mit anderen jungen Männern
am Rande oder besser: außerhalb der Nazi-Kameraderie, hat

ihn eingehüllt, gestützt und ihm zwei wunderbare, hochinteressante und gleichgesinnte Freunde beschert. Zwei Künstler: den berühmten Bildhauer Hermann Blumenthal, der 1942 an der Ostfront fiel, und den Kunstmaler Hermann Emil Kirchberger, Adoptivsohn eines jüdischen Vaters, der mit einer »Halbjüdin« verheiratet war – jener Freundin der Eltern, mit der ich dann den fernen Sommer in Ückeritz auf Usedom verbrachte. Alle drei waren sie junge Väter, alle drei waren gegen Adolf Hitler und gegen den Krieg eingestellt, und alle drei empfanden es als einen glücklichen Zufall, dass sie sich begegnet sind.

Obwohl mit einer Jüdin verheiratet, wurde Walter zunächst zum Unteroffizier befördert. Auf der Schreibstube, wohin man ihn seines Herzmuskelschadens wegen versetzt hatte, leistete er »gute Arbeit«, wie er einmal berichtet – was immer das gewesen sein mag. Mit Büroarbeiten war er ja vertraut. Aber dann schien er den Herrenmenschen doch nicht länger würdig zu sein, das Vaterland zu verteidigen. Im Herbst 1941 entließen sie ihn aus der Wehrmacht, ein Schicksal, das er mit allen anderen Ehemännern jüdischer Frauen und den »Mischlingen ersten Grades« teilte und das ihn nicht besonders traf. Merkwürdigerweise kränkte ihn jedoch richtig, dass sie ihm auch den Rang eines Unteroffiziers abnahmen.

Nun drohte ihm die Verpflichtung bei der Organisation Todt, einer halbmilitärischen Truppe, die militärische Bauwerke wie den »Westwall« zu errichten hatte, benannt nach ihrem Begründer, dem Generalbevollmächtigten für die Bauwirtschaft und späteren Reichsminister für Bewaffnung und Munition, Fritz Todt. Ein menschenfreundlicher Arzt erklärte Walter jedoch für »untauglich«. Oft hat er uns Kindern erzählt, wie er da in der Reihe der zu Untersuchenden stand und vor dem Urteil des Arztes zitterte – es war ja auch eine Art »Selektion« – und wie der ihn schließlich freisprach. Die grausamen Strapazen in dieser Truppe von Zwangsarbeitern und Entrechteten, die Schwerstarbeit leisten mussten, hätte der leptosome Mann mit Sicherheit nicht überlebt.

So blieb ihm Zeit, sich um die Reste seines Betriebs zu kümmern, die Geschäfte zu Ende zu bringen und Stoffbestände aus seinem Lager nach Schwaben auszulagern, was sich beim Neubeginn nach dem Ende des Krieges als äußerst hilfreich erweisen sollte. Aber das konnte er zu jenem Zeitpunkt nicht ahnen, allenfalls wünschen, schließlich war doch höchst ungewiss, ob er und die Seinen die Jahre des Wahnsinns überleben würden. Die Familie war ja in zweifacher Hinsicht bedroht: durch den Krieg, wie alle anderen Deutschen auch, und durch die Judenverfolgung. Beide Gefahren sollten sich bis zum dramatischen Ende ständig steigern. Nachträglich diagnostizierte Walter: »Man kam aus den Aufregungen nicht mehr heraus.«

Zunächst erlebten die jungen Burgers samt ihren Kindern am 1. März 1943 den ersten furchtbaren Luftangriff auf die Hauptstadt. Der Ermslebener Weg, damals wie heute wieder in unmittelbarer Nähe eines Kraftwerks gelegen, war im höchsten Maße gefährdet. Dieses Mal jedoch ging alles noch gut ab. Dann aber brach neuer Schrecken über die Familie herein. Trotz der schon ziemlich aussichtslosen Kriegslage hatte der Nazi-Staat noch genügend Kraft, die »Endlösung« weiter voranzutreiben. In diesen Tagen hatten die Schergen in ganz Berlin Juden verhaftet, die mit »Ariern« verheiratet und deshalb bis dahin verschont worden waren: »Wir hatten zwar durch einen Bekannten mit glänzenden Beziehungen bereits am Abend davor erfahren, dass der Befehl zum Abtransport der in Mischehe lebenden Juden in letzter Minute wieder zurückgenommen worden sei«, notierte Walter, als alles vorbei war, »aber als wir am anderen Morgen einen Anruf nach dem anderen erhielten von Bekannten, deren Frau, Vater oder Mutter abgeholt worden waren, packten wir das Allernötigste in zwei Koffer und flohen mit den Kindern zu Freunden.«

Dieses eine Mal machten die Nazis eine Aktion rückgängig, die Verhafteten durften nach jener einwöchigen Demonstration ihrer »arischen« Ehepartner vor dem Gebäude der Sozialverwaltung der jüdischen Gemeinde in der Rosenstraße, wo die Gefangenen einsaßen, wieder nach Hause zurückkehren. Es war wie ein Wunder. Die einzige Protestkundgebung dieser Art während des Dritten Reiches ist deshalb als einer der seltenen Akte des Widerstandes in allen einschlägigen Werken vermerkt.

Freilich war klar, dass dies keine grundsätzliche Abkehr von den Mordvorhaben bedeutete und allenfalls eine Galgenfrist erreicht war. Edith und mit ihr wir – ihre Kinder – blieben aufs äußerste bedroht. Im Oktober 1944 wurden dann tatsächlich auch die »Mischlinge 1. Grades« erfasst, zum Teil auch noch verschleppt, und die »jüdisch Versippten« in Arbeitslager und zur Arbeit bei der Organisation Todt gezwungen. Aber da hatten wir alle – die Eltern mit dem kleinen Bruder, und ich schon vor den anderen – Berlin längst verlassen und das rettende Ufer erreicht.

Ein Kulturschock und allerlei Häutungen

Zwei Kirchtürme, das Schloss der Familie Reischach-Scheffel, ein paar hundert Gebäude, die sich um die Achsen zweier, im rechten Winkel aufeinander treffenden Straßen gruppierten. Rote Dächer, spitze Giebel. Alles haubengleich auf einen Hügel gesetzt, weithin sichtbar, umgrenzt von Obstwiesen, Äckern, Nussbäumen und ein Gegengewicht bildend zur Anhöhe mit dem Schloss Kaltenstein, dem Wahrzeichen der Kreisstadt Vaihingen, drüben auf dem anderen Enzufer: das war Nussdorf, ein Flecken im württembergischen Unterland, als die Nazis die Macht übernahmen. 900 Einwohner wurden damals in dem Ort gezählt, der ziemlich genau in der Mitte zwischen Stuttgart und Pforzheim liegt, Bauern vorweg, nur wenige unter ihnen, die zur Arbeit woanders hin fuhren. Etliche Handwerker, Gastwirte, Kolonialwarenhändler kamen dazu. Jeder kannte jeden und jedes Geschichte. Eine eng verwobene Gemeinschaft.

Die Burgers hatten hier Landbesitz, und in vorausgegangenen Generationen besaßen sie zudem den »Adler«, eine Gastwirtschaft, die just an der Stelle lag, wo sich die beiden Hauptstraßen kreuzten. Jetzt, in seinem Ruhestand, der ihn wie selbstverständlich an den Ort seiner Kindheit zurückgebracht hatte, wohnte mein Großvater Erwin mit seiner Kläre schräg gegenüber zur Miete, im ersten Stock eines großen Bauernhauses. Den »Adler« hatte die Familie verpachtet oder verkauft. Aber noch näher hätte der alte Mann an seine Wurzeln nicht heranrücken können. Hier muss er sich zu Hause und in all dem Vertrauten geborgen gefühlt haben.

Für mich bedeutete Nussdorf das Gegenteil, nicht das Vertraute, nicht Geborgenheit, vielmehr ein Abenteuer. Eine Verheißung. Nussdorf, das hieß mit dem D-Zug an abgeernteten, sonnenversengten, nach trockenem Stroh duftenden Kornfeldern vorbeizubrausen und viele Stunden dem Takt der Eisenbahnschwellen zu lauschen. Nussdorf, das war das ganz andere Leben, ein Auslauf ohnegleichen, Weite, der Sommerurlaub mit den Eltern auf dem Lande. Es kann nicht der familienhistorische Versöhnungsbesuch von 1938 gewesen sein, der mir diese Schönwetterwölkchen der Erinnerung herüberwehte. Da war ich keine drei Jahre alt und konnte gewiss nicht einmal Halbbewusstes festhalten. Eher schon blieb von jenen Wochen im Sommer darauf etwas haften, als meine Eltern mit mir noch einmal nach Schwaben fuhren.

Unsere Haushaltshilfe, Frau Radeis, die in Berlin in der Kahlstraße wohnte, nicht weit vom Ermslebener Weg, und die der Mutter gelegentlich zur Hand ging, war mit von der Partie, »damit Edith nicht Tag und Nacht auf Trab sein muss und auch ein bisschen ausruhen kann«. Frau Radeis, unter uns liebevoll Radieschen genannt, hatte viele gute Eigenschaften. Das zeigte sich nicht nur im Haushalt und bei der Kinderbetreuung, es erwies sich auch an ihrer Haltung gegenüber dem Nationalsozialismus. Frau Radeis war immun gegen dieses Gift, gegen den Wahn, gegen die deutsche Krankheit. Ja mehr, sie übte einen Widerstand aus. Im Rahmen ihrer Möglichkeiten begehrte sie auf. Als die Nazis im Oktober 1942 den Juden die Fleisch- und Milchmarken entzogen – Edith hatte zu dieser Zeit gerade ihr zweites Kind zu versorgen, den Mitte Juli geborenen Peter –, tauschte Radieschen mit der jungen Mutter die Lebensmittelkarten.

Auf den Fotos von der Reise im Jahre 1939 ist diese später so Hilfreiche allerdings nicht zu sehen. Da präsentieren sich nur die Mutter und ihr Erstgeborenes, Edith und ich: Die Mutter im dunkelblau-weiß gestreiften Sommerkleid mit weißem Kragen im Gärtchen der Schwiegereltern. Das Kind auf ihrem Schoß sitzend, hellblond, brav gescheitelt, mit Spängchen im Haar, im weißen Polohemd und einem gemusterten Spielhöschen. Ein Großstadtkind. Das war ich vier Jahre später, als ich im August 1943 das dritte Mal in meinem Kinderleben nach Nussdorf reiste, inzwischen fast acht Jahre alt und eingeschult, gewiss noch viel mehr.

Eigentlich hätten meine Mutter und mein kleiner Bruder mit mir reisen sollen. Und alle wären wir der Bombennächte wegen schon viel früher aus Berlin geflohen, um uns auf dem schwäbischen Lande in Sicherheit zu bringen. Walter hatte bereits im Sommer zuvor eine entsprechende Bitte an seine Mutter gerichtet und angefragt, ob Edith und wir Kinder nach Nussdorf kommen könnten. Im Brief, den Großmutter Kläre zurückschrieb, stand zunächst, es würde zwar eng, denn Hilde und ihre beiden Kinder – die ebenfalls Berlin der Angriffe wegen verlassen und bei den Eltern Zuflucht gesucht hatten – seien auch schon da, aber man werde sich schon irgendwie einrichten. Dann, mit dem Datum vom nächsten Tag, fuhr die Briefschreiberin fort: dies sei gestern gewesen, inzwischen sei Hildes Mann aufgetaucht und habe darauf bestanden, dass seine Familie auf keinen Fall mit einer Jüdin unter einem Dach leben könne. Es ginge also nicht, man könne sich aber eventuell nach einer anderen »angemessenen Unterkunft« umsehen. Dem Schluss des Briefes ihrer Mutter hatte Tochter Hilde noch eine kurze Bemerkung hinzugefügt: Besser »als diese ewigen Halbheiten« sei es, »einmal hart zu sein«.

Die Enge hätte man also bewältigt, hätte sich eingerichtet. Der ideologische Graben aber ließ sich nicht überwinden. Walter, von seiner Mutter Kläre und seiner Schwester Hilde wieder einmal ausgegrenzt, war fassungslos und reagierte erst Wochen später mit einem Brief, in dem er sich mit den Worten Luft machte:

Hilde säße wie die Made im Speck und gefalle sich darin, hart zu sein. Dieser Ausfall wurde ihm sehr übel genommen. Aber was hatten sie denn erwartet? Sollte er endlich einsehen, dass er sich falsch entschieden, die falsche Frau geheiratet und die falschen Kinder in die Welt gesetzt hatte? Sollte er demütig sein und sich nicht einmal gegenüber Mutter und Schwester mit Worten wehren dürfen? In ihren Augen hatte er sich eben von Anfang an ins Unrecht gesetzt, und so herrschte nach diesem Aufschrei erst einmal wieder Eiszeit in der Familie.

Als wenige Monate danach, Anfang August 1943, ein Goebbels-Befehl die Evakuierung aller Schulkinder, Frauen und

Erzwungene Verwandlung.
Vom Großstadtkind zum Bauernmädchen:
für »Bille« ein Kulturschock

Nichtberufstätigen aus Berlin anordnete, da mit vermehrten Luftangriffen auf die Reichshauptstadt gerechnet werden müsse, und zunächst viele Kinder irgendwohin in den Osten verschickt wurden, war mein Vater schlauer geworden. Er entschloss sich, seine kleine Tochter nach Nussdorf fahren zu lassen, ohne vorher lange um die Aufnahme im Hause seiner Eltern zu betteln. Es war wohl ein Akt der Verzweiflung. Was, wenn Hilde sich abermals geweigert hätte, das Kind aufzunehmen? Aus dieser Befürchtung heraus hatte Walter seine Schwester Hilde nur informiert, wann und wo ich ankommen würde. Die Ehefrau eines Schulfreundes aus Ludwigsburger Tagen, selbst Schwäbin, mittlerweile aber im Berliner Stadtteil Lichtenrade ansässig und zu einem Besuch in die alte Heimat unterwegs, nahm mich mit. In Ludwigsburg übergab sie mich meiner Tante, die nun zwar nicht mit ihrer jüdischen Schwägerin, aber doch mit einem immerhin halbjüdischen Menschenkind, einem Mischling ersten Grades, unter einem Dach würde wohnen müssen.

Trotzdem war sie ganz brav auf dem Bahnhof der alten Residenzstadt erschienen, um ihre Nichte abzuholen. Von dort fuhren wir weiter zum Nordbahnhof des Kreisstädtchens Vaihingen an der Enz. Ein Bus brachte uns in das sechs Kilometer entfernte, hochgelegene Nussdorf. Als wir die für mich völlig ungewohnten Kurven hinauffuhren, wurde mir schlecht. Kein gutes Zeichen für die Jahre, die folgen sollten und die jene Verheißung, welche ich am Beginn der Reise so intensiv gespürt hatte, alsbald in eine gewaltige Herausforderung verwandelten. Denn Nussdorf als Ferienwelt, zudem in Begleitung der Eltern, das war das eine. Aber Nussdorf im Alltag und allein unter lauter fremden Menschen, das war etwas völlig anderes. Es war ein Schock. Ich fühlte mich erst einmal ausgesetzt. So groß war dieser Schmerz des Verlassenseins, dass die Strecke meiner Erinnerungen von dem Tag meiner Ankunft in Nussdorf an grell beleuchtet ist, während doch die Berliner Erlebnisse, die immerhin fast acht Jahre währten, mit Ausnahme weniger Aufhellungen, weitgehend im Dunkeln liegen.

Von Nussdorf im Sommer 1943 und in den Monaten danach weiß ich jedoch noch ziemlich viel. Ich sehe die Dorfstraße, die hinauf zum Schloss führt und jedesmal, wenn es regnete, im Matsch versank; ich rieche die Misthaufen, die vor jedem Bauernhaus vor sich hindampften; ich fühle, wie die Kuhfladen, in die wir Kinder mit Wonne barfuß getreten sind, zwischen den Zehen aufquollen, ich schmecke die ersten Laugenbrezeln, bestrichen mit selbst geschlagener, etwas säuerlicher Butter; ich höre das derbe Schwäbisch, das hier gesprochen wird und von dem ich anfänglich kein Wort verstand.

Nein, das war zunächst nicht meine Welt, nicht einmal bei der so überaus liebenswürdigen und frommen Schwester Karoline im Gemeindehaus. Das von ihr geführte »Kinderschüle«, das ich während der Ferienzeit kurz besuchen durfte, verließ ich fluchtartig und rannte » wie a Rehle«, so der Bericht der Schwester, die Dorfstraße hinab. Diese Enge. Dieses Stillsitzen. Diese Gebete. Dieses dunkle Ambiente hinter Fachwerk mit schwarzen Balken. Diese Lieder. Überhaupt: welch seltsamer Gesang für ein Kind, das vor allem, von der ganzen Familie beklatscht, »Vöglein im hohen Baum« zu piepsen pflegte.

Dennoch begann ich, gar nicht so lange danach, die protestantischen Choräle und ihre wunderbaren musikalischen Tiefen hoch zu schätzen. Und wenige Monate nach meiner Ankunft schien mir die Arbeit der Bauern, denen wir Milch und Brot, Fleisch und Früchte, Kartoffeln und Salat zu verdanken hatten, der Quell des Lebens überhaupt zu sein. Ich begann das Fremde in mich hineinzunehmen, hineinzuzwingen, es zu einem Teil meines Wesens zu machen. Ich musste ja überleben, musste mich in ein Bauernkind verwandeln, musste eins werden mit dem Dorf, mit seinen Menschen, seinen Sitten, wenn ich nicht im Heimweh versinken wollte. Keine weißen Schürzchen mehr mit Volant. Die roten Halbschuhe tief im Schrank versenkt. Stattdessen Schnürstiefel und kratzende braune Strümpfe, im Winter an Straps und Leibchen hängend, darüber ein schlabbriges Dirndlkleid mit bunter Schürze, um den Kopf ein Tuch, nach Bäuerinnenart hinten gebunden. Und auf der Haut lauter »Blodere«, Ausschläge von Herpes, die nicht nur von der Berührung mit dem allgegenwärtigen Kuhmist kamen, die ebenso von den seelischen Strapazen eines Kindes im Exil erzählten.

Es war ja ein Leben ohne Eltern, die zudem in Berlin nach wie vor den Bombenangriffen ausgesetzt blieben. Ich hatte täglich Angst, sie ganz zu verlieren. Es war aber auch ein Leben ohne Großeltern, obwohl ich bei ihnen wohnte. Denn die Großmutter, die sich noch ein paar Jahre zuvor so rührend um uns gekümmert hatte, saß im Sommer 1943 nach einem Schlaganfall fast gelähmt, unfähig zu sprechen, den ganzen Tag in einem Sessel am Fenster und schaute starren, schon ganz toten Blickes auf die Nussdorfer Hauptstraße. Der Großvater, noch ansprechbar, aber kaum noch interessiert, lebte vor allem seiner Alkoholsucht. Und Tante Hilde? Tante Hilde hatte möglicherweise ein etwas zwiespältiges Verhältnis zu der zwangseinquartierten Nichte. Vor meiner Ankunft hatte sie – wenngleich vergeblich – versucht, mich anderweitig unterzubringen. Ich kann mich jedoch nicht erinnern, dass sie mich ihren Vorbehalt, wenn es ihn denn, nachdem ich nun mal da war, noch gab, in verletzender Weise spüren ließ.

Vielleicht hielt sie ein bisschen Abstand, so dass ich nicht ganz frei war von dem Gefühl, nicht vollwertig dazu zu gehören; vielleicht empfand ich das aber auch nur so, nachdem ich nun nicht länger das einzige Kind eines kleinen Berliner Clans, sondern das zwangsweise angenommene Kind neben meinem Vetter und meiner Cousine und außerdem am Ort so unendlich fremd war. Ich kannte ja auch meine Tante nicht. Zwar kannte sie mich, hatte vor ihrer nationalsozialistischen Infizierung meinen Kinderwagen, zusammen mit meiner Mutter, ganz begeistert durch Wilmersdorf geschoben. Doch bewusst hatte ich sie nie gesehen oder konnte mich zumindest nicht daran erinnern. Und nun war sie zu alledem auch noch hoch beschäftigt, hatte ausreichend damit zu tun, den Haushalt samt den beiden Alten und ihren eigenen Kindern, die erst drei und vier Jahre alt waren, zu bewältigen. Tante Hilde hatte also keine Zeit, sich mit meinen Problemen auseinanderzusetzen. Trotzdem hatte sie sich Gedanken gemacht und schon vor meiner Ankunft ein Mädchen meines Alters auf der Straße angesprochen und darauf vorbereitet, dass ich bald eintreffen würde, ich, die Nichte, um die sich die Kleine doch ein bisschen kümmern solle. Das tat sie dann auch, und es wurde eine wunderbare Kinderfreundschaft daraus.

Tante Hilde hatte also zum einen ihren Platz in der Dorfgemeinschaft, lebte dort mit ihren Kindern und ihren Eltern und bot auch ihrer Nichte ein durchaus erträgliches und keineswegs liebloses Asyl. Zum anderen war sie ihrem Mann und über ihren Mann dem Führer ergeben, liebte diesen in jenem und jenen in diesem, huldigte also einem Doppelgott. Dabei kam ihr sogar der alte, ausrangierte Christengott noch als Gehilfe gelegen, weshalb wir allabendlich unter ihrer Anleitung um etwas beteten – »Lieber Gott, lass uns den Krieg gewinnen!« –, das mich, wenn es eingetroffen wäre, wohl das Leben gekostet und Deutschland in noch größeres Unglück gestürzt hätte.

Tagsüber konnte man an dem mannshohen Hitlerbild, das über Großvaters schwarzem Ledersofa die Wand beherrschte und den »Führer« in Napoleon-Pose samt vollem militärischen Ornat zeigte, keine Minute vorbeisehen. Warum der Großvater, den die Nazis doch aus dem Amt gejagt hatten, diesen Hausaltar duldete, weiß ich nicht. Vielleicht war ihm der Wandschmuck gleichgültig, vielleicht hielt er ihn in dieser verrückten Zeit für unausweichlich, vielleicht wollte er auch nur einer häuslichen Auseinandersetzung mit seiner Tochter aus dem Wege gehen. Geschwächt durch die Abhängigkeit vom Alkohol, wäre er auf

Dauer gewiss unterlegen, auch hatte er dankbar zu sein, weil Hilde den Haushalt führte. Kurzum: eine Klage darüber habe ich nicht vernommen, zumindest kann ich mich nicht daran erinnern. An Hildes Überzeugungen hätte er eh nicht zu rütteln vermocht. Also lebte sie erst einmal fröhlich ihrem Wahn und wusste ihn sogar in die Adventszeit zu integrieren.

Schon Wochen vor Weihnachten machte sie uns Kinder immer wieder neugierig auf ein besonderes Geschenk, das sie mit dem Zeigefinger in die Luft malte: groß, viereckig, mit irgendetwas Geheimnisvollem innen drin, zackig, kreisartig. Natürlich dachten wir an ein märchenhaftes Spielzeug, mein Vetter wahrscheinlich an eine Dampfmaschine, wir Mädchen an ein Puppenhaus oder etwas von dieser Qualität. Welche Enttäuschung jedoch, als sie jedem von uns, auch der gerade mal drei Jahre alten Cousine, am Heiligabend glänzenden Auges eine Kinderhakenkreuzfahne aus Papier überreichte. Das also war das große Viereckige, und das Runde, das es im Innern barg, war der weiße Untergrund für das Hakenkreuz. Was, außer dieses Ding hin- und herzuschwenken und am Fenster in den Blumentopf zu stecken, konnte man damit schon anfangen? Sie hatte wirklich den Verstand verloren.

Das Haus in dem wir wohnten, war Wohnhaus und Bauernhaus zugleich. Es gehörte der Bauernfamilie Rapp. Weil sie alle, die verwitwete Mutter, ihre drei Töchter und der Sohn, extrem klein waren – wurden sie nur »die Räpples« genannt. Sie lebten in der unteren Etage. Erwin und Kläre Burger, meine Großeltern, hatten die obere Etage gemietet und sehr unbäuerlich eingerichtet, mit dunklen Möbeln, einem Sekretär, dem unvermeidlichen Klavier und einem großen Bücherregal, in dem es allerdings, neben den klassischen dunkel eingefassten Bänden einer Gesamtausgabe von Karl May, nach wie vor viel freien Platz gab. Am Sonntag standen silberne Bänkchen für das Besteck an jedem Platz, und zum Frühstücksei gehörte allemal ein silberner Eierköpfer.

Entsprechend gesittet ging es in dieser Familie zu, wenn man davon absieht, dass die Großmutter ihre Notdurft auf einem großen, hölzernen Stuhl mit eingebautem Topf im Wohnzimmer verrichtete, dass man sie waschen, anziehen, wieder ausziehen und wie ein Kind ins Bett bringen musste und dass der Großvater jeden Abend in die gegenüberliegende Wirtschaft, den »Adler«, das Gasthaus seiner Ahnen, entschwand, zu später Stunde ausnahmslos betrunken nach Hause zurückwankte – wenn er nicht getragen werden musste, weil er auf seinen eigenen Beinen nicht mehr voran kam – und man höllisch aufpassen musste, dass er vor dem Zubettgehen die Spüle in der Küche nicht mit der Toilette verwechselte.

Wohnhaus und Bauernhaus zugleich.
Domizil der Großeltern Burger
und im Krieg Refugium
für die Berliner Familienmitglieder

Aber vor jedem Mittagessen wurde natürlich gebetet: »Vater, segne diese Speise, uns zur Kraft und Dir zum Preise« oder: »Komm Herr Jesus, sei unser Gast, und segne alles, was du uns bescheret hast.« Nach dem Essen bekam der Herr Jesus einen Dank in den Himmel geschickt, außerdem mussten wir Kinder, bevor wir uns vom Tisch entfernen durften, vor der Tante beziehungsweise »dem Mutterle« knicksen und uns noch einmal für das gute Essen bedanken. Ich fand das einigermaßen seltsam und trieb mich viel bei den Räpples und nebenan bei »der Bäcke«, bei Frau Wörtwein, der Bäckerin, oder anderen Bauernfamilien herum.

Dort erlebte ich als Enkeltochter des trotz seiner Sucht hoch geachteten Herrn Landrat, der doch einer der ihren und für die Bauern so unvorstellbar weit im Leben gekommen war, noch einmal einen schwachen Abglanz meines Prinzessinnendaseins. Ich war etwas Besonderes, das Kind aus der Großstadt, aber mit Vorfahren aus dem Dorf, was man an meinen Händen zu sehen glaubte: »Ha no, du hosch jo richtige Schaffhänd«, sagte die alte Frau Räpple. Ich war überzeugt, dass sie recht hatte, war auch mächtig stolz darauf und gab mir die größte Mühe, wo immer sich die Gelegenheit dazu bot, zum Beispiel bei der Heuernte oder dem sehr anstrengenden Ährensammeln, mit anzupacken und die Richtigkeit dieser Beobachtung unter Beweis zu stellen. Natürlich hatte ich inzwischen auch eine beste Freundin, jenes Kind, das die Tante auf mich aufmerksam gemacht hatte. Sie hieß Hilde wie meine Tante und wurde nur »das Hildebäbbele« genannt. Ich aber war »das« Sibylle, auf schwäbisch »'s Sibylle«, weil in Nussdorf niemand diesen Vornamen kannte und die beiden letzten Buchstaben doch nichts anderes als ein schwäbisches Diminutiv sein konnten.

Die meisten Leute im Dorf, vorweg die beiden Gemeindeschwestern, waren sehr nett zu mir und bemühten sich auch, mich mit den Genüssen des schwäbischen Landlebens vertraut zu machen: mit lauwarmer Kuhmilch, direkt aus dem Euter, mit Maultaschen, mit Butterbrezeln, mit Kartoffel- und Zwiebelkuchen, welche ich mehr als fragwürdig fand, weil Kuchen doch ausschließlich süß zu sein hatte, schließlich noch mit selbst gebackenem Brot und hausgemachter Leberwurst aus der Büchse. Dies schmeckte mir vorzüglich. Man würzte die Wurst mit Senf, verspeiste sie mit Hilfe eines spitzen Küchenmesserchens nachmittags um fünf oder sechs. Ich war selig, wenn ich mich zum »Veschper« in der Küche von Räpples oder bei Hildebäbbeles Eltern mit an den Tisch setzen durfte.

In den Ferien fuhr ich auch in aller Herrgottsfrühe morgens auf dem Wagen mit Ochsengespann zur Feldarbeit, im Sommer zur Getreide- und im Herbst zur Maiserente. Das hatte etwas Erregendes, hatte schon etwas vom Erwachsensein, von wichtigen Beschäftigungen. So zeitig auf den Beinen, in der noch taufrischen, sehr kühlen Luft, den unverbrauchten Tag anzugehen: ja, das war das richtige Leben. Es fühlte sich zumindest so an. Und also konnte es nur ein schwäbisches Leben sein.

Von allem, was ich da nach und nach in mich hereinnahm und zu etwas Eigenem machte, auch das Ausmisten im Kuhstall und die vergeblichen Versuche, eine Kuh zu melken, gehörten dazu, war die Sprache das Sperrigste. Denn Schwäbisch, mit den komplizierten Regeln für die Zischlaute und die Aussprache der Diphtonge »au« und »ei«, lernt man nur früh oder gar nicht. Ich schaffte es gerade noch. Doch es dauerte Monate, bis ich es beherrschte, bis ich auch das dörfliche Leben verinnerlicht hatte und mich einigermaßen zu Hause fühlte. Es war eine lange und sehr schmerzliche Reise von der Großstadtgöre zum Bauernmädle. Immerhin, am 22. Januar 1944 vermeldete ich nach Berlin: »Lieber Vadder, liebe Muader! Na, fallt uich net ebbes uf? Merket ihr au schau, dass i a schenere Handschrift hau? Gell do stauned ihr … Ond schwäbisch ko i schau fliaßend …«

Ich war nun angekommen, dennoch war ich keine Sekunde von der Sorge um meine Eltern befreit. Und dass Krieg war, wurde uns selbst in dieser vorerst noch ungestörten ländlichen Idylle immer wieder bewusst. Wir hörten die Nachrichten, versuchten täglich etwas über Angriffe auf Berlin zu erfahren, und bei schönem Wetter schauten wir mit gemischten Gefühlen auf die Bomberverbände der Alliierten, die über uns hinwegzogen, Schwärme von hochfliegenden Metallvögeln, die in der Sonne blitzten. Ein wunderschönes Schauspiel und doch für viele Menschen tödlich. Ab und zu heulte sogar in Nussdorf die Sirene. Zweimal rückte uns der Krieg auch ziemlich nahe, bevor wir ihn dann hautnah erleben mussten: einmal am 4. Dezember 1944, als Heilbronn brannte und der Schein des Feuers bis zu uns herüberflackerte, das andere Mal am 23. Februar 1945, als die nahe gelegene Schmuck-Stadt Pforzheim, in der die Alliierten die Herstellung von Rüstungsgütern vermuteten, völlig zerstört wurde und am nächsten Morgen ein Ascheregen über unser Dorf niederging. In jener Nacht saßen wir nun auch hier im Keller, beim gelbtrüben Schein von Stalllaternen, atmeten deren öligen Dunst ein und ängstigten uns zu Tode, wie ich am nächsten Tag, orthographisch noch etwas unvollkommen, den Eltern nach Berlin schrieb: »Das Haus hat eine halbe Stunde gewakelt. Mann hat die Haustüre kaum aufgebracht, so hat der Luftdrug dagegen gedrückt. Es hat furchtbar geschossen wir haben gedacht das Haus wollte einfallen. Ich habe sehr Angst gehabt und habe sehr gezitert.«

Dies alles nun auch in Nussdorf, wie zuvor in Berlin. Aber wir beteten ja täglich mit Tante Hilde um den Sieg. Und in der Schule mussten wir jeden Morgen zur Begrüßung vor unserem Lehrer aufrecht stehen und, den rechten Arm anhaltend zum Hitlergruß erhoben, das Horst-Wessel-Lied oder etwas anderes von der Art singen. Wenn der Arm zu schmerzen begann, wechselten wir heimlich zu links, dann wieder zu rechts und begannen schließlich den einen Arm mit dem anderen, der gerade nicht im Hitlerverehrungsdienst eingesetzt war, abzustützen. Herr Schlecht, so hieß unser Lehrer, war kein herausragender Pädagoge und ein ziemlicher Nazi war er auch, dazu streng, aber das hatte man damals zu sein, und also setzte es ab und zu Tatzen – ein entwürdigendes Ritual. Man musste aus der Bank treten, nach vorne kommen und dem Lehrer die offene Handfläche hinstrecken, damit er mit dem Rohrstock draufhauen konnte. Das fetzte ganz schön, und jeder, der so bestraft wurde, sah sich vor der ganzen Klasse gedemütigt. Mir ist es auch widerfahren. Ich fühlte mich abscheulich danach. Manchmal ließ Herr Schlecht uns auch im Kreis herumgehen. Alle mussten ihm dann die Fingerspitzen hinhalten, auf dass er uns aus nichtigem Grund pauschal abstrafen konnte.

Ich weiß nicht, ob sein Sadismus mit seinem Nationalsozialismus etwas zu tun hatte. Er war halt so und sein Ansehen im Dorf nicht allzu hoch. Zu ihm wie zu der ganzen Hitlereuphorie hielten die Nussdorfer einen gewissen Abstand. Anders als Tante Hilde, die Jesus beim Abendgebet als Hilfskraft einsetzen wollte, um ihrem mörderischen Gott zum Sieg zu verhelfen, und die uns mittags nur aus Gewohnheit beten ließ – vielleicht auch, um die beiden aus dem Tritt geratenen Alten nicht noch mehr zu verstören –, hingen die Bauern doch um ein Quäntchen mehr an ihrem Heiland als an ihrem Diktator. Allerdings waren auch sie ursprünglich nicht frei gewesen von dem angenehmen Gefühl, mit der Erhebung in den »Reichsnährstand« endlich einmal ein bisschen wichtiger genommen zu werden.

Wie überall in Deutschland, so marschierte auch in Nussdorf die SA. Es gab einen Ortsgruppenleiter, die Hitlerjugend (HJ), den Bund Deutscher Mädel (BDM), die NS-Frauenschaft und mindestens zwei sehr überzeugte Nazis. Trotzdem ließen sich die Nussdorfer ihre überlieferten Moralvorstellungen nicht abkaufen, was vielleicht nicht nur mit dem in diesem Landstrich tief eingewachsenen Pietismus, sondern auch damit zusammenhing, dass hier infolge der landesüblichen Erbteilung, der »Realteilung«, nach der alle Kinder gleichermaßen bedacht und keines bevorzugt wird, jeder etwas besaß: seinen zumeist kleinen Hof, also Grund und Boden, ein paar Stück Vieh und folglich auch – gewachsen aus dem Bewusstsein, etwas zu besitzen – die Gewissheit, jemand zu sein. Man hatte sein eigenes »Sach« und behielt auch seinen eigenen Kopf. Es gab also kein Bauernkind, dem, wie zuvor dem kleinen Horst in Berlin, verboten wurde, mit mir zu spielen. Ganz im Gegenteil. Ich war aufgenommen und angenommen. Dabei wusste das ganze Dorf Bescheid.

Eher schon zählte Tante Hilde zu den Außenseitern, und erst recht ihre vorübergehend zugewanderte, ebenfalls nationalsozialistisch schwer entflammte Freundin, Frau Freudenberg. Die hatte etliche Kinder mitgebracht, woran ich mich gut erinnere, weil deren eines mir einmal auf Nussdorfs Hauptstraße »Judensau« nachrief. Natürlich wusste ich immer noch nicht so richtig, was das zu bedeuten hatte, wenngleich Tante Hilde mir, um mich vorzubereiten, klarmachte, dass ich niemals zum BDM gehören würde und auch nicht aufs Gymnasium gehen dürfte. Ich glaube, das Erstere traf mich in diesem Moment schwerer, schon wegen der kleidsamen schwarz-weißen Uniform. Schließlich gehörten alle zum BDM, und alle durften sich so hübsch anziehen. Natürlich wollte ich ebenfalls dabei sein, wollte dazugehören, wie meine neu gewonnenen Freundinnen. Die nun auch in Nussdorf anstehende Ausgrenzung, die mich unweigerlich getroffen hätte, wäre der Krieg nicht bald zu Ende gewesen, blieb mir glücklicherweise erspart. Dem Dorf und uns allen, die wir dort wohnten, widerfuhr hingegen etwas völlig Unerwartetes, bevor diese beiden Fragen – die nach dem Besuch der höheren Schule und der Mitgliedschaft beim Bund Deutscher Mädel – für mich wirklich akut werden konnten. Doch erst einmal, bis es so weit war, rissen in der Familie die zeitbedingten Gräben wieder auf.

Auf den König geschworen

Inzwischen war die Situation für die Zurückgebliebenen in Berlin immer unerträglicher geworden: Thekla und Günter verschleppt, ohne dass noch einmal ein Lebenszeichen von ihnen gekommen wäre; Edith und Walter von der Gestapo gejagt; Edith dort auch vorgeladen. Sie ging tatsächlich hin, ihr blondblauäugiges Kleinkind, meinen sieben Jahre jüngeren Bruder, auf dem Arm. Da ließ man sie erst einmal wieder laufen. Denn die blutsgläubigen Nazis taten sich schwer mit der Frage, was mit den nicht geschiedenen Mischehen und den daraus hervorgegangenen Kindern geschehen sollte. Da waren doch wunderbar arische Menschen betroffen und ebenso deren Sprösslinge, die mindestens zur Hälfte arisches Blut in sich trugen. So selbstverständlich hatten sich mittlerweile diese Blutsgedanken eingenistet, dass sie von den Verfolgern auf die Verfolgten übersprangen, weshalb meine Eltern, um den Anteil des arischen Blutes in der Familie zu erhöhen – und auf diesem Wege alle zu schützen –, ganz bewusst meinen dann 1942 geborenen Bruder Peter zeugten.

Trotzdem war die Unsicherheit groß, und es schien nur eine Frage der Zeit zu sein, bis auch Edith nicht mehr unbehelligt bleiben würde. Zu der ewigen Angst, die sich daraus ergab, also zu den Schrecken der Willkürherrschaft, die alles und jedes zum Anlass nehmen konnte, einen Menschen zu verhaften und umzubringen – erst recht, wenn dieser Mensch ein Jude oder eine Jüdin war –, zu dieser allgegenwärtigen Gefahr gesellten sich die von Tag zu Tag verheerenderen Bombenangriffe. Walter und Edith versuchten, wenigstens diesem Terror auszuweichen. Zusammen mit dem kleinen Peter zogen sie zu Walters Kriegskamerad Hermann Emil Kirchberger nach Berlin-Nikolassee in die idyllische Palmzeile Nummer 6. Aber auch da waren sie nicht wirklich geschützt, weshalb Walter beschloss, nun auch seine Frau und den kleinen Sohn, der bei jedem Alarm entsetzlich zu schreien begann, in das vermeintlich so sichere Nussdorf zu bringen.

Kennort: Berlin-Wilmersdorf

Kennummer: A. 422 235

Gültig bis 23. Januar 1944

Name

Vornamen

Geburtstag 12. Februar 1904

Geburtsort Berlin

Beruf

Unveränderliche Kennzeichen

Veränderliche Kennzeichen

Bemerkungen:

Schon die Reise dorthin wurde freilich zu einer einzigen Zitterpartie. Edith hätte Berlin nie verlassen dürfen. Ihrer Kennkarte war ein großes »J« für Jude aufgedruckt. In der Schweiz, um sich vor unliebsamen Einwanderern zu schützen, war man auf diese großartige Idee verfallen, die vom 5. Oktober 1938 an in Deutschland gültig war. Ediths Vorname war der zweite Vorname »Sara«

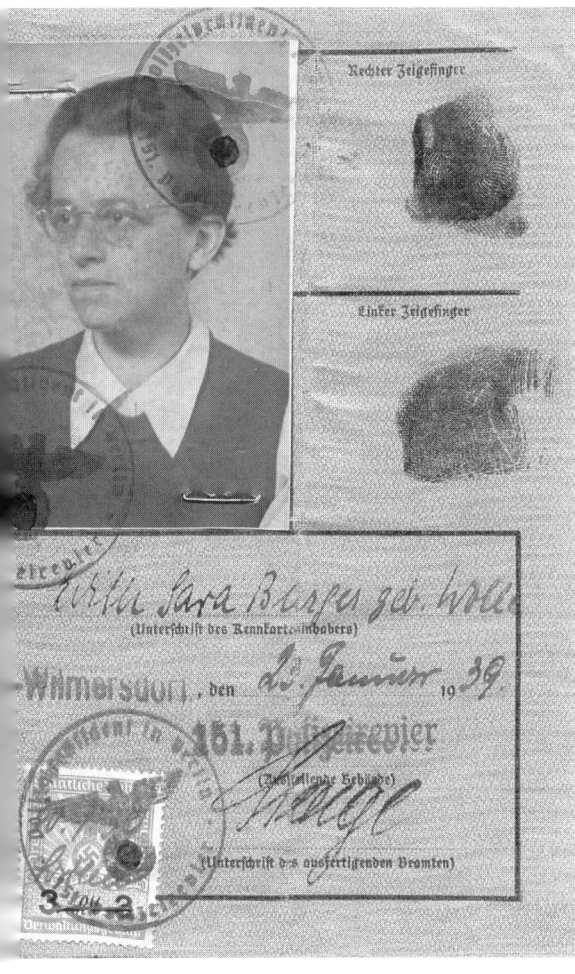

Ursprünglich eine Idee der Schweizer Fremdenpolizei, um die Alpenrepublik vor dem Ansturm der jüdischen Flüchtlinge zu bewahren: Von Oktober 1938 an mussten Kennkarten jüdischer Bürger ein großes »J« tragen.

beigefügt. Jede Frau jüdischer Abstammung musste ihn tragen, so wie jeder jüdische Mann mit dem zweiten Vornamen nun Israel hieß. Um die Kontrolleure von Edith als einer Verfolgten abzulenken, saß der arische Ehemann während der langen Bahnfahrt an ihrer Seite, damit er immer als erster seinen Ausweis vorzeigen konnte. Außerdem hatte Edith ihr Sportabzeichen angesteckt. So sportlich zu sein und diese Ehrennadel errungen zu haben –, das trauten die Nazis einer Jüdin nicht zu. Und natürlich konnte eine Jüdin auch kein blondgelocktes und blauäugiges Kind haben, weshalb sie die ganze lange Fahrt über den so unzweifelhaft arisch aussehenden kleinen Peter auf ihrem Schoß hielt. Das half tatsächlich.

Es ging also alles ohne Pannen ab. Doch welche Todesängste die beiden Erwachsenen ausgestanden haben, wie sie jedesmal beim Anblick einer Uniform oder eines Stiefels erschraken, sich aber zusammenreißen und verstellen mussten, das ist heute nur noch schwer vorstellbar. Gut zwei Jahre später, als alles längst überstanden war und Walter in seinem ersten Nachkriegsbrief an Hans von den Ereignissen seit dem Abbruch der Korrespondenz berichtete, saß ihm der Schreck immer noch in den Knochen: »Am 1. März brachte ich Edith und Peter auch nach Nussdorf, weil Edith den dauernden Aufregungen nicht mehr gewachsen war. Sie hätte laut Gestapo-Bestimmung Berlin gar nicht verlassen dürfen, und Du wirst Dir denken, dass wir bei den dauernden Zug-Kontrollen durch Kriminal-Beamte Blut und Wasser geschwitzt haben, da Edith ja keinen Ausweis vorzeigen konnte.«

In Nussdorf waren sie freilich nach wie vor nicht willkommen – zumindest nicht bei Hilde. Als Edith mit ihrem Söhnchen nun auch bei den alten Burgers einzog, weil ja gar nichts anderes übrig blieb, zog ihre Schwägerin sofort aus. Sie lehnte es ab, mit der jüdischen Jugendfreundin noch einmal unter einem Dach zu wohnen. Jetzt, im Frühjahr 1944, nachdem sich Hilde die

Weltanschauung ihres Mannes zu eigen gemacht hatte, sah sie die Dinge anders, rückte vollkommen ab von der Toleranz ihrer frühen Jahre und fügte sich bruchlos ein in den Wahn der Herrschenden und der Mehrheit der Deutschen. Gewiss dachte sie auch an das berufliche Fortkommen ihres Angetrauten, der als Hauptsturmführer keinen gar so hohen Rang bei der SS einnahm und diesen womöglich gar gefährdete. Und schuldete sie ihm nicht auch einen Beweis ihrer ideologischen Treue, nachdem sie schon einmal vom rechten Glauben abgefallen war und die halbjüdische Nichte aufgenommen hatte?

Doch mit dieser Freundlichkeit, die man ihr ja abgerungen hatte, konnte sie sich immerhin noch hinter dem Willen des Vaters und der sozialen Kontrolle im Dorf verstecken. Wenn jetzt die erwachsene jüdische Schwägerin mit ihr die Küche, das Bad und die Wohnräume teilen sollte, so ergab dies eine völlig neue Situation. Sie musste Position beziehen. Mit Sicherheit hatte sie auch Angst, berechtigte Angst um sich und um ihre Kinder. Wie prekär ihre Lage war, zeigte sich daran, dass sie – die mich, den Mischling ersten Grades, doch schon ein Dreivierteljahr lang beherbergt und mit ihren Kindern in einem Schlafzimmer hatte schlafen lassen – nun, nachdem sich meine Mutter zu uns gesellte, vorschlug: man müsse sich absprechen, wann die arischen und wann die Mischlingskinder im Garten der Großeltern spielen dürften. Sie könnten doch unmöglich zusammen spielen. Hilde stak also in der Klemme. Über solche aberwitzigen Regeln versuchte sie die außerordentlich schwierige Situation, in der sie lebte, in den Griff zu bekommen. Zwar wähnte sie sich gewiss auf der richtigen Seite, in Wahrheit saß sie jedoch zwischen allen Stühlen.

Sie betete Adolf Hitler an, aber in der kleinen, überschaubaren Dorfgemeinschaft war das Gefühl einer in der christlichen Nächstenliebe wurzelnden Zusammengehörigkeit, die alle Burgers mit einschloss, ein bisschen stärker. Auch ihr Vater,

Erwin, stand in dieser Sache gegen sie – wenn er denn seine fünf Sinne einmal beieinander hatte. Zudem war sie allein, der Ehemann irgendwo für den Führer unterwegs. Und dass sie sich bei jedem Sonnenstrahl zum Bräunen wenig bekleidet in den Garten legte, hinter Büschen und Bäumen verborgen, versteht sich, aber es blieb trotzdem nicht unbemerkt, trug ihr bei den frommen und braven Bauern auch keine Sympathien ein.

Ab und an tauchte ihr Mann auf – natürlich, für den wollte sie ja schön und braungebrannt sein –, uniformgeschmückt, einschüchternd, die Stiefel knallend, durchs Dorf reitend. Es ist so eine martialische erste Erinnerung an ihn, die in mir lebendig blieb, und ich sehe ihn noch mitten auf der Straße stehen, sehe seine grünen Breeches, sehe wie er seine Kinder abwechselnd aufs Pferd hebt. Aber tatsächlich: auch mich ließ er einmal kurz aufsitzen – widerwillig, wie ich wahrzunehmen vermeinte. Immerhin, er tat es. Und ich bekam auch ein kleines, in einem rosa Röhrchen aus Bakelit verpacktes Nähzeug geschenkt. Auch W. H. war eben nicht ganz eindeutig, war nur ein von den Nazis gewaltig aufgepumptes Ego. Als das vorbei und die Luft raus war, lernten wir einen anderen, sehr belanglosen Menschen kennen.

Aber zunächst einmal war er einer, der sich den herrschenden Verhältnissen ergeben hatte und dadurch zu einem gewissen Ansehen gekommen war. Er war Teil und Unterstützer eines Systems, das sich nicht zuletzt aus seiner Judenfeindlichkeit erklärte und rechtfertigte. Wie anders hätte dieses System, schon sehr geschwächt und fast niedergerungen, den Irrsinn der Verfolgung und Vernichtung der Juden bis zum Schluss durchhalten können? Und da hatte nun ausgerechnet eine Jüdin seine Frau, die Frau eines SS-Offiziers, aus der elterlichen Wohnung gedrängt, so dass man – weil die Familie vorübergehend bei der Nazifreundin schräg gegenüber wohnte – nicht einmal einen standesgemäßen und völlig ungestörten Platz für die körperliche Liebe fand. Das junge Ehepaar konnte sich dort nur hinter einer Pappwand sehr leise und sehr beherrscht in den Armen liegen. Noch in ihrem 92. Lebensjahr, kurz bevor sie starb, klagte mir Hilde dieses Leid, das ihr »die jüdische Seite« – ja, so drückte sie sich unverändert aus – angetan hatte. Wie nachdrücklich mag sie sich erst damals, als junge Frau, bei ihrem Mann über die Ungerechtigkeit der Welt ausgeweint haben, die wirklich himmelschreienden Ungerechtigkeiten jener Zeit nicht einmal entfernt wahrnehmend oder auch: sie ganz bewusst übersehend.

Dass seine Frau sich derart zurückgesetzt fühlte, konnte W. H. also nicht auf sich beruhen lassen, das durfte seiner Frau nicht zugemutet werden, dagegen musste er etwas tun. Er, der Mann, er, der Offizier, er, der Vasall unseres geliebten Führers. Wäre er andernfalls nicht als Weichling dagestanden? Hätte ihn seine Hilde nicht verachten müssen? Und für wie zuverlässig hätten ihn die Kameraden oder gar die Vorgesetzten eingeschätzt, wenn ihnen die Sache zu Ohren gekommen wäre? W. H. musste also dagegen auftreten, musste diesen Tort aus der Welt schaffen. »Er verlangte von Vater, dass er Edith und meine Kinder aus dem Hause weise«, so beschrieb Walter in seinen Erinnerungen den Fortgang der Ereignisse, »und ging, als Vater das ablehnte, zum Gendarmen Hägele mit einer Anzeige, Edith sei Jüdin und trage keinen Stern. Außerdem sei ein Dienstmädchen im Haus. Beides verstoße gegen die Rassengesetze. Die Anzeige war zwar gegenstandslos (Edith brauchte, da in einer privilegierten Mischehe lebend, keinen Stern zu tragen, und die Bestimmung über die Dienstmädchen betraf nur die Fälle, wo ein jüdischer Mann zum Haushalt gehörte), war aber doch sehr gefährlich. Wer im Dritten Reich gelebt hat, weiß, was eine Beanstandung, vorgebracht durch einen Offizier der SS, auslösen konnte.«

Wohl wahr, was Walter da zur Auffrischung des Familiengedächtnisses festhielt. In Berlin wurden Juden sogar beschimpft, misshandelt und verhaftet, wenn sie unbedeutende Verkehrsvorschriften nicht beachteten, etwa die Straße nicht in gerader

Linie, sondern schräg überquerten oder schon bei Gelb über den Damm gingen. Die Demarche des Schwagers hätte Edith und uns Kinder das Leben kosten können.

Die alten Nussdorfer erinnern sich noch: Er hat Rabatz gemacht auf dem Rathaus, aber den Gendarmen Hägele offenbar nur mäßig beeindruckt. Der Polizist machte sich also nicht zu seinem Handlanger. Er ließ ihn unverrichteter Dinge von dannen ziehen und gab ihm – so erzählte er anschließend selbst im Dorf – auch noch eine Bemerkung mit auf den Weg, die schwäbischer nicht sein konnte: »Jetzt g'winne Sie erscht amol des Kriagle, Herr H., no sehe mir weiter.« Herr H. solle also erst einmal diesen Krieg gewinnen, dann könne man auf dem Nussdorfer Rathaus weitersehen, was zu tun sei. Ob der Dorfgendarm Hägele es wirklich so gesagt hat oder nur so ähnlich, sei dahingestellt; aber wenn es nicht ganz wahr ist, so ist es doch gut erfunden. Auf alle Fälle verlief das Gespräch auf dem Nussdorfer Rathaus offensichtlich nicht in W. H.s Sinne. Der Herren- und Machtmensch, der er sein wollte, aber von Natur aus ganz und gar nicht war, sah sich überraschend in einer Situation der Ohmacht – er, der SS-Mann in seinem SS-Staat! Was konnte er noch tun?

Im Moment blieb ihm nichts anderes übrig, als den widerstrebenden Schwiegervater noch einmal zu bearbeiten. Der saß zwar tagsüber teilnahmslos, oft vor sich hin bruddelnd und kaum ansprechbar, zu Hause in seinem Ledersessel. Aber abends im »Adler«, nach dem ersten oder zweiten Viertele, da wachte er allemal wieder auf. Wenn der Alkohol einen gewissen Pegelstand erreicht hatte, belebte sich sein Geist noch einmal für ein paar Stunden. Dann fand er zurück zu sich selbst, zu der Persönlichkeit, die er einmal war, zu dem Niveau, das er einmal hatte, dann konnte er schlagfertig und intelligent sein, mutig und eigensinnig.

In so einer Laune traf ihn W. H. nach dem enttäuschenden Gang aufs Nussdorfer Rathaus in der Wirtsstube des Adler an.

Wie allabendlich saß Erwin dort im Kreis seiner Kumpane und im Zustand des alkoholisch Wiedererweckten. W.H. bedrängte ihn vor dieser Runde noch einmal: Er solle die jüdische Schwiegertochter und ihre Sprösslinge fortschicken, woran sich Erna Sauter, geborene Mühleisen, die Tochter des damaligen Adlerwirts, die als Zeugin im Spruchkammerverfahren gegen W.H. auftrat, am 5. Dezember 1947 noch gut erinnern konnte: »1944 im Monat Oktober oder November war H. in Urlaub. Er saß mit seinem Schwiegervater und noch etlichen Gästen in der Wirtschaft meines Vaters. Ich war anwesend und war Zeuge, wie H. mit seinem Schwiegervater in einen Wortwechsel geriet. In jener Zeit war die Schwiegertochter des Herrn Dr. Burger, die Ehefrau seines Sohnes Walter Burger, von Berlin nach hier gekommen. Die Frau Burger ist eine Jüdin und soll in Berlin rassenpolitisch verfolgt worden sein. Ich weiß, dass H. damals zu seinem Schwiegervater sagte, dass man seiner Frau nicht zumuten könne, mit einer Jüdin unter einem Dach zu wohnen.«

Offenbar brauchte W.H. diesen Auftritt, um sich vor seiner Frau als starken Mann aufzuspielen. Vielleicht erwartete er auch, der Alte würde hier, wo eine kleine Öffentlichkeit hergestellt war, in die Knie gehen. Vielleicht hoffte er tatsächlich auf die Unterstützung der Umsitzenden, ging davon aus, dass sie ihm helfen würden, den Zeitgeist in sein Recht und den alten Erwin Burger ins Unrecht zu setzen. Doch da hatte er sich mächtig verrechnet, wie Sohn Walter für seine Nachkommenschaft später festhielt: »Als Vater mit dem Bemerken, wir seien alle seine Kinder, und wer seine Hilfe benötige, dem würde sie zuteil, wieder ablehnte, rief W.H., das sei nicht im Sinne des Führers, worauf Vater zum großen Vergnügen der anwesenden Bauern sagte, er habe auf den König geschworen.«

Der alte Landrat ließ also die eigene Tochter gehen – allerdings nicht weit, gerade mal auf die andere Seite der Straße, in eine schöne, neu ausgebaute Wohnung in der Beletage des Gasthauses Zum Adler, dem Stammhaus der Familie Burger. Dass sie ihm, der doch alles andere als ein Freund der Nazis war, den überlebensgroßen Adolf an die Wohnzimmerwand gehängt hatte, war ihm wohl gleichgültig gewesen. Aber so gelassen er solche Äußerlichkeiten wie auch den Fahnenfetischismus seiner Tochter hinnahm, so entschieden blieb er jetzt bei dem Versprechen, das er Walter und Edith im Sommer 1938 gegeben hatte: ihnen eine Zuflucht zu gewähren, was immer noch passieren möge.

Deshalb nun schwang Edith das Zepter im Hause von Erwin und Kläre Burger, Edith, die mit der kleinen Tochter nicht alleine fertig geworden war und jetzt die beiden alten Leute betreute, die ihr einmal so ablehnend gegenübergestanden hatten. Hinzu kam: es musste nicht etwa ein schlanker Großstadthaushalt, sondern eine Wirtschaft in bäuerlichem Umfeld geführt werden. Immerhin ging ihr ein Dienstmädchen zur Hand. Trotzdem überstieg das ungewohnte Pensum eines großfamiliären Haushalts mit zwei kleinen Kindern und zwei hilflosen Alten zunächst ihre Kräfte. Ab und an fanden wir sie ohnmächtig hinter einer Türe liegen. Zwei-, dreimal mag dies vorgekommen sein. Im Übrigen aber begann sich das zarte Persönchen zu häuten.

Ans Tageslicht kam nach einer geradezu wundersamen Verwandlung eine sehr energische Frau. Sie musste ja ohne die ewig hilfreiche Thekla auskommen, auch ohne den Ehemann, den die Ärzte ursprünglich angehalten hatten, sie lebenslang zu stützen. Zum ersten Mal in ihrem Leben war sie ganz auf sich gestellt: in der Betreuung ihrer Kinder, der Verantwortung für die Pflege der alten Schwiegereltern, zu alledem politisch verfolgt, ja aufs Äußerste gefährdet. Edith musste stark sein, und siehe: sie war es. Dabei kam ihr vor allem anderen ihr Organisationstalent zugute, ihr praktischer Sinn, ihre Fähigkeit, zwischen wichtig und unwichtig zu unterscheiden, und ihr Gespür für andere Menschen, weshalb sie sogar mit den so ganz anders gearteten Nussdorfer Bauersleuten gut zurechtkam, ja mehr, deren Zuneigung und Mitgefühl gewann.

Ein Leben lang hatte sie sich dafür geschämt, eine Jüdin zu sein. Immer war sie ängstlich gewesen und auf anstrengende Weise nervös. Aber je lebensbedrohlicher sich die Situation für sie entwickelte, desto mehr schwanden zwar nicht die berechtigten Ängste, aber doch die Neurosen. Je größer die reale Gefahr, je bedrückender die wirklichen Herausforderungen, desto unbedeutender die eingebildeten Schrecken. Auch deshalb entpuppte sie sich plötzlich als so handlungsfähig und zielgerichtet wie nie zuvor.

Aber erst einmal galt es, die Gefahren abzuwenden, die sich möglicherweise aus der Demarche des reizenden Schwagers W.H. entwickeln konnten. Die Nachricht von seinem Auftritt bei Wachtmeister Hägele machte die Runde im Dorf und sorgte auch für eine gewisse Ratlosigkeit. Was hätten sie getan, die guten Nussdorfer, wenn die Geheime Staatspolizei die junge Frau und zwei kleine Kinder aus der Wohnung eines geachteten Gemeindemitglieds geholt hätte? Hier, wo jeder jeden kannte, konnte man doch viel schwerer über solche Untaten hinwegsehen als in der Anonymität der Großstadt. Andererseits lebten auch die Nussdorfer im Dritten Reich, und alles, was anderswo geschah, hätte hier auch geschehen können – so wie es in vielen kleinen Gemeinden, auch den schwäbischen, ja tatsächlich geschehen ist.

Das Dorf stak in demselben Zwiespalt wie Hilde – nur mit sehr viel weniger nationalsozialistischer Begeisterung. Also ging eine der beiden Gemeindeschwestern, die energische, für Fragen der Gesundheit zuständige Schwester Emma, noch spät abends zum Ortsgruppenleiter Fritz Gayer, der sich gerade im Stall aufhielt und sein Vieh versorgte, und bat ihn um seine Hilfe. Er beruhigte sie – so zumindest berichtet es Walter –, und dies wiederum auf eine so schwäbische Weise, wie man es einem

Statthalter des Nationalsozialismus nicht zugetraut hätte: »Dem kloina Fraule derf nex passiere. Do sorg i dafür.«

Hat er das wirklich gesagt? Es gibt Nussdorfer, die es bezweifeln. Andere behaupten, Fritz Gayer habe den Dorfschullehrer Schlecht aufgesucht, der, wie man wusste, auch nicht frei war von nationalsozialistischem Gedankengut, und er habe ihn gefragt, was man mit der jüdischen Frau denn machen solle. Nichts, habe der gesagt – nichts sei in diesem Fall zu unternehmen. Dabei ist die Frage nicht uninteressant, ob Fritz Gayer sich wirklich daran gehalten hat, oder auf welch andere Weise die Nachricht nach Berlin gelangen konnte, dass Walter Burger seine Familie nach Nussdorf ausgelagert hatte, was ihm die Behörden dort alsbald zum Vorwurf machten:» Ich selbst wurde wenig später vor die Parteizentrale in Berlin zitiert und elend zusammengestaucht, weil ich meine Familie von Berlin entfernt hätte. Das sei unzulässig. Bei einer aus gleichem Anlass erfolgten Vorladung vor die Gestapo wurde mir offen gedroht, ich würde schon sehen, was sich daraus ergebe. Ganz konnte ich das erst im Jahre 1947 verstehen, als mir, dem damaligen Vorsitzenden der Spruchkammer von Vaihingen, eine Erklärung des ehemaligen Kreisleiters vorgelegt wurde, die besagte, dass er zweimal die Aufforderung aus Berlin erhalten habe, die in Nussdorf lebende Jüdin Edith Burger zu verhaften und nach Berlin zurückzuführen. Er habe sich in Kenntnis der Nussdorfer Verhältnisse darum gedrückt.«

Hat jener »Kreisleiter« den Hinweis auf die hier versteckte Jüdin in einer Schublade seines Schreibtisches vor sich hinschimmeln lassen? Oder hat er das nach dem Krieg nur behauptet, um sich zu entlasten? Hat der Ortsgruppenleiter Gayer wirklich zu Ediths Rettung beigetragen? Wie dem auch gewesen sein mag: auf alle Fälle bildete die kleine Nussdorfer Gesellschaft erst einmal einen *cordon sanitaire* um die junge Familie Burger. Dazu gehörte auch eine ganz besondere Unterstützung aus dem Pfarrhaus, wo Pfarrverweser Wilhelm Deyhle in jenen kritischen

Tagen die beunruhigte Edith über ein Netzwerk evangelischer Pfarrer aus den Reihen der Bekennenden Kirche informierte, die gefährdeten jüdischen Familien abwechselnd Unterkunft gewährten und sie so vor dem Zugriff des verbrecherischen Staates zu bewahren suchten. Dabei nutzten sie ein Gesetz, dem zufolge man Besucher kurze Zeit beherbergen durfte, ohne sie anmelden zu müssen. Waren diese längstens vier Wochen um, wurden die Verfolgten, die man zumeist als Bombengeschädigte ausgab, an das nächste Pfarrhaus weitergereicht.

Ein Nachfahr des Dichters Eduard Mörike, Otto Mörike, damals Pfarrer in Flacht, einem Flecken zwischen Stuttgart und Pforzheim, zählte zu den Eifrigsten und Mutigsten unter den kirchlichen Lebensrettern in Württemberg. Was diese Geistlichen und ihre Familien mitsamt den vielen Helfern leisteten, wie unendlich schwer sie es hatten, Unterkünfte zu finden, was sie riskierten und wie unermüdlich sie sich über Jahre hinweg einsetzten, das beschreibt der ehemalige Berliner Filmkaufmann Max Krakauer in dem erschütternden Bericht »Lichter im Dunkel« über seine und seiner Frau Odyssee in den Jahren von 1943 bis 1945. Auch Edith und wir Kinder sollten im Falle, dass die Beschwerde des Schwagers Erfolg gehabt hätte, mit Hilfe dieser wunderbaren Menschen untertauchen. Pfarrverweser Wilhelm Deyhle versprach es zumindest: »Ihnen wird nichts geschehen.« Glücklicherweise blieb uns der Wanderzirkus erspart. Das Ende aller Schrecken und gleichzeitig doch auch ein Ende mit neuen Schrecken, die wir hier auf dem Dorf zuallerletzt erwartet hätten, war schon ganz nah.

Untergang und Auferstehung

An das ferne Grollen, mal lauter, mal leiser, hatten wir uns fast schon gewöhnt. Eine tönende Wand, donnernd, krachend, dann wieder verstummend, bewegte sich gleichwohl hörbar auf uns zu. Die Front kam näher und näher. Jagdbomber schossen auf zivile Fahrzeuge, schossen sogar auf Bauern, die auf dem Feld arbeiteten. Eine Mutter und ihre Tochter kamen so am 14. März ums Leben, am 26. März wurde ein Knecht tödlich getroffen.

Noch aber war kein Haus in Brand gesteckt, und so unversehrt, wie dieses Häuflein Häuser über der gerade aufbrechenden frühjahrsschönen Enz-Landschaft thronte, war es für Hitlers letzte Getreue eine Herausforderung. Hier, ausgerechnet auf dieser Anhöhe, welche die ganze Gegend überragte – und nicht zuletzt aus eben diesem Grunde –, wollten sie, allen Niederlagen zum Trotz, ihren Sieg doch noch erringen. Und so sickerte der Krieg mit den zurückflutenden Truppen und Transporten und schließlich, am 6. April, mit Einheiten der Wehrmacht und der SS, die in Nussdorf Quartier bezogen und deren Befehlshaber sich im Schloss einrichteten, auch in jede Gasse ein, in jedes Haus und, wo er die Gedanken noch nicht beherrscht hatte, schließlich ins Bewusstsein der Menschen. Es konnte nur noch eine Frage von Tagen sein, wann er das Dorf überschwemmen, ihm vollends sein Gesetz aufzwingen würde. Auch Walter, das Ende ahnend, war inzwischen aus Berlin angereist, und irgendwie, in dem einzigen fast hellseherischen Moment meines Lebens, hatte ich der Mutter vorausgesagt, dass er kommen und danach nicht mehr nach Berlin zurückreisen würde.

Es war, bei allem militärischen Trubel, der sich durch das Dorf wälzte, doch auch ein Moment der Stille vor dem Sturm. In diesem Innehalten der entscheidenden äußeren Ereignisse, in dem es gleichzeitig keinen Zweifel am Untergang des Dritten Reiches mehr geben konnte, kam es zu einer dramatischen Begegnung zwischen den Schwägerinnen Edith und Hilde. Natürlich waren sie sich in den Wochen und Monaten auch zuvor täglich begegnet. Sie wohnten ja vis-à-vis, und Hilde kam regelmäßig ins Haus, um nach ihren Eltern zu sehen. Jetzt aber, vor dem Einmarsch der Franzosen, der jeden Tag erfolgen konnte, erschien Hilde außer der Reihe in der Wohnung ihrer Eltern, um die äußeren Zeichen ihrer gerade untergehenden Vergangenheit zusammenzusuchen und zu beseitigen. Sie holte die SS-Uniformen ihres Mannes und andere Nazi-Utensilien vom Dachboden, um sie zu verbrennen, bevor die fremden Truppen sie entdecken konnten, trennte auch das Hakenkreuz von den Fahnen ab – später nähten wir Dirndlkleider aus dem roten Stoff. Edith half Hilde bei dem Unterfangen, alles zu verbrennen oder zu verstecken, was einen Hinweis auf Hildes und W. H.s Vergangenheit hätte geben können. Schließlich wären erst einmal alle Bewohner des Hauses ins Zwielicht gerückt worden, hätte man diese Sachen gefunden.

Dann aber, als die Arbeit so weit gediehen war, nach zwölf Jahre währender Verfolgung, nach der Deportation ihrer Mutter und ihres Bruders und nachdem sie selbst mit ihren Kindern bis dahin knapp überlebt hatte, riss die Jüdin Edith Burger, die nie eine Jüdin hatte sein wollen, den überlebensgroßen Adolf-Schinken von der Wand, schmiss ihn der Schwägerin vor die Füße, zertrampelte das Bild und zerquetschte mit dem hin und her gedrehten Absatz das Gesicht des von Hilde so anhaltend angebeteten Massenmörders. Das arme, zarte, schwache Edithchen? Iwo. Das war gewiss einer der stärksten Auftritte in ihrem Leben. In diesem Moment begann für sie schon eine neue, eine ganz andere Zeit.

Zunächst aber, mit einem Schlag, galt alle Aufmerksamkeit in Nussdorf nur noch dem Kriegsgeschehen. Am Abend des 7. April 1945, gegen halb sechs Uhr, schlug eine Brandgranate in der Scheune der Familie Pflüger an der Hauptstraße ein. Das war das Ende der Nussdorfer Idylle und der Auftakt zu einem apokalyptischen Untergang, hinter dem auch die Burgersche Familienfehde vorübergehend völlig bedeutungslos wurde. Der Krieg war bei uns angekommen. Es brannte. Die Leute liefen zusammen. Gerade hatten wir Kinder noch an der Mauer unterhalb der Martinskirche Ball gespielt. Unsere Mutter packte uns am Arm und rannte mit uns ein Seitengässchen hinab nach Hause. Was dann folgte, schrieb Edith in einem Brief vom 26. November 1945 an Steffi Stieler, die engste aller Busenfreundinnen aus den seligen Zeiten der Schillerstraße, die inzwischen in Hamburg lebte. Es ist wie ein Gesang aus dem Dreißigjährigen Krieg:

Das Heranrücken der Front wurde immer furchtbarer. Bei Tag und Nacht zurückfliehende Soldaten, die sich immer nur ein paar Stunden als Einquartierung bei uns aufhielten. Sie wollten sich alle nur mal ein bisschen waschen, rasieren und ausruhen. Aber kaum lagen die armen Kerle ein paar Stunden, ging es wieder rückwärts. Dazu die ganze Nacht das Durchrasen der Lastautos, Pferdefuhrwerke, marschierender Truppen undsoweiter. Dann kamen wieder Fußtransporte von ausländischen Arbeitern und privilegierten Juden (mich hat man hier glücklicherweise vergessen). Bei Tag dauernd Tieflieger. Die Kinder konnten kaum allein auf der Straße sein. Man war schon halb irre von all der Unruhe. Dazu unser Haushalt mit der schwerkranken Großmutter und dem ziemlich unselbständigen Großvater.

Am 7. April ging dann das Unglück erst richtig los. Ich war gerade beim Metzger, die Kinder bei Bekannten und Walter wieder woanders, als die 1. Granate nachmittags gegen sechs Uhr ins Dorf flog. Sie fiel in eine Scheune, ziemlich nahe bei unserem Haus, also genau ins Zentrum des Dorfes. Die Scheune stand sofort in hellen Flammen und da alles sehr eng aneinandergebaut ist, war die Gefahr für das Dorf sofort sehr groß. Alles eilte zu Hilfe, als die zweite Granate in die Hauptstraße vor das Haus fiel, dessen Scheune brannte. Da es eine Brisanzgranate war und sie haargenau in die Menschen fiel, zerriss sie 15 Personen. Frauen, Männer und Soldaten. Es war furchtbar, es waren mehrere unserer besten Bauern und Freunde dabei. Ich war inzwischen zu unseren Kindern gerannt. Auf Anraten kroch ich durch die Häuser hintenherum mit den Kindern nach Hause und schaffte sie in den Keller. Walter, der uns zu Hause vermutete, kam auch. Dann brachten wir alles, was wir schnell an Betten fassen konnten, in einen zweiten Keller und richteten uns, so gut es ging, dort ein. Die Keller sind recht gut, alte, aber feuchte Gewölbe. Dann kam wieder eine Brandgranate, und es war an Löschen nicht mehr zu denken. Wir verbrachten eine scheußliche Nacht. Die Großeltern, das heißt der Großvater, wollten oben bleiben. Am 8., einem Sonntag, zog SS ins Dorf ein, und nun wussten wir, dass das Schicksal des Dorfes besiegelt und Nussdorf als Stützpunkt ausersehen war. Dabei lagen die Panzer der Franzosen nur 20 Minuten vor dem Dorf. Die Bewohner hatten deshalb sofort die weiße Fahne am Kirchturm gehisst, mussten sie aber auf Befehl wieder herunterholen. Das Schwein von SS-Kommandanten sagte, als man ihm nahelegte, doch das schöne Dorf zu schonen, da es doch keinen Sinn mehr hätte: »Was liegt mir an Menschenleben und Bauerngehöften.« Tags zuvor hatte er schon einen Knecht persönlich erschossen, der ihn fahren sollte und, weil er geistig etwas zurückgeblieben war, nicht gleich begriff, was von ihm erwartet wurde.

Im Laufe des Sonntag schafften wir dann noch alles, was nur ging, in den Keller, Gegen 5 Uhr nachmittags begann plötzlich ein Artilleriefeuer, dass wir dachten, unser letztes Stündlein sei gekommen. Unsere Hausbewohner fingen an, Choräle zu singen, und unser Billchen sang mit zitternder Stimme mit. Peterchen war völlig stumm vor Schrecken. Als eine Ruhepause eintrat, rannte Walter hinüber zu seinen Eltern und fand seinen Vater auf der Erde liegen, seine Mutter von Trümmern überschüttet im Bett, aber beide lebend. Er brachte dann den Großvater in den Keller. Das Haus hatte mehrere Treffer bekommen und war schon schwer demoliert. Als die Kinder im Keller schliefen, brachte Walter, zusammen mit der herbeigeholten Gemeindeschwester, die Großmutter auf einer Tragbahre in den Pfarrhauskeller, wo die Krankenstation war. Er konnte nachher vor Anstrengung kaum noch laufen.

Ich hatte inzwischen einige Offiziere gefragt, ob man mit den Kindern so im Zentrum des Dorfes bleiben könne, und man riet mir ab. Hilde saß gegenüber im Keller, wohin der Großvater wollte. Wir schafften ihn hinüber und zogen dann, gegen 3 Uhr morgens, mit den Kindern an den Ortsrand in den sogenannten Bierkeller. Es ist das eine Art Stollen mit Beton, Fels- und Erddecke drauf, nur der Eingang ziemlich ungesichert. Außerdem hat er zwei Luftschächte. Wir fanden dort schon ungefähr 80 Menschen vor. Es war ein trostloser Anblick, wie da Alt und Jung beim Schein eines Erdöllämpchens in dieser Gruft auf dem Stroh hockten. Wir fanden kaum noch Platz, aber schließlich ging es doch. Dort verbrachten wir 12 Tage und 12 Nächte! Wie das möglich war, ist mir heute noch ein Rätsel, aber es ging. Oben sah man den blauen Himmel und die herrlichste Obstblüte, dass mir beinahe das Herz brach.

Glücklicherweise war am Eingang des Kellers vom Besitzer ein Herd aufgestellt worden und innen dick Stroh aufgeschüttet worden. Dazu lagen Unmassen Kartoffeln unter dem Stroh. Außerdem waren vor dem Keller mehrere Kühe angebunden, weil im Dorf von der SS alles gestohlen und geplündert wurde. Die ersten Tage mussten wir etwas hungern, aber dann begann eine allgemeine Verpflegung, und die war dank der vielen Milch ausreichend. Dann wurden eine Kuh und später ein Ochse durch Granatsplitter verletzt und mussten geschlachtet werden. Die Tiere *wurden direkt vor der Kellertüre zerlegt und das Fleisch in großen Wannen in einem kleinen Nebenraum des Kellers abgestellt. Dort standen allerhand Vorräte, auch Koffer usw. von einigen Bauern. Wir hatten nur unsere Rucksäcke bei uns.*

Nach 4 Tagen hatten wir eine furchtbare Aufregung. Bei einem Luftangriff wurde die Scheune direkt über dem Keller von einer Brandbombe getroffen. Ich hörte die Bombe fallen, aber bis jemand nach oben kam, stand die Scheune schon in hellen Flammen. Es war insofern gefährlich, als der eine Luftschacht direkt in die Scheune führte und nun dauernd kleine Brände in den Keller auf das Stroh fielen. Es mussten trotz Beschuss viele aus dem Keller und Wasser holen. Die anderen bildeten eine Kette und reichten das Wasser Walter, der die Brände löschte. Wir Mütter mit den Kindern standen in dem Gang, der zum Ausgang führte, alle mit nassen Tüchern vor dem Mund wegen der Rauchentwicklung. Bei diesem Angriff brannte auch unser Haus mit Keller völlig aus. Das dauerte ungefähr 2½ Stunden, dann war das Schlimmste vorbei. Wir breiteten das Stroh aus und hockten uns erschöpft wieder hin.

Die Kinder waren musterhaft! Nach 8 Tagen erschien die SS im Keller und erklärte für Nussdorf den Räumungsbefehl. Ein großer Teil der Bevölkerung zog fort, mit Leiterwagen ihre Habe und das Vieh fortführend. Wir und viele andere Familien blieben aber, denn wir sagten uns, dass uns im nächsten Dorf ja dasselbe blühen könne und man eben einmal über den Strick springen müsse. Außerdem war ja die Großmutter nicht transportfähig und der alte Herr auch nicht. Er war inzwischen eines Nachts zu uns in den Bierkeller gebracht worden und hockte nun bei uns. Er war eine große Belastung, denn man musste ihn für seine Verrichtungen immer ganz langsam durch die Landschaft führen. Bei dem Ari-Beschuss eine Nervenprobe! Walter zeigte hier überhaupt keine Angst und lief oft durch das ganze Dorf, um nach seiner Mutter zu sehen. Einmal brachte er unseren Kajütkoffer mit, der nicht verbrannt, aber von der SS weitgehend ausgeraubt war. Von Walters Sachen fehlte alles.

Kurz nach dem Räumungsbefehl wurde meine Schweigermutter zu uns in den Keller gebracht und die völlig unbewegliche Frau mit Sack und Pack auf das Stroh gelegt. Sie lebte dann auch nur noch knapp 24 Stunden und starb dort unten. Es war entsetzlich, denn es waren immer noch über 60 Personen im Keller. Nun begann das Problem, wohin mit der Toten. Walter und drei Männer brachten sie in ihr Laken gewickelt in die nahegelegene Dreschhalle.

Die Zustände im Keller wurden langsam übel, denn das Stroh hätte natürlich längst erneuert werden müssen. Dann bekam Sibylle Fieber, und ich brachte mich schier um vor Angst da unten in der feuchten Kälte. Aus unserer Höhle war inzwischen eine Tropfsteinhöhle geworden. Glücklicherweise hatte ich Pyramidon bei mir, und da am nächsten Tag herrlicher Sonnenschein war, zogen wir alle vor die Kellertüre, aber sowie das Pfeifen der Granaten begann, stürzte alles wieder hinein. Nein, es war zu grässlich. Gottseidank war mein Billchen bald wieder gesund. Nach 3 Tagen mussten wir dann die Großmutter irgendwie unter die Erde bringen. Den hochgelegenen Friedhof konnte man wegen des Artillerie-Beschusses nicht betreten. So mussten Walter und Hilde ihre Mutter im Leintuch in unserem nahegelegenen Garten vergraben. Sie konnten natürlich nur ein ganz flaches Grab graben und wälzten dann 2 Steinplatten darüber wegen der herumstrolchenden Hunde. Während der ganzen Zeit, die die beiden im Garten waren, hatten wir Artillerie-Beschuss, und ich dankte Gott, als Walter wieder heil im Bierkeller war.

Manchmal war ja Ruhe, und dann war vor dem Keller eine richtige Zigeunerwirtschaft. Die Männer rasierten sich, wir wuschen Kindersachen im Eimer und bürsteten unsere Sachen, die Kinder wurden frisiert, bis dann wieder die erste Granate über unsere Köpfe pfiff und der ganze Spuk im Keller verschwand.

Am besten war es morgens von 6–7 Uhr. Da ging alles hinaus ins Grüne. Aber wie sahen wir alle aus nach dem nächtlichen Strohlager! Alle in unsere Wintermäntel und Shawls gehüllt, Mützen auf dem Kopf, wie die Strohbautzen! Nein, es war furchtbar. Wie die Kinder das nur ertrugen, nie aus den Kleidern und Stiefeln. Nach 6 Tagen riskierte ich es, den Kindern Schuhe und Strümpfe auszuziehen (man konnte doch nie wissen, ob man nicht plötzlich aus dem Keller musste!) und ihnen die Füße abzuwaschen. Peter streckte ganz selig seine Füßchen hin und her. Nach 1 Woche gingen wir auf Leben und Sterben in ein nahegelegenes Haus. Der Weg betrug jedoch auch 5 Minuten, was ziemliche Nerven kostete. Wir mussten uns mal umziehen und waschen. In dem Keller des Hauses waren Leute (Fabrikant aus Pforzheim), die Walter und Peter frische Wäsche geben konnten. Wir waren völlig verdreckt und verkommen. Plötzlich begann ein Beschuss, dass uns Hören und Sehen verging und wir dort in den Keller mussten. Den Heimweg konnten wir nur mit Mühe und Not riskieren, kamen aber doch heil und gesund zurück.

Von da an gingen wir aber doch jeden Tag zu irgendeiner Zeit in ein nahegelegenes Bauernhaus zum Mittagessen. Ich fing nämlich an, dort unten langsam zu verzweifeln, aber es ging allen so. Die Bauernfamilie mit 7 Kindern war auch dem Räumungsbefehl nicht gefolgt, da das Haus einen guten Keller hatte. Rührende Leute, die uns noch monatelang das Mittagessen kochten. Als wir eines Tages zurückkamen, waren Granaten unmittelbar neben unserem Keller eingeschlagen, und nun durften die Kinder den Keller nicht mehr verlassen. Gottseidank näherte sich nun auch das Ende unserer Gefangenschaft: die letzte Nacht aber war furchtbar! Eine Granate nach der anderen pfiff über uns weg und schlug meist in nächster Nähe ein, es war ein Lärm wie in der Hölle. Am nächsten Morgen hörte man dauernd Gewehrgeknatter in der Nähe. Plötzlich brachten Soldaten einen Gefangenen zu uns, mit dem sich ein reizender Elsässer, den wir bei *uns im Bierkeller hatten, französisch unterhielt. Als der Mann fortgeführt war, begann Renée zu strahlen und geschäftig nach einer langen Stange und einem weißen Tuch zu sehen. Gegen 5 Uhr nachmittags hörte man dann französische Soldaten in der Nähe reden und rufen, Renée stellte die weiße Fahne hoch und lief ihnen laut redend und lachend entgegen. Sie kamen sofort an unseren Keller, wir mussten alle raus, und der Keller wurde nach Waffen untersucht. Dann zogen sie weiter durch das inzwischen von der SS geräumte Dorf. Es ging alles überall glatt. Dann kamen einzelne wieder zu uns zurück, und es begann eine höchst schwierige Unterhaltung. Die Kinder bekamen aber Zuckerle, und das verstanden sie.*

Aber wie sah unser Dorf aus! Es war und ist nicht zu schildern. Nur an den Rändern ringsherum standen noch ein paar Häuser. Wir sollten nun alle aus dem Bierkeller und in die Häuser, aber kaum hatten wir mit dem Ausräumen angefangen, als deutsche Granaten über uns hinwegpfiffen und das 20. Todesopfer unseres armen Nussdorf forderten. Die Front ging nun aber so rasend schnell zurück, dass wir schon am nächsten Tag aus dem Keller konnten. Aber wohin? Wir standen mit unseren Rucksäcken auf der Straße und hatten alle alles verloren.

Was für eine Schlussszene am Ende des Dritten Reiches! Und was für ein weiter Weg, den Walter und Edith zurückgelegt hatten, ausgehend von den bürgerlichen Verhältnissen der Berliner Schillerstraße, in der schönsten Spanne der zwanziger Jahre, bis zu jenem Moment auf der Wiese vor dem Eingang zum Bierkeller in Nussdorf, die wir am 19. April 1945 als Befreite betraten. Bomben, Verfolgung, völlige Entrechtung, der Mord an den allernächsten Verwandten, an dem es kaum noch einen Zweifel geben konnte, der Verlust aller Vermögen in der Familie und schließlich die fast zwei Wochen währenden Erlebnisse im unmittelbaren Geschehen der Westfront: das alles lag hinter uns.

Beizender Brandgeruch stieg aus den vielen Ruinen auf und verdrängte den Duft der blühenden Obstbäume. »Wir vier haben überlebt«, sagte der Vater, »aber wann wir wieder in richtigen Betten liegen werden, das kann ich euch nicht sagen.«

Schon am Abend dieses Tages war es soweit. Eines der wenigen Gebäude, die den Feuersturm unversehrt überstanden hatten, war das Schulhaus. Ein Backsteinbau am südlichen Rand des Dorfes, in dem viele Familien eine erste Unterkunft fanden. Wir bekamen ein Klassenzimmer zugewiesen. Auf dem Dachboden fanden sich ausgelagerte Bestände des Kurhauses Bad Cannstatt – Bettgestelle, Kissen, Decken, Bezüge. Alles reichlich. Und am Abend lagen wir nach zwölf Nächten auf einem zweimal zwei Meter großen, strohbedeckten Fleckchen im Bierkeller nun

Nussdorf nach der Zerstörung.
Aber der Wiederaufbau hat schon begonnen

auf weißen Laken und Kissen, unter richtigen, ebenfalls weiß bezogenen Federdecken. Das war ein Wunder. Das war der Himmel auf Erden. Diese Sauberkeit. Die kühle Bettwäsche auf der Haut. Dass man sich ausstrecken konnte. Und keine Granaten mehr, die in unmittelbarer Nähe einschlugen und hochgingen. Keine Bomben, die uns bedrohten. Keine Soldaten, keine SS. Wir konnten atmen, loslassen und immer wieder durchatmen. Alle vier. Waren wir je seliger als in dieser ersten Nacht nach dem Bierkeller?

Aber dann brach auf, was unterdrückt worden war; dann verschaffte sich Raum, was vor der Lebensgefahr und der Anstrengung, sie zu bannen, hatte zurückweichen müssen. Als alle Anspannung von uns abgefallen war, wurden meine Mutter und ich krank. Ich bekam, was man damals »Mundfäule« nannte – eine Zahnfleischentzündung, vermutlich infolge des Mangels an Vitaminen, vielleicht auch der Hygiene. Edith brach völlig zusammen. Mit einer Angina fing es an. Danach folgte eine Gallenkolik – eine ganze Nacht lang –, in deren Verlauf sie immer wieder ohnmächtig wurde und »Ich sterbe, ich sterbe« schrie. Kampferspritzen, die ihr Schwester Emma verabreichte, brachten sie wieder zu Bewusstsein, bis alles von vorne begann. Auf Jahre hinaus blieb mir von dieser Schreckensnacht eine panische Angst um das Leben meiner Mutter, obwohl sich Vergleichbares, mit dieser Intensität, nur noch einmal wiederholte. Aber da lebten wir schon in einigermaßen normalen Nachkriegsverhältnissen, und unser Hausarzt, der nebenan wohnte, konnte mit Medikamenten schnell helfen.

Doch damals, zwölf Tage nach dem Ende des Untergangs von Nussdorf, schien sich das Schicksal nun schon wieder zu unseren Ungunsten zu wenden. Acht Wochen lag Edith nach diesem Zusammenbruch im Bett, und als es ihr langsam besser ging, fürchtete sie gleichwohl, sie würde nie mehr so gesund werden, wie sie einmal gewesen war. Aber sie war eine junge Frau.

Gerade mal vierzig Jahre alt. Da kann man sich noch gut erholen. Und langsam, sehr langsam kamen ja auch bessere Zeiten.

Erst einmal wohnten wir jedoch monatelang in jenem Klassenzimmer. In ihrem Bericht an die Freundin Steffi klagt Edith darüber, wie kalt es in dem Raum sei: »Wir haben ein großes Zimmer, das im Sommer sehr schön war, aber jetzt frieren wir Stein und Bein.« Daran kann ich mich gar nicht erinnern. Waren wir nicht mehrfach gerettet? Dem Krieg und dem Bierkeller entronnen? War die Mutter nicht wider Erwarten höchst lebendig? Meine sehr schmerzhafte Krankheit überwunden? Konnte ich nicht nach Lust und Laune in die reichlich vorhandenen Äpfel beißen, die infolge einer üppigen Ernte zu großen Haufen geschichtet auf Nussdorfs Straßen lagen? Zwar besaßen wir nichts. Doch das war mir nicht bewusst. Es genügte, dass wir überhaupt noch da waren. Und das empfand ich sehr wohl.

»Wir vier« hatten überlebt.
Edith und Walter mit ihren Kindern
Peter und Sibylle, um 1947.

»Wir vier« – das war das Zauberwort jener Tage. Wir vier. Wir vier zusammen. Wir vier noch am Leben. Das wärmte offenkundig derart, dass ich von der Kälte, die damals in unserem Klassen-Wohn- und Schlafzimmer herrschte, so gut wie nichts gespürt habe.

Was hinter uns lag, blieb trotzdem immer gegenwärtig. Denn Nussdorf, diese wunderbar schützende Hülle, war zu rund 75 Prozent zerstört. Von 447 Gebäuden standen 309 nicht mehr, darunter 106 Wohnhäuser. 138 Familien waren obdachlos. Auch viele Monate nach dem Ende des Krieges hing der Geruch von Verbranntem in der Luft, ragten verkohlte Balken aus den Ruinen, zeigte der Ort seine Wunden. 20 Menschen hatten in der Zeit, in der das Dorf umkämpft worden war, ihr Leben verloren. Noch lange nach dem Ende des Krieges fanden Kinder Munition und Handgranaten. Wer nicht im Schloss, im Schulhaus oder einem der wenigen unzerstörten Gebäude unterkam, hauste nun in einer der schnell hochgezogenen Baracken. Manche freilich begannen sofort mit dem Wiederaufbau ihres Hauses. Ich konnte das gar nicht fassen. Bei all dem Glücksgefühl, das mich von früh bis spät durchrieselte, konnte ich mir nach sechs Jahren Krieg nicht vorstellen, dass nun wirklich und endgültig Frieden sei. Warum nur bauten diese Leute Häuser, die doch bald wieder zerstört sein würden?

Wunderbar verkehrte Welt

Von einem Tag auf den anderen hatte sich alles in sein Gegenteil verkehrt. Wo Krieg war, herrschte nun Frieden. Die Verfolger sahen sich plötzlich geächtet, die Verfolgten hingegen geachtet. Und Edith trat von da an – »Ich bin Frau Burger« – höchst energisch auf den Plan. Als eines Tages ein französischer Offizier einen Bauern aus dem Dorf verhaften wollte, weil er bei den Nazis unter dem Rubrum eines Stellvertreters im »Rassehygienischen Amt« geführt worden war, eine Aufgabe, welche er fleißig dazu genutzt hatte, die jungen Burgers zu unterstützen, trat sie dazwischen: »Sie wollen doch nicht etwa unseren guten Herrn D. mitnehmen?« Herr D. durfte bleiben.

Auch Hilde und ihre Kinder, an ein und demselben Ort wohnend, waren mit uns von der mörderischen in die ganz neue, völlig veränderte Zeit geschleudert worden. Wir hatten nun alle nichts, aber sie hatte doch noch weniger: ihr Gott gestürzt und tot, ihre Träume vom Reich der Herrenmenschen zerborsten, ihre Siege zur totalen Niederlage gewandelt – ihr heiß geliebter Mann in Gefangenschaft. Schon in den letzten Tagen vor dem Ende des Krieges hat sie erfahren müssen, was das für sie bedeutete: Mit ihren Kindern wollte sie sich vor anderen Schutzsuchenden in den Keller im Schloss drängen und musste sich von Pfarrer Deyhle entgegenhalten lassen: »Sie warten jetzt erst einmal, Frau H.!«

Solchen Erfahrungen und eben auch der ganz neuen Situation, in der man plötzlich nicht mehr auf der Seite der Macht, sondern auf der Seite der Geächteten stand, wollten Walter und Edith keine weiteren Demütigungen hinzufügen. Immer wieder erklärten sie uns, wie und warum sie sich so entschieden hatten: »Als der Krieg vorüber war, hatten Edith und ich zu überlegen, wie wir uns H.s gegenüber verhalten sollten, und kamen zu dem Schluss, wir hätten zu beweisen, dass wir keine Nazis seien, außerdem seien wir *einer* Mutter Kinder usw. Kurz, wir taten, als ob nichts gewesen wäre, und wir haben in den darauf folgenden Jahren H.s unterstützt und geholfen, wo wir nur konnten.«

Das haben sie tatsächlich getan. Und sie haben es auch durchgehalten – sowohl das Helfen als auch das Schweigen über alles, was hinter ihnen lag. Niemals fiel in einem gemeinsamen Gespräch der Betroffenen aus beiden Familienzweigen ein Wort über das Dritte Reich, nie war von Schuld und Vergebung die Rede, nie von W. H.s Aktion auf dem Nussdorfer Rathaus oder von seinem theatralischen Auftritt in der Wirtsstube des Adler. Niemals auch von Hildes zeitweiligem Hochmut und von den Leiden der Familie Wolle. Ein schwieriger Fall. Ein Fall von aktiver Verdrängung oder vielleicht besser: von bewusster Konfliktvermeidung. Denn hätten die einen, die ehemals Verfolgten, etwas erfragen können, das sie noch nicht wussten? Und hätten die anderen, die Adolf Hitler so hingebungsvoll verehrt hatten, jetzt die Kraft gehabt, sich schuldig zu bekennen? Ein *mea culpa* auszusprechen? Asche auf ihr Haupt zu streuen? Und wenn man sich von beiden Seiten einem Gespräch ohne Rücksichtnahmen gestellt hätte, wäre am Ende etwas anderes als eine Trennung auf immer und ewig übrig geblieben? Die Gefahr einer Entwicklung in dieser Richtung war groß. Es gab gute Gründe, sie zu vermeiden.

Zunächst hausten alle in den Resten des kleinen Nussdorf und hatten, die einen nicht weniger als die anderen, um das Allernotwendigste zum Leben zu ringen. Hinzu kam, dass die Tante mich, ihre halbjüdische Nichte, doch fast ein Jahr bei sich beherbergt hatte. Außerdem waren Hilde und Walter gleichermaßen über die Verantwortung für den kranken Vater aneinander gebunden. Und schließlich hatte das Ende des Krieges doch die fällige Gerechtigkeit hergestellt – wenigstens für diejenigen, die noch lebten. Die zuvor Erniedrigten waren befreit und erhoben, und die Unterdrücker waren von der Geschichte ins Unrecht gesetzt. Wenn man die Weltläufe betrachtet und Jahrtausende zurück schaut, kam das nicht gar so häufig vor. Hier aber war es geschehen, und zwar mit einer Deutlichkeit, die nichts zu wünschen übrig ließ.

Da brauchte man nicht nachzutreten. Da wollte man nicht noch eins draufgeben. Das Schicksal hatte gesprochen, und für Walter und Edith war vollkommen klar, dass jeder Mensch, der auch nur halbwegs bei Verstand war, begreifen musste, was es den Deutschen mit der Katastrophe, in die sie der Wahn geführt hatte, mitteilen wollte. Aber wenn dies für die einen, denen ihre Selbstachtung gerade zurückgegeben wurde, offenkundig erschien, so brachte es die anderen, die ihrer Selbstachtung gerade verlustig gingen, in große Schwierigkeiten. Wer gesteht sich schon gern ein, etwas grundlegend falsch gemacht zu haben? Wer gibt gerne zu, einem Verbrecher nachgelaufen und damit die entsetzlichsten Verbrechen, noch dazu in der eigenen Familie, unterstützt zu haben? Wer hat die Größe, andere Menschen, erst recht, wenn sie einem sehr nahestehen, um Vergebung zu bitten? So blieb also alles ungefragt und ungesagt. Aber ungeschehen war es damit noch lange nicht.

Ganz im Gegenteil. Unter einer sehr freundlichen Oberfläche köchelte es weiter, lebenslang. Und beide Seiten pflegten über Jahrzehnte hinweg fast lustvoll ihre jeweiligen Ambivalenzen. Walter, der Sanftmütige, Versöhnliche, auf Harmonie Bedachte, der doch recht froh war, dass er und seine Geschwister nun wieder zusammen sein konnten, gab dennoch, Hildes Familie betreffend und seine Möglichkeiten durchaus genießend zu Protokoll: »Meine einzige Rache ist, dass sie immer Danke zu mir sagen müssen.«

Es blieb ihnen auch gar nichts anderes übrig. Walter beschaffte Hilde eine Arbeit, Walter bezahlte den Zahnarzt, Walter, der inzwischen zum Treuhänder einer Strickwarenfabrik bestellt war, besorgte Pullover und Mützen für die Kinder. Wurden wir blau eingekleidet, so bekamen sie rot. Hatten wir neue Handschuhe und Schals, so wurde auch an sie gedacht. Das war selbstverständlich, das war auch gut, in einer Zeit, da es nichts zu kaufen gab. Und doch wurde es im Falle von Hildes Familie – Walter unterstützte freilich auch andere, zum Beispiel die Familie seines gefallenen Kriegskameraden Hermann Blumenthal – nicht ganz ohne Hintergedanken gegeben, nicht ohne eine gewisse Genugtuung darüber, dass man eben kein Nazi, dass man nicht von solch charakterlicher Scheußlichkeit und ein viel besserer Mensch war als jene, denen man unter die Arme griff, obwohl sie sich so verachtenswert benommen hatten. Noch weniger freilich wurde es von den Beschenkten ohne ungute Gefühle angenommen, wie sich später herausstellte. Man küsst eben nicht gern die Hand, die gibt.

Von nun an aber war Walter unangefochten der Herr aller Verfahren, das Oberhaupt der Familie. Sein Vater vegetierte nur noch in einem erbarmungswürdigen Zustand. Fritz, der ältere Bruder, war lungenkrank und traumatisiert von einem Einsatz in Russland zurückgekommen, danach hatte er sich erst einmal in das Burgersche Gartenhaus in Nussdorf zurück gezogen, in eine Art »Zauberberg«, wie Walter diagnostizierte. Gudrun, die jüngste Schwester, lebte in München, und Hilde, nach allem, was hinter ihr lag, fügte sich ohnedies. Walter aber war in seinen besten Jahren, gerade mal vierzig Jahre alt. Ihm und den Seinen war Gerechtigkeit widerfahren. Er war jetzt ein angesehener Bürger, und nach tausend und abertausend Demütigungen und Gefahren hat er das auch genossen – sowohl in der Familie wie in der Nachkriegsgesellschaft der kleinen Kreisstadt Vaihingen an der Enz.

Da wohnten wir jetzt, an einem für uns Kinder paradiesischen, vom Krieg verschonten Ort. Zwar war auch hier Schreckliches geschehen – in einem unmenschlichen Gefängnis auf Schloss Kaltenstein, vor allem aber in einem Konzentrationslager im heutigen Ortsteil Kleinglattbach, einem Todeslager, nach zynischer NS-Manier mit dem schönen Namen »Wiesengrund« bedacht. Die jüdischen Gefangenen, über zweitausend an der Zahl, waren dazu ausersehen, sich in einer unterirdischen Flugzeugfabrik zu Tode zu schuften und auf diesem Wege noch zum Endsieg ihrer Mörder beizutragen. Die meisten von ihnen starben elend an Krankheiten und Entbehrungen. Doch von diesen Dingen wussten allenfalls die Erwachsenen und sprachen entweder gar nicht oder nur hinter vorgehaltener Hand darüber. An uns Kindern ging das vorbei. Wir konnten endlich leben.

Es war ein schönes, aber doch sehr eingeschränktes Leben. Die Speisekarte daheim bot wenig Abwechslung. Aber es gab von allem reichlich – Salzkartoffeln mit Karotten oder Spinat, Dampfnudeln und Ofenschlupfer, nach dessen Genuss man sofort wieder Hunger bekam. Vor allem aber gab es Schmalzbrot mit Salz. Jeden Nachmittag, ob es nun zum Schwimmen oder Schlittschuhlaufen ging, nahm ich drei doppelte Lagen davon mit. Das reichte bis zum Abendessen, bei dem häufig Pellkartoffeln mit Quark auf dem Speisezettel standen oder, in den Sommermonaten, Bratkartoffeln mit Tomatensalat. Immer wurden wir satt. Ab und an kamen Pakete, auch Care-Pakete, welche uns die gerade noch rechtzeitig emigrierten Verwandten aus den Vereinigten Staaten, aus Südafrika und natürlich aus Brasilien schickten.

Doch erst einmal kamen Briefe. Von Dezember 1945 an, so lange hatte es gedauert, bis die Kontakte wieder hergestellt werden konnten, trudelten sie nach und nach bei uns ein. Lebenszeichen und Mitleidenszeichen von Freunden, vor allem aber von den in alle Welt versprengten engsten Angehörigen, die jetzt von ihrem eigenen Schicksal berichteten und den Tod von Thekla und Günter betrauerten. Am 1. Dezember 1945 meldete sich zunächst Erna Bernhardt, Walters ehemalige Steuerberaterin, eine hochverehrte Freundin der Familie. Sie hatte drei Jahre lang im Berliner Untergrund überlebt. Jetzt bereitete Ernchen-Bernchen, wie sie genannt wurde, die Auswanderung nach New York vor: »Meine Liebsten … ich bin glücklich, Euch gesund zu wissen, auch ich bin mit heilen Gliedern aus den unvorstellbaren Erlebnissen hervorgegangen, ebenso mein Bruder und seine Frau. Aber die Liste der Teuren, die ich beklage, ist so überwältigend, dass ich heute nicht davon sprechen möchte.«

Im April kam Post von Thekla Wolles Schwester Martha Simon aus Kapstadt. Mit ihrem Mann, dem Berliner Anwalt Dr. Max Simon, und den beiden Söhnen, war es ihr gelungen, Deutschland noch rechtzeitig zu verlassen: »Gott sei Dank, dass Ihr und Eure Kinder wenigstens gerettet seid. Wie haben wir in all den Jahren so viel an Euch gedacht und jeden Abend, jeden Morgen habe ich gebetet, dass auch Thekelchen und Günter doch noch gerettet werden möchten.«

Ende Mai schrieb Ediths Vetter Richard Samuel, der später ein berühmter Novalis-Forscher und Professor für Germanistik im australischen Melbourne werden sollte, aus Cambridge in England: »Es ist einfach zu viel zu erzählen als dass es möglich wäre, es in einem ersten Brief zu verschließen. Wie gerne wäre ich selbst gekommen, und wir hätten uns alles gegenseitig erzählen können, aber die Zeit reichte nicht, vielleicht später einmal. Ja, für das gute, liebe Thekelchen ist keine Hoffnung, oder für Günter – ich denke viel und oft an sie, zwei Opfer unter so vielen Millionen –, es ist nicht auszudenken, man muss es sich immer wieder vor Augen halten.«

Cousine Else Krebs schrieb aus Tel Aviv, Cousine Ellen Katzenstein aus New York. Yohanan Meroz, früher Hans Marcuse, meldete sich aus Jerusalem. Mit den ersten Briefen erreichten uns auch die ersten Hilfsangebote. Richard Nathan, wieder ein Cousin, wollte uns mit Schuhwerk versorgen. Vor der Vertreibung hatte er in Frankfurt eine Fabrik für Kinderschuhe besessen, welche die bekannten »Ada-Ada-Schuhe« herstellte. Jetzt versuchte er in Chicago mit einer »Sun Shoe Manufacturing Co.« an die Erfolge in Deutschland anzuknüpfen. Er bat um die Größen, schränkte aber ein: »Wir haben hier auch wieder eine Schuhfabrik, machen aber keine Kinderschuhe, sondern sogenannte Playshoes, die nicht sehr viel aushalten.«

Aus den USA ließ auch Reinhold Glass von sich hören, noch einer von Ediths vielen Vettern, der sich jetzt Ronald Glass nannte. Anschaulich schilderte er, welche Mühe es ihm machte, eine Hühnerfarm in Maine zu betreiben, nachdem er zuvor Mitinhaber eines Textilhauses in Stuttgart gewesen war. Seine Mutter, Franziska Wolle, eine Schwester von Gustav Wolle, meinem Berliner Großvater, hatte nach Stuttgart in das angesehene Bekleidungshaus Glass & Wels auf der Königstraße eingeheiratet. So gab es auch für den jüdischen Teil meiner Familie eine Verbindung nach Württemberg. Keine schlechte zumal, da das Knaben- und Herrenbekleidungshaus schon seit 1892 bestand und immer gut verdient hatte. Noch 1928, nachdem man in den »Mittnachtbau« auf der feinen Königstraße umgezogen war, vermochte die Firma 200 000 Reichsmark zu investieren. Es lohnte sich also für die Nazis, hier zuzugreifen. Gleich anderen jüdischen Unternehmern musste auch die Familie Glass weit unter Wert verkaufen. Den Gewinn machten die beiden Nachfolger Knagge und Peitz, Letzterer ein Schwiegersohn des Herausgebers des Hetzblattes *Völkischer Beobachter*.

Nach dieser »Arisierung« war das Geschäft jahrzehntelang, weit in die Nachkriegszeit hinein, unter der Marke Knagge & Peitz im Handelsregister eingetragen. Reinhold Glass, einer der beiden ehemaligen jüdischen Inhaber, musste sich zwar als Hühnerfarmer in Maine versuchen. Aber er hatte doch überlebt und hatte nun den Wunsch, seiner Cousine Edith zu helfen: »Der Zweck meines Schreibens ist aber ganz besonders der, herauszufinden, ob Ihr meine Sendung, die am 31. Juli abgeschickt worden war, nicht bekommen habt. Ich habe durch eine New Yorker Firma an Euch eine Sendung abschicken lassen, in der Hoffnung, dass durch eine Geschäftsfirma die Formalitäten schneller erledigt sein sollten. Bitte schreibt mir umgehend, ohne Verzug, ob Ihr endlich in diesen Besitz gelangt seid, anderen Falles muss ich die Firma verklagen.«

Auch Susi Glass, Reinholds Schwester, sandte ein Lebenszeichen über den Atlantik nach Vaihingen an der Enz. Mit Herbert Riese, ihrem Mann und anderen früheren Teilhaber der Firma Glass & Wels, lebte sie jetzt in Los Angeles. Sie hatten es gerade noch geschafft, das Land zu verlassen. Herbert Riese war schon verhaftet gewesen von den Nazis. Nach der Flucht mussten sie sich in Kalifornien lange Zeit als Fabrikarbeiter durchschlagen. Die beiden erteilten jetzt Ratschläge für eine mögliche Emigration in die Vereinigten Staaten. Sie erzählten aber auch von ihrer Sehnsucht nach der alten Heimat. Es war ja gerade Mai, als sie diesen Brief verfassten, weshalb ihnen der »immer wunderschöne« Mai im »Schwabenländle« in den Sinn kam – »ach, wie lange ist das her, kaum mehr wahr …«. Ja, alles lag so weit zurück, obwohl noch nicht einmal zehn Jahre seit der Emigration vergangen waren. Nicht nur das Schwabenländle, auch der Wohlstand waren für immer dahin. Denn von allem, was die Familie Glass einst erarbeitet hatte, war den Nachkommen nichts geblieben, und Susi Riese, die sich jahrelang als »Handnäherin« und mit Vertretungen abmühte, nannte sich eine »Pfennigverdienerin«. Trotzdem wollten sie und ihr Mann uns unter die Arme greifen.

Am meisten aber halfen Hans Wolle und Vera, die junge Frau, die Ediths Bruder in Sao Paulo inzwischen geheiratet hatte. Sie beglückten uns mit Schokolade, Bonbons, Kaffee, Zucker und mit der köstlichsten unter allen Köstlichkeiten – mit echtem Bienenhonig. Ein um das andere Mal bedankte sich Walter dafür, dass wir »so verwöhnt« werden. Denn natürlich brauchten wir die Hilfe, brauchten sie wie alle anderen Deutschen in dieser Zeit des Mangels. Auf welchem für heutige Begriffe unvorstellbar niedrigen Niveau wir lebten, schildert Edith im Juli 1946 in einem Brief an ihren Bruder, in dem sie von der großen Freude über den ersten Bezugsschein für neue Schuhe berichtet: »Da wir das verfluchte 3. Reich ohne Schuhe verließen, Väterchen in schweren, soldatenähnlichen Stiefeln und ich nur in Überschuhen, so ist das ein großes Ereignis im Hause Burger. Wir lebten bisher in geborgten oder uralten geschenkten, so dass uns eigentlich immer ›die Fieß‹ wehtaten. Alle Leute glauben natürlich, dass wir mit jüdischer Ehefrau so ungefähr im Schlaraffenland leben, die armen Irren. Wenn Walter sich nicht die Beine abgerannt hätte, säßen wir heute noch in Nussdorf in einem Zimmer. Für uns interessiert sich kein Mensch – nur für die Glaubensjuden oder KZ-Leute ist eventuell Hilfe da.«

Auch unsere Wohnung hatte wenig von einem Schlaraffenland. Fünf Zimmer und ein Plumpsklo gehörten dazu, ein von bunten Glasfenstern umrahmter Erker und ein Anthrazitofen, der in kalten Wintern nicht ausreichend wärmte. Im Wohnzimmer, wo sich vom Frühstück bis zu den allabendlichen Orgien des Waschens und Zubettbringens mit dem kleinen Peter das ganze Familienleben abspielte, drückten wir uns dann an die Kacheln, um uns wenigstens ein bisschen aufzuwärmen. Das Badezimmer war nicht geplättet – Edith befand: ohne Komfort –, und den Kessel für das warme Wasser musste man immer erst anheizen, was höchstens einmal in der Woche geschah. Im Schlafzimmer malte die Kälte Eisblumen an die Fenster, und wenn wir ausatmeten, stand der Hauch über der Bettdecke. Ohne die kupferne Bettflasche, an die wir unsere Füße pressten, wären wir nicht einmal zum Schlafen warm geworden. Die Möbel, von denen kein Stück zum anderen passte, waren geborgt, und die Eltern mussten darum kämpfen, dass sie die Stücke erst einmal behalten konnten. Geborgt waren auch die Noten, nach denen der Vater auf einem zwar scheußlich dunkelbraunen, aber wunderbar klingenden Pfeiffer-Klavier seiner pianistischen Leidenschaft frönte.

Selbstverständlich wohnten wir in dieser Wohnung auch nicht allein, sondern zusammen mit der fünfköpfigen Familie eines meiner Lehrer am Gymnasium, Herrn Kuchenmeister, der Chemie und Erdkunde unterrichtete, während seiner Freizeit aber höchst talentiert in einer Unterhaltungskapelle auf dem Saxophon spielte und sich damit ein Zubrot verdiente. Unter der Woche musste er üben. Dann saß er in der gemeinsamen Küche auf dem großen Tisch, stopfte ein Handtuch in den Schalltrichter seines Instruments und blies fröhlich vor sich. Unsere schwerhörige Haushaltshilfe, Frau Rapp, mit der wir uns nur im Brüllton verständigen konnten, störte das noch am allerwenigsten. Es war eben eine Zeit voll friedlichen Getöses. Wir waren mausearm, aber die Luft und das Leben, die Wiesen und der Fluss gehörten uns. Niemand rief mir »Judensau« hinterher, niemand vertrieb uns Kinder von den noch weitgehend autofreien Straßen, auf denen wir »Hopfe« spielten. Nur ab und an ächzte ein Holzvergaser vorbei und verpestete unser Revier. Im Sommer badeten wir in der Enz und schwammen auf halsbrecherische Weise durch das Wehr am Stadtrand. Im Winter flogen wir auf Schlittschuhen einen Kilometer flussaufwärts, einen flussabwärts über das dickgefrorene Eis. Die Zeit der Bomben und Granaten war vorbei. Keine Gestapo bedrohte uns. Wir waren gerettet. Wir vier. Wir waren frei, so unendlich frei.

Trotz alledem hatte unsere Mutter Schwierigkeiten. Edith fühlte sich anfangs nicht wohl in der Kleinstadt, machte ihrem Mann auch Vorhaltungen, hier könne sie nicht leben. Sie wäre gerne zurückgegangen nach Berlin. Aber mit der Zeit gewöhnte sie sich doch ein und befand: »Nach all dem Graus kommen wir uns endlich wieder wie Menschen vor.« Walter hatte es leichter, er war hier mehr zu Hause. Obwohl er ein Vierteljahrhundert in Berlin gelebt hatte, sprach er auch das Hochdeutsche immer noch mit einem leichten schwäbischen Akzent. Außerdem hatte er viel zu tun. Die Treuhandschaft in der Strickwarenfabrik war zwar beendet. Aber jetzt kümmerte sich Walter, wiederum als Treuhänder, um eine Möbelfabrik in Knittlingen bei Maulbronn. In seiner Freizeit musizierte er mit den Honoratioren der Stadt. Eine Aufführung von Johann Sebastian Bachs Kaffeekantate im Kinosaal unseres Städtchens ist mir in Erinnerung geblieben. Walter hatte den Klavierpart übernommen. Für die übrigen Instrumente und für die Gesangspartien fanden sich ausreichend Laienmusiker in der Stadt. Der Abend war ein Erfolg, auch für ihn persönlich, der hier ja zum ersten Mal mit seinem Klavierspiel in der Öffentlichkeit auftrat.

Seine wichtigste Beschäftigung in jener Zeit war jedoch die Aufgabe als Vorsitzender einer Spruchkammer, also eines jener »Gerichte«, die mit nationalsozialistisch unbelasteten Laien besetzt waren und im Auftrag der Militärregierung die Deutschen »entnazifizieren«, vor allem aber die wichtigen Positionen in Politik und Gesellschaft von Nazis befreien sollten. Von April 1946 bis Ende Oktober 1948 versah er diese Tätigkeit und gehörte deshalb, bis dahin in der Öffentlichkeit völlig unbekannt, plötzlich zur Prominenz im Kreis Vaihingen/Enz.

Doch dieser Ruhm war nicht ganz umsonst zu haben, er bedeutete auch eine Menge freilich erträglichen Ärgers. Die einen warfen ihm vor, den Nazis nachzugeben, die anderen monierten, dass er entlastende Argumente nicht ausreichend berücksichtige. Aber so war das Amt nun mal angelegt: »Sollen dich die Dohlen nicht umschrei'n, musst nicht Knopf auf dem Kirchturm sein«, zitiert er Goethe in einem der ersten Briefe, die nach der erzwungenen Pause von vier Jahren wieder nach Brasilien gingen. Und dieser bis dahin so bescheidene und zurückhaltende Mensch bekennt darin, seine Wunden leckend und voller Stolz: »Ich bin natürlich hier im Kreis ein ausgesprochener Knopf, neben dem Landrat *der* Knopf, und die Dohlen krähen entsprechend.« Er fühlte sich also keineswegs unglücklich in dieser Rolle. In einem späteren Brief schreibt er sogar: »Schade, dass Hans nicht mal zuhören kann, wenn ich öffentlich verhandle. In der vergangenen Woche habe ich einen Fall verhandelt, bei dem das öffentliche Interesse sehr groß war, alle Sitzplätze besetzt und alle Gänge voll Stehender. Selbst die allgemein sehr skeptischen Herren Juristen zollten mir unverhohlene Anerkennung, weil ich die Verhandlung trotz 18 zu vernehmender Zeugen einschließlich der Beratung und Spruch-Verkündung in 2½ Stunden zu Ende führte. Konzentration und richtige Fragestellung ist alles.«

So zeigt er sich wieder einmal an seiner verwundbarsten Stelle, der verhinderte Abiturient, der verhinderte Akademiker, der verhinderte Jurist, der Konfektionär aus Liebe. Obwohl er die Weichen in seinem Leben ganz anders gestellt hatte, schleppte er doch den Anspruch seines Vaters auf eine akademische Karriere immer mit sich herum und wusste ganz genau, dass er diesem Anspruch auch gerecht geworden wäre. Bereits 1937 berichtete er von einem Termin vor Gericht, als er »vor dem Pültchen stand, dem hohen Herrn Gerichtshof gegenüber, und in wohlgesetzter Rede und mit schlagenden Argumenten den Kläger in der ersten Runde knock out schlug, so dass er wie ein begossener Pudel von dannen zog ... Ich hätte doch Rechtsanwalt werden sollen.«

Zehn Jahre später, dann an der Spitze einer Spruchkammer, konnte er sich und anderen vor einem größeren Publikum beweisen, wie begabt er sogar ohne Studium auf dem juristischen Feld war. Und wenn es eine Möglichkeit gegeben hätte, diese richterähnliche Arbeit, die ihm bisweilen auch schwer auf der Seele lag, in die Justiz der Bundesrepublik hineinzuverlängern – er hätte sie gewiss ergriffen: »Nun habe ich trotz aller Gewissenskonflikte, in die mich meine Tätigkeit von Zeit zu Zeit bringt, doch schon zu sehr das Gefühl der Macht genossen, um so ohne weiteres wieder davon abgehen zu können.«

Das »Jungchen wie Samt und Seide« plötzlich ein Machtmensch? Das war er nun gar nicht, sondern eher zu nachsichtig, im besten Falle ein Mann mit Augenmaß, der den Sessel des Spruchkammervorsitzenden, nach dem die »Entnazifizierung« abgeschlossen war, nicht als ein Gehasster, sondern als ein Geachteter verlassen konnte. In Wahrheit ging es ihm wohl weniger um die Macht an sich, sie auszuüben war er zu weich und zu wenig raffiniert, und das wusste er auch. Eitelkeit jedoch war ihm nicht fremd, und am Ansehen des Spruchkammervorsitzenden lag ihm viel. Kein Wunder nach allem, was hinter ihm lag: zu Unrecht verfolgt, zu Unrecht gedemütigt, zu Unrecht mit dem Leben bedroht, zu Unrecht erniedrigt. Nun aber respektiert: das war die Botschaft, die sich in seiner Rolle als Entnazifizierungs-Richter ausdrückte. Und wenn er schon nicht Richter bleiben konnte, so bot vielleicht die Politik eine Chance, sich weiter in der Öffentlichkeit zu bewähren.

1946 war er Mitglied der SPD geworden, der einzigen Partei, die den Ermächtigungsgesetzen nicht zugestimmt hatte. Es lag also nahe, bei den Sozialdemokraten einzutreten. Nun kandidierte er für den Vaihinger Gemeinderat, allerdings ohne Erfolg zu haben. Bei den Wahlen zum Kreistag hingegen konnte er ein Mandat erobern. Doch das sah nicht gerade nach dem Auftakt für eine große politische Karriere aus. Und natürlich war er alles andere als ein Sozialdemokrat mit Stallgeruch, sondern ein in der Wolle gefärbter Bildungsbürger, weshalb die Mitgliedschaft bei der SPD auch nicht lange währte. Wenig später hätte sie sich ohnedies mit seiner unternehmerischen Tätigkeit nur schlecht vertragen. Er war eben, ohne dies je noch einmal in einer anderen Parteizugehörigkeit manifest werden zu lassen, ein schwäbischer

Liberaler, und er war schon sehr früh, also 1947, ein Europäer, der daran glaubte, dass Deutschland nur im europäischen Verbund wieder zu Wohlstand gelangen könne: »Eine wirtschaftliche Einheit von ganz Europa kann natürlich erst zu einem wesentlich späteren Zeitpunkt erfolgen, wird aber meiner Meinung nach sicher eines Tages kommen.«

Noch freilich war alles offen, seine Zukunft vollkommen ungewiss, die Genehmigung, wieder Mäntel produzieren zu dürfen, nicht erteilt. Und Edith musste in Stuttgart antichambrieren, um die Dinge voranzubringen. Also genoss er, was er bis dahin erreicht hatte und was ihm das Leben gerade bot: »Am nächsten Freitag habe ich hier eine Tagung von annähernd

In den fünfziger Jahren.
Die einst Entzweiten wieder fröhlich vereint:
Wilhelmine, W. H., Hilde, Fritz,
Edith und Walter (von links)

200 Personen, bei welcher der Minister und Vertreter der Militär-Regierung-Land zugegen sein werden, zu leiten und selbst das Hauptreferat zu halten. Nun, auch das wird mit Gottes Hilfe vorbeigehen.« Aber natürlich litt er nicht wirklich, sondern fand es schön, mit solchen Herausforderungen konfrontiert zu sein. Und besonders beglückte ihn, dass die Kunde davon auch bei seiner Schwester angekommen war: »Hilde sagte neulich zu Edith, früher sei sie ›wer‹ gewesen, als Tochter ihres Vaters, und nun sei sie wieder ›wer‹, als Schwester ihres Bruders.« Das war Balsam auf die Wunden, das verschaffte Genugtuung.

Es wirft aber auch ein Licht auf Hildes merkwürdigen Gedächtnisschwund. Wohin hatten sich zu diesem Zeitpunkt, anno 1947, die Jahre von 1938 bis 1945 verflüchtigt? Hatte sie damals etwa nicht geglaubt, an der Seite ihres W. H. ›wer‹ zu sein? Und ist sie denn nach dem Untergang des Dritten Reiches, den sie im vergleichsweise jungen Alter von 35 Jahren erlebte, niemals auf die Idee gekommen, aus eigenem Recht ›wer‹ zu werden? Nein, das ist sie nicht, obwohl sie doch eine Ausbildung hatte und noch jung war. Irgendwann hätte sie wieder unterrichten, hätte in ihrem Beruf eine Beschäftigung finden können. Sie war ja auch tüchtig, und Jahrzehnte später, als sie bei einer Wohnbaugesellschaft im Rechnungswesen arbeitete, konnte sie das in einem bescheidenen Rahmen durchaus beweisen. Aber Hilde war, wahrscheinlich mehr gefühlt als gewusst, viel zu tief abgestürzt. Hilde war verletzt, und bedauerlicherweise wählte sie die falsche Therapie. Dabei hatte sie sich persönlich gewiss nichts Schwerwiegenderes zuschulden kommen lassen als viele andere Deutsche auch, hatte sogar ein halbjüdisches Kind bei sich beherbergt und es keineswegs vernachlässigt.

Vielleicht war jedoch gerade das notgedrungen Diffuse ihrer Haltungen im Dritten Reich der Grund dafür, dass sie im Nachhinein damit nicht zurechtkam, dass sie ihr Verhalten nicht sortieren konnte, die guten Taten ins Töpfchen, die schlechten ins Kröpfchen. Statt sich offensiv mit dem, was geschehen und wie sie dem Wahn aufgesessen war, auseinanderzusetzen, buddelte sie sich ein, baute Mauern auf gegen den nicht ausgesprochenen, gleichwohl spürbaren Schuldvorwurf des Bruders und seiner Familie, in der allerdings und wahrscheinlich zu Unrecht das Einverständnis darüber herrschte, dass W. H. – wie Walter es ausdrückte – ihr das Rückgrat gebrochen habe.

Hilde hüllte sich also – eine Art unsichtbares Büßergewand – in das Kleid äußerster Bescheidenheit, ewig ein süßliches »Vielen Dank« auf den Lippen, ganz wie Walter es sich in seiner Rachephantasie ausgedacht hatte, und sie bestrafte sich mit lebenslanger, übertriebener Zurückhaltung beim Essen. Insofern nahm sie unbewusst das Urteil der Geschichte an. Sehr bewusst freilich kämpfte sie, und das schloss dann ja doch auch die Absolution für sich selbst mit ein, für die Rehabilitierung ihres Mannes. Keiner war irgendwas gewesen, keiner hatte irgendwas getan. Da steht sie nicht nur an der Seite so vieler durchschnittlicher Deutscher, da befindet sie sich sogar – man denke nur an Günter Grass oder Walter Jens – sogar in richtig guter Gesellschaft. Und wie diese Männer, so war auch sie über Jahrzehnte hinweg nicht imstande, sich ihre Jugendsünden einzugestehen. So tief saß die Wunde, die sie sich in den Zeiten ihrer Verwirrungen und Verirrungen zugezogen hatte.

»Dieses Blut verdickt man nicht«

In den finsteren Januarwochen des Jahres 1946 war die Enz teilweise zugefroren. Im Mühlkanal, der heute überdeckelt ist, sich damals aber noch schmutzig durch die Altstadt von Vaihingen wälzte, ertrank ein kleiner Junge, der sich auf dem Eis zu weit hinausgewagt hatte. Das legte sich mir wegen des trüben Wetters, der nassen Kälte, einer wirren, vorpubertären Stimmung, vor allem aber wegen der unendlichen Einsamkeit, die dieses Kind in seinem Unglück empfunden haben musste, aufs Gemüt. Ich konnte mich kaum dagegen wehren, mir dies immer wieder aufs Lebhafteste vorzustellen. Die traurig-schönen Nocturnes von Chopin, die der Vater an diesen Abenden spielte und die mich, wo immer sie erklingen, unverändert an jene ferne Zeit denken lassen, verstärkten die Einsprengsel von Melancholie in einer Epoche ansonsten guten Grundgefühls. Sofern mich darüber hinaus überhaupt etwas bedrückte, war es das Gegenwärtige oder besser: das Vergangene im Gegenwärtigen – vorweg die Auseinandersetzungen in der Schule.

Denn das Dritte Reich nistete in den Poren des Schulalltags, es hing in der Luft unseres Gymnasiums, es verdüsterte noch auf Jahre hinaus seinen Geist, es hatte unsere Lehrer geprägt – sei es im Krieg, sei es in den Organisationen der Nazis. Fast ausnahmslos benahmen sie sich, als hätten sie die Jungen aus der Hitlerjugend und die Mädchen aus dem BDM vor sich. Keiner von ihnen hatte auch nur die geringste Ahnung von demokratischer Erziehung – woher sollten sie die auch haben? Sie wurden gern tätlich und teilten Ohrfeigen aus. Einer von ihnen schubste mich aus nichtigem Anlass, so dass ich schmerzhaft in die Reihen der Holzbänke krachte. Ich war ihnen nicht ganz geheuer. In mir sahen sie begreiflicherweise einen jungen Menschen, der unangenehme Gefühle in ihnen hervorrief, der, weil ich keck und kritisch war, einerseits ihre Vorurteile bestätigte – war das nicht der zersetzende jüdische Geist? – und ihnen andererseits ein schlechtes Gewissen verursachte.

Unter anderem gab es mit unserem Kunstpädagogen Marek Probleme, einem Sudetendeutschen, der offenkundig unverändert der vergangenen Zeit anhing. Er hieß uns, eine gotische Kirche von innen zu malen. Auf meiner Zeichnung klappten die Wände auseinander. Ich verstand es nicht besser, war nie eine begabte Zeichnerin, er aber vermutete wohl Verachtung gegenüber dem Christentum hinter meiner Unfähigkeit – obwohl ich doch ausschließlich christlich erzogen worden war! –, ließ mich also ins Lehrerzimmer kommen und fragte mich anhaltend, aber ergebnislos nach meinen Motiven aus.

An der Spitze des Lehrerkollegiums stand der charismatische Dr. Heer, allseits nur »Vati« genannt, ein schöner Mann und begnadeter Pädagoge, groß, dunkel, mit strengen Zügen, der uns in Deutsch und Geschichte unterrichtete und den wir gleichermaßen anbeteten und fürchteten. Auch von ihm hieß es, er sei ein Anhänger des Dritten Reiches gewesen, und natürlich kam die Zeitgeschichte in seinen Stunden nicht vor. An Bismarck biss er sich fest. Von der Revolution im Jahre 1918 erfuhren wir nichts, von den Verwerfungen in den Epochen danach auch nicht. Immer wieder vermeinte ich das Misstrauen dieses Lehrers mir gegenüber zu spüren. Als er einmal einen Zettel in die Hand bekam, auf dem ich die Sitznachbarin fragte, ob ich einem Jungen aus den Oberklassen, den ich anhimmelte, zum Geburtstag Rosen schenken solle, wollte er gleich das *consilium abeundi* einberufen. Aus diesem pubertären Nichts versuchte er ein gewaltiges Drama zu machen. Mir schlotterten die Knie. Mein Vater musste einen Brief schreiben, in dem er mein Verhalten als die lässliche Sünde einer Vierzehnjährigen darstellte, womit der Fall dann aus der Welt war. Es lebte eben noch viel vom untergegangenen Dritten Reich in unserer Schule fort, obwohl kein Mensch darüber sprach. Doch wen störte das?

Viel bedrängender war nun mal, dass wir keine Schuhe hatten, keine warmen Mäntel und dass die Eltern noch nicht sicher waren, wo sie ihren Platz in dem neuen Leben finden könnten. Die erste Sorge galt also dem Kampf um das Allernotwendigste und der Frage, wie es weitergehen solle. An zweiter Stelle bekümmerte Walter, was von den zwölf Jahren der nationalsozialistischen Barbarei noch lebendig wäre und ob das alles wieder bedrohlich werden könne. Fast täglich wiederholte er seine im Dritten Reich gewonnene Erkenntnis: »Nationalsozialismus ist keine Weltanschauung, sondern ein Charakterfehler.« Und in einem der ersten Briefe, die er nach dem Krieg wieder regelmäßig nach Brasilien sandte, hieß es am 10. April 1946: »Die Nazis machen sich die, wenn auch vorläufig nur beschränkt geltenden demokratischen Prinzipien schon wieder schwer zunutze, denunzieren, kritisieren prinzipiell alles, spielen sich als verfolgte Unschuld und Märtyrer auf, tun die KZ-Gräuel als Propagandalügen ab und leben im Übrigen einen guten Tag.«

Die Arbeit bei der Spruchkammer lieferte ihm stets neue Beweise für seinen Pessimismus. Seine Meinung von »Gottes edelster Schöpfung« erleide nach jeder öffentlichen Verhandlung einen weiteren Stoß nach unten, klagte er, immer wieder sei es »derselbe Käse: Keiner will es gewesen sein, nach berüchtigten Nürnberger Vorbildern! Es hängt einem schon zur Nase heraus! Zum Schluss sind *wir* es vielleicht noch gewesen – und die Radfahrer.« Viel »Erziehungsarbeit« müsse geleistet werden. Und dann – wir befinden uns im Jahre 1947 – weit vorausschauend, wenn auch im jugendlichen Ton: »Meine Überzeugung ist die, dass kein vernünftiger Mensch erwarten konnte, dass das, was diese widerlichen Stinktiere in 12 Jahren in die Holzköpfe hineingepaukt haben, sich in so kurzer Frist wieder verflüchtigen würde, zumal ja das heutige Elend dem Wachsen der Vernunft hinderlich im Wege steht. Gelingt es uns, mit Hilfe unserer ehemaligen Feinde, in absehbarer Zeit eine offensichtliche Besserung der wirtschaftlichen Verhältnisse herbeizuführen, dann ist das im Verein mit einer weisen Propaganda das einzige Mittel, um aus dieser Hammelherde doch noch ein politisch denkendes und politisch reifes Volk zu machen.«

Bis dahin »schäme« er sich seiner Landsleute. Mit dieser Sicht der Dinge, aber ebenso mit der Verschärfung des Kalten Krieges hing es zusammen, dass in der Familie erneut vom Auswandern die Rede war, natürlich nach Brasilien zu Hans Wolle, bei dem der Vater anfragte, welche Chancen er mit seinem Beruf in Sao Paulo habe und wie sich das Leben der Emigranten denn gestalte, ob sie unter sich blieben oder ob auch Fäden zu den wohl »sehr exklusiven Brasilen« gesponnen würden. Er sehnte sich geradezu danach, »mit unserem nächsten Stück Mischpoche wieder zusammenleben zu können«. Auch bei einem von Ediths Cousins, Reinhold Glass, fühlte er vor, um Möglichkeiten für sich und die Seinen zu erkunden.

Auf keinen Fall wollte er jedoch als »Schnorrer« dastehen, weshalb er sich zeitgleich mit solchen Gedankenspielen, die immer wieder mal mit der Anstrengung, sein Englisch zu polieren und Portugiesisch zu lernen, verbunden waren, zu Hause nach einer zukünftigen Existenz umtat. Über die Aufgaben als Treuhänder saß er im »Industrieausschuss«, fühlte sich dort sogar »als führender Mann« und hoffte über dieses Gremium »noch recht viele, vielleicht doch einmal wichtige Leute kennen zu lernen«. Die Aufgabe bei der Spruchkammer würde ebenso binnen kurzem beendet sein wie die Geschäftsführung der Möbelfabrik. Das Mandat im Kreistag war auch nicht gerade dazu angetan, ihn zu einer politischen Karriere anzuregen. Doch im Moment war er noch außerordentlich beschäftigt.

Nicht nur der Vater, wir alle waren beschäftigt. Die Gegenwart hatte uns im Griff. Die Vergangenheit ließen wir meistens ruhen. Nicht, dass sie zum Tabu erklärt worden war. Wir wussten ja von Theklas und Günters Schicksal, hatten die Verfolgungen doch selbst erlebt, aber wir fragten nicht gründlich genug nach, was nicht nur mit den Alltagssorgen, sondern auch damit zu tun hatte, dass die Eltern einen gewissen Widerstand aufbauten, sobald das Gespräch auf das Schicksal der Familie in den Nazijahren kam. Verschwiegen wurde nichts, es war nur viel zu schmerzlich, ja schlicht unerträglich, sich mit dem, was geschehen war, in allen Einzelheiten auseinanderzusetzen, wie Edith in einem jener ersten Briefe des Jahres 1946 freimütig bekannte: »Ja, Omi und Pu, man darf nicht daran denken, sonst wird man verrückt. Wir warten natürlich auch immer noch – wer tut das nicht? – bei jeder Post, bei jedem Zug der ankommt, hundert Mal denke ich: da kommt Pu, wenn der Mann ihm nachher auch gar nicht ähnlich sieht. Aber das ist ja Wahnsinn, das darf man gar nicht erst einreißen lassen, dafür sorgen schon die Kinder – eine stete Quelle des Glücks.«

Nichts anderes blieb also übrig, als die Vergangenheit einfach liegen zu lassen. Sie wurde nicht vergessen, nicht verdrängt, sie war da. Es waren, wie Walter schrieb, »nie zu vergessende und nie zu verwindende Erlebnisse«. Neben allem Kummer gab es ausreichend Platz für das Glück, dass »wir vier« überlebt hatten. Dazu gehörte freilich nicht, dass man sich nun plötzlich über die jüdische Abstammung eines Teils der Familie gefreut hätte. Es war ja keine buntgemischte, multikulturelle Gesellschaft, in der wir lebten, es war keine Gesellschaft, in der man sich mit philosemitischen Aktionen und Etiketten einen Namen machen konnte. Es war die alte, zunächst nur in Teilen einsichtig gewordene deutsche Gesellschaft aus der Nazi-Zeit, die ihre Ideologie noch längst nicht ausgeschwitzt hatte. Auch wenn innerhalb der Familie viel über die seligen Jahre in der Schillerstraße gesprochen wurde, nach außen hin war das kein Thema. Nie wäre es den Eltern oder uns Kindern in den Sinn gekommen, mit dieser Herkunft hausieren zu gehen oder uns damit wichtig zu machen – wie es heute gelegentlich sogar bei Leuten vorkommt, die nicht einmal eine jüdische Ururgroßmutter vorzuweisen haben, sich aber einen jüdisch klingenden Namen geben, um aufzufallen.

Wir hingegen wollten unter allen Umständen vermeiden, unsere jüdischen Abkünfte bekannt werden zu lassen. Wie Edith, so hatten wir alle die Fatwa der Nazis bis zu einem gewissen Grade verinnerlicht. Als im Jahre 1981 jener *Spiegel*-Artikel erschien, in dem ich gegen Lea Fleischmanns Verunglimpfung der Bundesrepublik in ihrem Büchlein »Dies ist nicht mein Land« anschrieb und damit die Mutter im Altenheim so erregte, quälten auch mich, bevor das Blatt an den Kiosken hing, unterschwellige Ängste. Ich hätte allerdings nicht genau zu sagen gewusst, worin sie denn bestanden. Aber ich fühlte mich äußerst beklommen und irgendwie schuldig, dass ich mit dieser Geschichte an die Öffentlichkeit ging. Solche Herkünfte behielt man eben besser für sich. Es gehörte sich nicht, sie hinauszuposaunen. Das hatte etwas Exhibitionistisches, das hieße ja aus dem schrecklichen Schicksal der Verwandten Honig zu saugen, einen Aufmerksamkeitsbonus einzufahren. Abscheulich. Am besten rührte man nicht mehr daran. Und als während meiner Studienjahre einmal für eine Zeit lang ein jüdischer Verehrer mit Heiratsabsichten an meiner Seite auftauchte, beschied mich meine Mutter knapp: »Dieses Blut verdickt man nicht, das verdünnt man.«

Edith war schon 1926, ein Jahr vor der Hochzeit mit Walter, also lange vor Hitlers Machtergreifung, aus der jüdischen Gemeinde ausgetreten. 1939 hatte sie sich evangelisch taufen lassen, in der freilich unberechtigten Hoffnung, dies könne die Ausgrenzung und Entrechtung abmildern. Wir Kinder waren von Anfang an evangelisch getauft, wir wurden evangelisch erzogen und hatten nicht die leiseste Ahnung von jüdischen Feiertagen wie Jom Kippur, Pessach oder dem Laubhüttenfest, hatten noch nie etwas gehört von einem Ritual wie Bar Mizwa oder dem Gebot, dass das Milchige nicht mit dem Fleischigen gegessen werden dürfe. Aber diese Regeln standen ja bereits in der Berliner Schillerstraßenzeit in Frage, oder besser: sie wurden bei den Wolles schon lange nicht mehr ernst genommen.

Nur Redewendungen wie jener Hinweis auf einen neuen König, den »Mejlech«, den man sich besser nicht wünschen solle, auf die »Ejzes«, mit denen man reichlich versehen sei, oder auf die »Mieskeiten«, die einem täglich begegneten, hatten auch bis in die Nachkriegszeit überlebt. Wir fühlten nicht jüdisch, sondern betrachteten uns als sehr schwäbisch, eben nur mit einem anderen als dem in Vaihingen an der Enz damals üblichen und nicht ganz uninteressanten familiären Hintergrund. Ein bisschen galt das irgendwann dann sogar für Edith, die sich den Nussdorfern, die uns gerettet hatten, ein Leben lang verbunden fühlte und die, zu unser aller Vergnügen, diese und jene schwäbische Dialektwendung nachzuahmen versuchte, ohne jemals den richtigen Ton auch nur entfernt zu erwischen.

Der aus der Kälte kam

An den Nachkriegs-W. H., der 1948 aus einem Internierungslager in Ludwigsburg entlassen wurde und in der Familie mit ihren nun völlig veränderten Machtstrukturen wieder auftauchte, kann ich mich nicht erinnern. Wahrscheinlich ließ er sich in jenen allerersten Zeiten bei uns gar nicht blicken, sondern holte erst einmal bei den Seinen Luft. Diese Distanz ergab sich auch ganz von selbst, wohnten Hilde, ihr Mann und die Kinder doch in Nussdorf und wir in der sechs Kilometer entfernten kleinen Kreisstadt Vaihingen. Da sah man sich nicht so häufig. Das änderte sich erst in den fünfziger Jahren, als wir nach Stuttgart und die lieben Verwandten nach Leonberg, einer nahe gelegenen Kleinstadt, gezogen waren. Der Abstand zum Dritten Reich war größer geworden, und die Familienbande wurden nun wieder enger geknüpft.

Aber schon vorher ging man sich nicht unbedingt aus dem Wege. Vater Erwin lebte ja noch. Er starb erst 1950. Und so traf man sich beispielsweise 1949, als sich seine Tochter Hilde mit Mann und Kindern der im Dritten Reich verlassenen Kirche wieder zuwandte, zur Feier dieses Glaubenswechsels und der abermaligen Konversion. Die Kunde von dem Ereignis reichte Walter nach Sao Paulo weiter – keineswegs frei von gemischten Gefühlen: »Gestern haben wir in Nussdorf ein ›Familienfest‹ mitgemacht. Hilde und ihr Mann sind feierlich wieder in die Kirche eingetreten, sie etwas verlegen, er mit sehr ernstem Gesicht und frommem, um nicht zu sagen scheinheiligen Augenaufschlag. Gleichzeitig wurden die acht und neun Jahre alten Kinder getauft. Es war reichlich sonderbar, aber Kaffee und Kuchen hinterher waren gut. Eigentlich hatten wir dabei ja nichts zu suchen, aber was tut man nicht alles im Gedenken an eine Mutter und aus Rücksicht auf einen alten Vater!«

Aus dieser Zeit, aus den fünfziger Jahren, kenne ich W.H. Er war groß und ein bisschen füllig, aber nicht dick. Ein ansehnlicher Mann in den besten Jahren, der gewandt aufzutreten verstand, mit einer auffallend weichen Stimme und einer etwas teigigen Art. Ein durch und durch ziviler Mensch. Den SS-Offizier hatte er weiß Gott wo abgelegt. Im alltäglichen Leben fand er sich nur schwer zurecht. Was sollte er tun? Womit sollte er Geld verdienen? Als junger Mensch, nach dem Abitur, hatte er sich zur Marine gemeldet. Als Beruf gab er Seekadett an. Doch nach wenigen Monaten war dieser Traum ausgeträumt. Er verließ die Marine – oder wurde von ihr ausgestoßen, man hat es nie so genau herausbekommen. Danach versuchte er sich als Verwaltungsvolontär in seiner Heimat, beim Bürgermeisteramt in Betzdorf. Auch dieser Anlauf führte offenbar nirgendwohin. Zwei Jahre später, vom Mai bis zum September des Jahres 1935, war er arbeitslos und schlüpfte dann kurzzeitig im »Vertretergeschäft« seines Vaters unter, was immer das war.

Erst bei der SS, der er gleich 1933 beigetreten war, kam er von Ende 1935 an voran. Insofern war er typisch für viele andere, ursprünglich Erfolglose und Arbeitslose, die als Diener des Nazisystems plötzlich gebraucht wurden, Aufgaben zugewiesen bekamen, eine Uniform tragen durften, ein Einkommen hatten, sich auf den Wogen einer neuen Zeit bedeutend fühlen konnten und Karriere machten. Offenbar genügte es in seinem Falle, groß und blond zu sein. Viel mehr hatte er nicht zu bieten. Immerhin brachte er es hier bis zum Hauptsturmführer, was dem Rang eines Hauptmanns in der alten Wehrmacht entsprach. Auch dies war nicht gerade eine atemberaubende Laufbahn, aber für ihn mag es sich gleichwohl so angefühlt haben nach all den Rückschlägen, die er schon erlitten hatte. Nun aber war er erst einmal in Berlin beim SD gelandet, im Reichssicherheitshauptamt als stellvertretender Adjutant unter Heydrich. Es folgten Kriegsjahre bei der Waffen-SS in den Divisionen »Wiking« und »Frundsberg«, mit denen er viel herumkam – in Russland und Polen, in Lettland, Kurland und Frankreich. Nur er allein wusste, was er damals erlebt hatte.

Das war seine Zeit gewesen. Danach, als alles vorüber war, ereignete sich in seinem Leben nicht mehr viel. Zumindest nicht viel, das ihn irgendwie weitergebracht hätte. In den Jahren nach der Währungsreform, Jahren, die seiner Entlassung folgten und in denen sich andere, Tüchtigere, eine einträgliche Existenz aufbauten, erwies er sich wieder als genauso erfolglos wie vor dem Beginn der Zeit des deutschen Wahns. Er kam nicht richtig auf die Beine, und es fiel ihm nichts ein. 1949 trennte er sich vorübergehend von der Familie und versuchte noch einmal in seiner Heimat über Vertretungen, die sein Vater hatte, ein Auskommen zu finden. Seine finanzielle Lage beschrieb er damals als »katastrophal«.

Nie wieder saß er auf einem grünen Zweig. Dabei war er im Spruchkammerverfahren, dank etlicher Persilscheine von ehemaligen Vermietern, alten Freunden oder von einem Pfarrer aus seiner Jugendzeit, die allesamt bekundeten, was für ein netter Mensch er doch gewesen sei, nur als »Mitläufer« eingestuft worden. Solche Aussagen galten der Kammer mehr als der Bericht der Adlerwirtstochter über seinen eifrigen Versuch, die jüdische Schwägerin aus dem schwiegerelterlichen Haus zu vertreiben. Aber einen Mitläufer konnte man ihn wirklich nicht nennen, hatte er doch von allem Anfang an aktiv und begeistert teilgenommen und schon von März bis Ende 1934 die SS-Führerschule in Oberbiel besucht. Die SS war sein Leben gewesen, sie hatte ihn zum Offizier gemacht. Andere Lebenserfahrungen und Erfolgserlebnisse als die in Hitlers Handlangertruppe hatte er nicht. Entsprechend orientierungslos bewegte er sich durch die

Nachkriegsgesellschaft, versuchte sich hier und dort, vor allem als Vertreter, etwa als Reisender für eine Firma, die Friseurbedarf vertrieb. Und jedesmal stellte er eine gewisse Untüchtigkeit unter Beweis, die auch damit zusammenhing, dass sein Sinn fürs Unterscheiden von Wichtigem und Unwichtigem unterentwickelt war. Den hat er zuvor nicht gebraucht. Dafür gab es andere, die ihm solche Zuordnungen abnahmen. Doch ob seiner guten Manieren, einer gewissen Liebenswürdigkeit und der blendenden Erscheinung sah man ihm den Erfolglosen keineswegs auf den ersten Blick an. Wir nahmen ihn allerdings nicht so wahnsinnig ernst, fanden ihn auch reichlich uninteressant. Und jetzt, da ihm die Koordinaten fehlten, da ihm die Macht und die Uniform genommen waren, gab es zu alledem auch keinen Grund mehr, diesen Menschen zu fürchten. Schon gar nicht hätten wir uns aufgemacht, einen so Verwandelten und Geschwächten zu hassen.

Wie aber war es mit dem Verzeihen? Konnte auch für ihn gelten, was Walter seiner Schwester zugestanden hatte? Und wie hätte es gelingen können, einen Unterschied zu machen zwischen dem hochaktiven Nazi und seiner ebenso mitgerissenen wie hingerissenen Ehefrau? Das wäre schwierig geworden, zumal die beiden sich nach wie vor in jeder Hinsicht sehr gut verstanden, wahrscheinlich sogar liebten.

Also wurde auch W. H. zumindest nach außen hin die Absolution zuteil, die Hilde schon gewährt war, diesem W. H., der die Mutter mitsamt uns Kindern, wäre er auf dem Nussdorfer Rathaus erfolgreich gewesen, in Lebensgefahr gebracht hätte. Nun ging er tatsächlich bei uns ein und aus. Kein großer Geburtstag, an dem er nicht dabei war, keine Hochzeit, die er nicht mitgefeiert hätte, keine Kindstaufe, die ohne ihn über die Bühne gegangen wäre. Wo Hilde war, da war auch er. Wo sich die vier Geschwister Burger – Fritz, Walter, Hilde und Gudrun – mitsamt ihren Ehepartnern trafen, da gehörte er selbstverständlich dazu.

Anders wäre es nicht gegangen, anders hätte dieser Kreis um Walter und Edith auch nicht wiederauferstehen können, und anders wäre mancher Abend für beide Paare etwas einsamer verlaufen. Denn sowohl die einen wie die anderen hatten 1945 die allermeisten ihrer alten Freunde verloren, sei es durch den Krieg, sei es durch den Mord an den Juden, sei es durch die Verpflanzung von Berlin in die schwäbische Provinz. Aber die Familie, immerhin, die war da.

So saßen sie also fast jede Woche einmal zusammen, sommers im Garten, winters um den großen Esstisch, am Sonntagnachmittag bei Kaffee und Kuchen, an den Abenden bei einem kalten Essen, mit Roastbeef, sauren Gurken, harten Eiern und weichem Käse. Da saßen sie, aßen gemeinsam und redeten, als ob nichts gewesen wäre, redeten von allem, nur nicht von der Vergangenheit. Und doch hätte ein Fremder, wäre er dazugekommen, gestutzt über diesen familiären Kreis, in dem natürlich jeder jeden duzte. Nur Edith und W. H. duzten sich nicht. Edith, die anno 1938 seinetwegen den Burgerschen Familienfesten, den Hochzeiten ihrer Schwägerinnen Gudrun und Hilde, fernbleiben musste, die 1944, wäre es nach ihm gegangen, das schützende Haus der Schwiegereltern hätte verlassen sollen und bei der ausgerechnet der Verursacher dieser Ausgrenzung nun häufig zu Gast war, nannte ihren Schwippschwager beharrlich und ihn über Jahre hinweg demonstrativ ausgrenzend »Herr H.«.

Zu einer weitergehenden Annäherung an diesen Mann, den sie ja erst in der Nachkriegszeit persönlich richtig kennen gelernt hatte, war sie nicht bereit. Schwach und geschwächt, wie er war, nahm er es hin. Hätte er aufbegehrt, so wäre womöglich zu diesem Zeitpunkt das Gespräch über die Vergangenheit unausweichlich gewesen. So aber geschah wieder nichts, und das Zusammenleben der beiden Familien blieb geprägt von der doppelten Botschaft eines Vorwurfs, der immer im Raum stand, obwohl man ihn niemals artikulierte und nur in Haltungen zum Ausdruck brachte: in Walters moralischer, persönlicher und finanzieller Überlegenheit, die fast schon institutionalisiert war, während er und die Seinen gleichzeitig das, was man ihnen angetan hatte, nicht vergessen wollten und begreiflicherweise auch nicht vergessen konnten. Wo kein *pater peccavi* gesprochen worden war, konnte auch die Absolution allenfalls halbherzig gewährt werden. Es blieb ein Stachel in den Beziehungen der Familie.

Es hatte sich eben alles verfestigt. Und zwar schon sehr, sehr lange. Der unausgesprochene Schuldvorwurf mit der unverdienten Großzügigkeit gegenüber den Sündern bei Walter und den Seinen und die Schuldabwehr auf der anderen, verbunden mit dem Zwang, sich immer bedanken zu müssen, bei der Familie H. Ein schauerliches Gemisch. Es brodelte und zischte im Untergrund, und immer mal wieder blitzte in einer Bemerkung oder einer falschen Freundlichkeit etwas von den tiefer sitzenden und gar nicht so guten Gefühlen auf: hier die Enttäuschung, dass es mit der allfälligen Dankbarkeit offenkundig nicht gar so weit her war, dort am Ende sogar wieder Hass, weil man es nicht aushält, dauernd auf den Knien zu liegen. Und irgendwann zählten dann nur noch die Korsettstangen auf beiden Seiten, welche die jeweilige Haltung als absolut richtig und die jeweils andere als völlig unverständlich und falsch aufrecht erhielten.

Bei der ersten und einzigen Erbschaftsgeschichte, Erwin Burgers Schwester Alwine war in den sechziger Jahren gestorben und hatte in Nussdorf ein paar Grundstücke hinterlassen, brach alles wieder auf. Unter Walters Federführung und mit dem Einverständnis der zwei anderen Geschwister wurde geteilt. Hilde und ihre Familie fühlten sich irgendwie benachteiligt, und jetzt, da auch Walter nicht mehr der Nur-Erfolgreiche war, weil sein Betrieb 1967 in den Strudel der ersten Krise nach dem Wirtschaftswunder geraten war, fühlten sie sich plötzlich wieder stark und ließen ihrem wahrscheinlich schon lange aufgestauten Hass über die vermeintlichen Demütigungen der einst so Stolzen freien Lauf. Erst jetzt, Jahrzehnte nach dem Ende des Zweiten Weltkrieges, kam es zum Bruch; erst jetzt, nachdem die ganze Familie H. ihm, der doch immer geholfen und alles glattgebügelt hatte, »üble Geschäftemacherei« vorwarf, was ihm fern lag wie der Mond, schrieb auch Walter, dass er für »die alle nur noch Verachtung und endgültige Ablehnung empfinden« könne. Es war nicht die lächerliche Erbschaftssache, es waren die Nachwehen der Nazizeit, welche die Geschwister nun für immer entzweit hatten.

Aber damit war die Sache nicht beigelegt. Noch einmal, Jahre später, kämpfte Hilde eine letzte Schlacht. Am 7. April 1995 erinnerte sich Nussdorf der Ereignisse, die fünfzig Jahre zuvor, am Spätnachmittag des 7. April 1945, mit dem Einschlag der ersten Granate in der Dorfmitte begonnen und den Untergang eingeläutet hatten. Vorträge waren angesagt und eine Ausstellung über Nussdorf und seine Zerstörung im Gemeindehaus eingerichtet. In einem der Vorträge, die auf dem Programm standen, hatte ich von den Erlebnissen der Familie im Bierkeller und während des Nussdorfer Feuersturms zu berichten, und natürlich besuchte ich die Ausstellung im Gemeindehaus. Dort lag ein Heft aus, von dessen Existenz ich bis dahin nichts gewusst hatte. Zwei Nussdorfer, Erwin Gayer und Fritz Schurr, hatten es mit großer Sachkenntnis geschrieben und bebildert. Es trug den Titel: »Nussdorf – Zerstörung und Wiederaufbau 1945–1954«. Herausgegeben war es von der Evangelischen Kirchengemeinde des Ortes.

Vollkommen arglos kaufte ich ein Exemplar, nahm es mit nach Hause, blätterte es am nächsten Tag durch und entdeckte auf Seite 84 eine merkwürdige Stelle. Mehrere Zeilen waren nicht lesbar, weil mit weißen Linien aus Tipp-Ex überpinselt. In der Zeile darüber las ich, was mich natürlich besonders neugierig machte: »Walter Burgers Frau war trotz jüdischer Abstammung in der hiesigen Dorfgemeinschaft sicher.« Mit dem Fingernagel konnte ich die aufgetragene Farbe darunter leicht abkratzen und staunte nicht schlecht, welcher Text da zum Vorschein kam und offenkundig nicht gelesen werden sollte, obwohl nun sicher jeder, der die Seite aufblätterte, erst recht neugierig sein musste. Dort stand: »Ernsthaft gefährdet war sie erst ganz zu Kriegsende aus dem eigenen Familienkreis, durch den Mann ihrer Schwägerin, der um seine SS-Karriere zu fürchten begann.«

So war es, aber so sollte es offenbar nach fünfzig Jahren nicht mehr wahr sein. Hilde, mittlerweile 85 Jahre alt und von den unmittelbar Beteiligten die einzige, die noch lebte, war von dem damals in Nussdorf amtieren Pfarrer, der für die Veröffentlichung verantwortlich zeichnete, über diese Stelle informiert worden. Daraufhin hatte sie mit einer Klage gedroht, sollte er den Text nicht unleserlich machen. Der noch relativ junge Geistliche, der offenkundig nichts von der Zivilcourage seines Vorgängers, des legendären Wilhelm Deyhle, besaß, knickte auf der Stelle ein. In langen Nachtstunden ließ er die bewussten Zeilen in den 300 ersten Exemplaren überpinseln. In der zweiten, noch einmal 600 Stück starken Auflage las man dann nur noch: »Ernsthaft gefährdet war sie erst zu Kriegsende durch einen SS-Offizier im eigenen Familienkreis.« Aber das genügte ja auch, so lange Zeit nach dem Ende des Krieges. »Man kann nicht fünfzig Jahre lang schuldig sein«, meinte der Theologe und Philosoph Richard Schröder, als ich ihm einmal von dieser seltsamen Geschichte erzählte.

Besuche bei einer sehr alten Dame

Es dauerte fünf Jahre, bis ich Hilde nach dem Nussdorfer Gedenktag wiedersah. Wir trafen uns in Berlin beim 90. Geburtstag ihrer Schwägerin Wilhelmine, der Frau des Bruders Fritz Burger. Inzwischen war sie ebenfalls fast neunzig und immer noch äußerst lebendig, mit vollem, grauem Lockenhaar, braungebrannt, gut angezogen, einen alten Schmuck um Hals und Armgelenk gebunden und erstaunlich schnell in ihren Bewegungen. »Ach, die Bille!« Ohne Zweifel freute sie sich, mich wiederzusehen.

Das war ein paar Monate später nicht anders, als ich sie im Februar 2000 zu Hause besuchte. Äußerst lebhaft empfing sie mich. Obwohl sich aus einer Meniskusverletzung in der Zeit ihrer sportlichen Jugend ein steifes Knie entwickelt hatte, verschwand sie behände in der Küche, wirtschaftete dort geschickt herum und braute uns einen Tee. Danach saßen wir am Couchtisch jener Wohnung, die sie schon in der Nachkriegszeit mit Mann und Kindern bezogen hatte, einer geräumigen Behausung im Parterre, also bequem zugänglich für einen alten Menschen, aber nur mit einem Ölofen versehen und ohne jeden Komfort. Ihren Haushalt versorgte sie weitgehend selbständig, sogar ihre Einkäufe konnte sie noch erledigen, erklärte mir auch voller Stolz, dass sie täglich mit ihrem stützenden Wägelchen zum nahen Supermarkt marschiere. Der Sohn wohnte nicht weit und kümmerte sich um sie. Es ging ihr nicht schlecht.

Von den unmittelbar Beteiligten des immer wieder auf- und abebbenden Familiendramas war Hilde die letzte Überlebende. W.H. war 1974 in einem Heim gestorben, zuckerkrank und einigermaßen umnachtet. Nach mancherlei geschäftlichen Misserfolgen hatte Walter, unser Vater, im Mai 1975 einen Herzinfarkt erlitten, dem er zwei Wochen später erlag. Rund zwanzig Jahre lang war es ihm, einem erfolgreichen und angesehenen Unternehmer, nach dem Ende des Krieges gut gegangen. Er hatte ausreichend verdient und nicht schlecht gelebt, hatte mit seiner geliebten Edith in schönen Hotels – mal im Tessin, mal in Berchtesgaden oder später immer wieder im Südschwarzwald – Urlaub gemacht. Uns Kindern gegenüber war er großzügig, für sich selbst aber, wie es sich für einen Schwaben ziemt, äußerst bescheiden geblieben. Ein Abonnement zu den Meisterkonzerten gehörte zu diesem Leben, selten einmal ein Gang ins Theater, hin und wieder der Besuch in einem sehr guten Restaurant oder eine Fahrt nach Baden-Baden, um dort im Kurpark Kaffee zu trinken und Kuchen mit Schlagsahne zu essen.

Als die bundesdeutsche Wirtschaft 1967 ihren ersten Rückschlag erlitt, war Walter mit seinen damals 62 Jahren den Anforderungen, entweder zu verkaufen oder zu modernisieren, nicht mehr gewachsen. Seine ohnedies beschränkten Kräfte, in den furchtbaren Jahren des Dritten Reiches über alle Maßen hinaus angegriffen, waren jetzt verbraucht. Mehrere kleine Zusammenbrüche gingen dem großen Zusammenbruch voraus. Er war eben doch der Zartere gewesen, und Edith, um die man immer gezittert und gebangt hatte, erwies sich zum Schluss als die Stärkere. Sie folgte ihm erst 1987 nach, überlebte ihn also um lange elf Jahre – und kam doch kaum ohne ihn zurecht. Glücklich war sie nach seinem Tod an keinem einzigen Tag.

Kurz bevor Walter starb, an Ostern 1975, hatten die Eltern mir ihre Erlebnisse auf Band gesprochen, hatten alles noch einmal erzählt. Als ich Jahrzehnte später begann, diese Geschichte aufzuschreiben, wollte ich endlich auch mit Hilde reden. Sie war noch da. Und siehe: sie war klar und kämpferisch wie immer. Etwas anderes hatte ich auch nicht erwartet. Inzwischen kannte ich sie ja schon ziemlich lange; und so fremd sie mir im Sommer 1943 erschienen war, so vertraut war sie mir nun wieder während dieser Teestunde im Februar 2000, rund 57 Jahre später, kurz vor ihrem 90. Geburtstag.

Dass wir das Gespräch in einer guten Atmosphäre beginnen konnten, lag freilich nicht nur an der so gern beschworenen Stimme des Blutes, wenn es so etwas überhaupt gibt. Wir hatten eben doch so unendlich viel gemeinsam erlebt – nicht nur miteinander, mehr noch gegeneinander. Auch das bindet, vielleicht mehr als alles andere. Ich hatte mich ihr immer in gewisser Weise verwandt gefühlt. Wir waren beide sportlich, liebten die Bewegung und das Tanzen. Man konnte sich gut mit ihr unterhalten. Ich mochte sie, hatte ihr ja auch viel zu verdanken und war doch auch gewarnt. Dennoch, wenn ich mir in den kindlichen Ängsten der Nachkriegszeit vorstellte, meinen Eltern könnte etwas zustoßen, so war immer klar: bei Tante Hilde würden mein kleiner Bruder und ich unterkommen.

Manchmal in all den Jahren waren wir uns nah gewesen. Dann wieder sehr fremd. Die Nähe erwuchs unzweifelhaft aus Verwandtschaft, Familiensinn, aus einem Grundgefühl von Gemeinsamkeit und den guten Erfahrungen. Das Fremde blubberte immer wieder aus der untergegangenen, der nationalsozialistischen Zeit hoch. Mal überwog das eine, dann das andere. Oft war man sich nah und fremd zugleich, in einer niemals ganz zu überwindenden Ambivalenz. So auch an diesem Nachmittag. Das Manöver mit dem Nussdorfer Erinnerungsbuch hatte wieder einmal den Abbruch der Kontakte zur Folge gehabt. Jetzt aber freute sie sich sichtlich über meinen Besuch, wie sie sich auch über das erste Wiedersehen in Berlin gefreut hatte. Sie blühte richtig auf, und der Husten, der sie in den ersten Minuten meiner Anwesenheit noch geplagt hatte, verschwand mehr und mehr, je länger und je lebhafter ihre Erinnerungen sprudelten. Denn kaum saßen wir uns gegenüber, kaum war der Tee eingeschenkt und der Sandkuchen, den ich mitgebracht hatte, auf den Tellern, begann sie mir unaufgefordert zu erzählen, wie es damals angeblich wirklich gewesen war. Ich hätte doch früher kommen sollen, meinte sie, dann hätte sie mir sagen können, was tatsächlich geschehen sei, dann hätte man in jener Rundfunksendung, die ich mit Walter und Edith kurz vor Walters Tod aufgenommen hatte – und deren Ausstrahlung an diesem Tag auch schon 25 Jahre zurück lag! – nicht nur die »jüdische Seite« gehört. Mein Gott, sie ist ihr ganzes Leben lang mit der Sache nicht fertig geworden!

Das alles wühlte also noch immer in ihr, und nun endlich, nachdem mittlerweile zwischen der »jüdischen« und der »arischen« Seite, wie sie die beiden Parteien mit schönster Selbstverständlichkeit benannte, in fast sechzig Jahren kein einziges Wort zu dem heiklen Thema gefallen war, musste sie die Gelegenheit nutzen, musste endlich über alles reden, musste ihre Sicht der Dinge ausbreiten und sich rechtfertigen. An diesem 8. Februar des Jahres 2000 brach das Eis. Doch es förderte nicht mehr und nicht weniger als ein paar Versteinerungen zutage. Allem anderen voran das Übliche: Von dem, was man den Juden antat, hatte sie so gut wie nichts gewusst. Gewiss, da waren ihr mal Arbeiter in gestreiften Anzügen auf dem Feld in den Blick geraten. Die sahen allerdings ganz normal aus. Und Thekla! Ach Thekla! Die reizende, die lustige Thekla, bei der sie gerne zu Gast war. Wäre sie doch in Palästina geblieben. Alle hatten ihr dazu geraten. Warum, um Himmels willen, war sie zurückgekommen?

Dann die Demarche ihres Mannes, ihres geliebten W. H., auf dem Nussdorfer Rathaus wegen der elterlichen Wohnung, in der jetzt Edith und ihre Kinder untergebracht waren. Das war wirklich keine Anzeige, keine Denunziation, das war nur eine Beschwerde. Sie konnte ja nicht in der Wohnung ihrer Eltern bleiben, wenn die Burgers aus Berlin anreisten. Deshalb ist sie auch immer weggefahren, bevor Edith und der kleine Peter ganz einzogen. Im übrigen war man später, als sich alle, auch Edith und Walter, in Nussdorf versammelt hatten, gar nicht so getrennt. Jeden Samstag kam sie doch mit den Kindern zum Baden in die Wohnung der Großeltern zurück.

Und gelitten hat sie, weiß Gott, über Jahre hinweg auch. Oft wusste sie nicht, wo sich ihr Mann gerade aufhielt und ob er noch lebte. Da war Edith doch viel besser dran! Natürlich! Edith wusste von ihrem Walter in Berlin, konnte sogar mit ihm telefonieren. Warum hat die sich nur so aufgeregt? Was wollte die eigentlich? Das konnte Hilde damals nicht verstehen. Das war ihr im Jahre 2000 immer noch unverständlich, trotz der schrecklichen Geschehnisse. Nur über eines war sie sich vollkommen klar: Nicht alle SS-Leute waren schlechte Menschen. Ganz im Gegenteil. Das waren »Retter«, das war eine »Elite«. Schrecklich gelitten hat sie auch 1945 während der Belagerung von Nussdorf, als Pfarrverweser Deyhle sie auf der Kellertreppe im Schloss zurückwies und aufforderte, jetzt erst einmal zu warten. Ist ihr da vielleicht kein Unrecht geschehen?

Wie das alles so aus ihr herausbrach, wie es einem Steinschlag gleich über mich hereinbrach, wäre es vergebliche Mühe gewesen, einen dieser fossilen Brocken aufzuheben, ihn zu wenden, ihn in ein anderes Licht zu rücken. Es wäre unmöglich gewesen, bei der alten Tante einen Funken Verständnisses für ihre Schwägerin Edith zu wecken, die in jener fernen Zeit täglich damit rechnen musste, samt ihren Kindern und wie ihre Mutter und ihr Bruder verschleppt, in ein Konzentrationslager gesteckt und ermordet zu werden. Hilde hätte es nicht begriffen, dass Edith doch um ein Quäntchen übler dran gewesen war als sie selbst. Ich ließ sie reden und verabschiedete mich freundlich.

Am 5. April 2001, um einen verspäteten Geburtstagsgruß zu überbringen, kam ich wieder. Und gleich waren wir erneut bei ihren Leiden im Dritten Reich – gerade so, als ob ihre Missgeschicke alle anderen Leiden aufwiegen könnten. Vor allem die lange Trennung von ihrem Mann im Krieg hielt sie mir entgegen, ihre Sehnsucht und jenen gescheiterten Versuch, ihn wiederzusehen. Da war sie ihm hinterhergereist, weit in den Osten, wo sie sich treffen und lieben wollten. Aber, furchtbare Enttäuschung für die junge Frau, er hatte nicht bleiben können. Seine Einheit war abkommandiert worden. Die lange Reise erwies sich als vergebliches Unterfangen, stundenlang saß sie, so erinnerte sie sich, heulend im Wartesaal eines verlassenen Bahnhofs, musste dann zurückfahren, ohne ihn getroffen, ohne ihn umarmt zu haben.

Danach, 1944, kam er endlich nach Nussdorf und fand seine Frau aus der elterlichen Wohnung »vertrieben«. Denn als Edith mit dem kleinen Peter aus Berlin eintrafen, blieb ihr doch gar nichts anderes übrig, als auszuziehen und bei einer Freundin Unterschlupf zu suchen, bis die neue Wohnung im »Adler« fertig gestellt sein würde. Und also lag sie dort, bei der Freundin, mit ihrem Liebsten in jenen kurzen Nächten in einer provisorischen Unterkunft hinter dünnen Wänden, wo sie nur miteinander flüstern und sich nur leise lieben konnten. Da musste er doch aufs Rathaus gehen, ihr wunderbarer W.H., einer von diesen guten SS-Leuten, von denen so viele gefallen waren. Danach kam dann nur noch »der Abschaum«.

Bevor ich mich an diesem Nachmittag verabschiedete, fragte ich Hilde noch einmal, ob sie etwas gewusst habe von den Untaten der Nazis, vom Mord an den Juden. Ja, sagte sie, sie hat gewusst, dass es Konzentrationslager gab, ja, sie hat auch gewusst, dass Juden abgeholt wurden. Aber dass man sie auch in Gaskammern steckte – nein, davon hat sie keinerlei Kenntnis gehabt. Und noch einmal erinnert sie an Thekla, der die Familie so wichtig und Palästina so fremd war. Die reizende Thekla, so lustig – und so ganz anders als Edith. Was sollte ich dazu sagen? Auch dieses Mal ging ich ohne Kommentar.

Von dieser denkwürdigen Teestunde an, bis sie im Januar 2004 mit 93 Jahren an einem Gehirnschlag starb, sah ich Hilde nur noch ein oder zwei Mal. Als wir uns das letzte Mal begegneten, zeigte sie mir die Fotos von der Hochzeit ihrer Enkelin. Die hatte, worauf die Großmutter besonders stolz war und was in ihren Augen offenbar endgültig jeden Makel aus der Vergangenheit zu tilgen schien, in den Vereinigten Staaten einen Juden geheiratet!

Letzte Spuren am Wannsee

Nie wollte ich eine der vielen KZ-Gedenkstätten besuchen, nie einen der Spielfilme ansehen, die das Schicksal der Juden im Dritten Reich nachzeichneten, nie so ganz genau wissen, was mit Thekla und Günter geschehen war. Das alles erschien mir viel zu beunruhigend, zu belastend, ja unendlich bedrückend. Es genügte mir, eine imaginäre Gedenkstätte in meiner Familie zu haben, dieses Grabmal, gebaut mehr aus den schönen Erinnerungen der Weimarer Jahre als aus den Zeiten des Nazi-Terrors mit dem furchtbaren Ende.

Einmal freilich, anno 1987, kam ich doch im Verlaufe einer Politikerreise, im journalistischen Tross des Kanzlers Helmut Kohl, nach Auschwitz und schaffte es dann irgendwie, die Baracken, die Mauer, wo die Gefangenen erschossen wurden, den Stacheldraht, die Öfen, die entsetzlichen Bilder von der Familiengeschichte abzuspalten. Ich konzentrierte mich auf meine journalistische Arbeit und hielt das Grauen auf Abstand, brachte es zu diesem Zeitpunkt – zumindest in konkreten Vorstellungen – nicht mit dem Mord an dem jungen Mann namens Günter Wolle zusammen. Nachdem in der Familie immer nur gesagt worden war, er wäre nach Auschwitz verschleppt worden, nahm ich es als eine undeutliche Aussage unter anderen. Ich wusste also nicht mit Sicherheit, dass er an diesem schrecklichsten aller Schreckensorte den Tod gefunden hatte. Wollte es wohl auch nicht wissen. Es gelang mir tatsächlich, das Persönliche von mir wegzuschieben.

Jetzt aber, nachdem ich dieser Familiengeschichte und den Einzelheiten nachgegangen bin – jetzt ist mir alles hautnah. Dabei hätte ich gar nicht erwartet, noch deutliche Spuren zu entdecken. Da war doch nur, Günter betreffend, dieses »nach Auschwitz« in meinem Sinn. Und über Thekla wusste ich nicht mehr als das, was ihr Schwiegersohn Walter in seinem ersten Nachkriegsbrief an Hans geschrieben hatte: »Sie wurde am 24. 9. 42 nachts abgeholt, der Transport ging nach Riga. Ich habe im vergangenen Sommer zwei Herren gesprochen, die im Rigaer Ghetto gewesen sind und Folgendes in Erfahrung gebracht haben. Von Berlin kamen im ganzen nur zwei Transporte nach Riga, weshalb sich die beiden Herren genau erinnern konnten. Der zweite, in welchem sich Omi befand, wurde, nachdem das Gepäck ausgeladen worden war, weitergeleitet. Weiter war nichts in Erfahrung zu bringen, aber es gehört nicht viel Phantasie dazu, den Bericht zu ergänzen.« Mehr hatte Walter nicht mitzuteilen. Eine später eingeleitete Suchaktion bei der UNRA, der United Nations Relief and Rehabilitation Administration, brachte nichts zutage. Es blieb also beim Informationsstand des ersten Nachkriegsberichts. Niemals in den Jahren danach ist diese Version mit zusätzlichen Fakten angereichert worden. Erst im Sommer 2006, an einem sonnigen Nachmittag in der Gedenkstätte Haus der Wannsee-Konferenz, erfuhr ich mehr.

In den Räumen dieses Hauses, das so wunderschön am Großen Wannsee gelegen ist und hinter dessen Mauern die entsetzlichsten Verbrechen beschlossen wurden, entdeckte ich unverhofft Theklas und Günters Namen, auch die Adas und ihres Mannes, des Berliner Rechtsanwalts Dr. Kurt Zarinzansky aus der feinen Fasanenstraße. Dabei hätte ich es wissen können: die deutsche Gründlichkeit bewährte sich auch bei der Vorbereitung des gigantischen Massenmordes an den europäischen Juden. Zwar sind die Opfer seit Jahrzehnten schon tot, aber ihre Namen sind noch da, auch die Daten ihrer Gefangennahme, der Transporte, dazu die Angaben über Ziele und über die jeweiligen Zahlen von Männern, Frauen und Kindern. Alles ganz genau aufgeführt. Man muss nur die steinerne Treppe hinaufgehen, die von der ständigen Ausstellung zu der kleinen, aber sehr gut ausgestatteten Bibliothek der Gedenkstätte führt. Da kann finden, wer sucht, da bin auch ich fündig geworden. Im Gedenkbuch für die Opfer der Verfolgung der Juden unter nationalsozialistischer Gewaltherrschaft in Deutschland von 1933 – 1945, das gleich neben der Eingangstüre ausliegt, sind in alphabetischer Reihenfolge die Millionen aufgeführt, deren Leben in den Vernichtungslagern ausgelöscht wurde.

Unter dem Buchstaben »W« las ich, versehen mit dem Zunamen Israel, den die Nazis allen Juden männlichen Geschlechts gegeben hatten und den man stehen ließ, weil nie mehr zu klären war, wer wirklich so hieß oder nur gebrandmarkt sein sollte: Wolle, Günter, Israel 19. 5. 1912. Deportation: ab Berlin 29. 1. 1943 Auschwitz. Und ich las: Wolle, Thekla geb. David. 15. 6. 1879 in Bonn. Deportation ab Frankfurt / Main – Berlin, 24/26/09 Raasiku.

Neben den Gedenkbüchern stehen die Sterbebücher von Auschwitz. Darin steht geschrieben, dass der Tod von Günter Wolle für den 6. 2. 1943 festgehalten ist. Er hat die Ankunft im Lager also nur wenige Tage überlebt. Ada Zarinzansky, geb. Löwenstein – beinahe wäre sie seine Schwägerin geworden –, die am 3. März 1943 zusammen mit ihrem Mann nach Auschwitz verschleppt worden war, blieb dort ebenfalls nur wenige Tage am Leben. Gerade mal zwei Jahre zuvor hatte sie ihrem Ex-Verlobten Hans vom neuen Glück mit dem nun Angetrauten erzählt und versichert, alle Voraussetzungen seien gegeben, »dass es immer so bleibt«. Nichts blieb.

Immerhin überlebte Dr. Kurt Zarinzansky, den man noch von Auschwitz nach Mauthausen weiterschleppte, bis zum 11. März 1945. Er wäre frei gewesen, hätte er zwei Monate länger durchhalten dürfen. Niemals wird in allen grauenvollen Einzelheiten aufzuklären sein, was ihnen geschah, wie sie umkamen, ob sie erschlagen wurden, am elektrischen Zaun oder in den Gasöfen endeten.

Nur über Theklas Schicksal konnte ich Genaueres erfahren. Thekla war einem Transport zugeteilt, dessen Weg sich verfolgen lässt, weil nur ein einziger aus Frankfurt kommend über Berlin bis nach Estland weiterfuhr. Wie Günter, so wurde auch Thekla zuerst in der zum Sammellager umgestalteten Synagoge in der Levetzowstraße in Berlin-Moabit eingesperrt, einer Hölle vor der Hölle, wo die Menschen bis zur Deportation auf engstem Raum zusammengepfercht waren, wo die Fenster nicht geöffnet werden durften – es hätte ja jemand seine Qual hinausschreien können! –, wo sogar vor dem Kindersaal, in dem es entsetzlich stank, bewaffnete SS-Männer Wache hielten. Ausgewachsene Männer, die kleine Kinder in Schach hielten. Und keinem brach das Herz?

Von der Levetzowstraße aus wurde Thekla Wolle zusammen mit 354 Männern, 895 Frauen und 108 Kindern, unter der Bewachung von Berliner Schutzpolizisten, erst zum nicht weit entfernten Güterbahnhof Putlitzstraße gekarrt oder getrieben, dann in Viehwaggons über Riga nach Raasiku bei Reval transportiert. Hier kam der Zug vermutlich am 30. September an. Was weiter geschah, ist überliefert aus Berichten von Überlebenden und aus Strafverfahren, in welchen die Ereignisse in Estland verhandelt wurden; ebenso aus Nürnberger Prozessakten, was alles Eingang fand in das vom Volksbund Deutsche Kriegsgräberfürsorge e.V. herausgegebene »Buch der Erinnerung«, und darin wiederum in den besonderen Bericht über die ins Baltikum verschleppten Juden.

Diesem Bericht zufolge wurden die älteren Leute nach der Ankunft von den jüngeren, noch arbeitsfähigen getrennt, in Busse verfrachtet und weggefahren. Angehörige der Sicherheitspolizei selektierten die einen von den anderen. Estnische Polizisten hatten das ganze Areal abgesperrt. Die Töchter ahnten nicht, was passieren würde, als sie ihre Mütter drängten, doch lieber im bequemen Omnibus zu fahren als im Lastkraftwagen auf dem Gepäck zu sitzen. Man trennte sich in dem Bewusstsein, sich bald wiederzusehen. Aber es gab kein Wiedersehen. »Ähnlich wie in Rumbula und Bikernieki wurden über 1600 Menschen bei Kalevi-Liivi durch ein Spalier, das hier estnische Polizisten bildeten, zu bereits ausgehobenen Gruben in einem Dünengelände und über eine Art Rampe in diese hineingetrieben. Vorher mussten sie sich ausziehen, ihre Wertsachen, Brillen, Uhren usw. in einen Handkoffer werfen. Alles ging unter ständigem Schreien in äußerster Schnelligkeit vonstatten, so dass den Opfern keine Zeit zum Nachdenken blieb. Ein Kommando von sechs bis acht estnischen Polizisten nahm die Erschießungen vor. Die Leichen wurden mit Sand bedeckt. 1944 begannen Mannschaften des Kommandos 1005 der Sicherheitspolizei, das dazu meist Juden missbrauchte und diese anschließend ebenfalls erschoss, die Gruben zu öffnen und die Leichen zu verbrennen. Die Asche wurde über Felder gestreut.«

Unvorstellbar, was die Opfer mitgemacht haben. Unvorstellbar, was Menschen anderen Menschen antun können. Für immer verstörend, wie schnell sich überlieferte moralische Vorstellungen pervertieren lassen, wie anfällig der Mensch ist für das Böse, wie geneigt, sich in mörderischen Gedankensystemen heimisch zu fühlen und entsprechend zu handeln. Doch inzwischen beginnt die Zeit den Blick auf die Vernichtung der Juden und auf das, was ihnen zuvor noch angetan wurde, zu verstellen. In den Seminarräumen der Gedenkstätte am Großen Wannsee tummeln sich Schulklassen. Die jungen Leute albern herum, und kaum eine oder einer interessiert sich für den Ort oder gar für seine Botschaft.

In der Levetzowstraße, wo einst die zum Sammellager herabgewürdigte Synagoge stand und wo Theklas und Günters Weg in den Tod seinen Ausgang nahm, ragt eine fast haushohe verrostete Eisenstele in den Berliner Himmel, aus der das Datum und die Reihenfolge aller Transporte herausgestanzt sind – auch der 20. Transport, dem Thekla zugeteilt war, und der 27., mit dem Günter verschickt wurde. Hinter dem Mahnmal, auf der von der Straße abgewandten Seite, kann man Jugendliche entdecken, die sich hier verbergen und einen Joint anstecken. Noch ein paar Meter weiter toben Kinder auf einem Spielplatz. Ist das, woran die Vorübergehenden erinnert werden sollen, für die heute Lebenden überhaupt noch fassbar?

Mich traf die Gegenwärtigkeit der Vergangenheit auf der Putlitzbrücke, an einem der wenigen eisigen Tage im Januar 2007, fast auf den Tag genau 64 Jahre, nachdem Günter Wolle auf den Gleisen, die unter dieser Brücke durchlaufen, in einem plombierten Viehwagen nach Auschwitz verschleppt worden war, einer von 1000 Berliner Juden an diesem 29. Januar des Jahres 1943. Ob es an diesem Tag auch so beißend kalt war? Ob ihm die Schergen noch Zeit gelassen hatten, einen warmen Mantel anzuziehen? Ob er wusste, wohin die Reise ging? Ob er, dieser so bequeme Junge, sich abführen ließ wie fast alle anderen oder auch nur eine Sekunde aufbegehrte? Ob er in den folgenden Tagen etwas zu trinken und zu essen bekam? Ob er irgendwann noch einmal seine Notdurft unter halbwegs menschenwürdigen Bedingungen verrichten konnte? Ob es auch nur entfernt von Bedeutung war, was Walter in seiner unendlichen Naivität oder momentanen Phantasielosigkeit später nach Brasilien übermittelt hat: dass Günter doch vor der Deportation täglich bei Schwester und Schwager hatte essen können und also wenigstens »gut genährt in sein ungewisses Schicksal« gegangen sei? Wie lange mag das vorgehalten haben? Einen Tag? Vielleicht zwei?

Unendliche Leiden. Vorbei. Verweht? Ein paar Bücher, Akten, Prozessberichte, Zeugenaussagen künden noch von den dürren Tatsachen. Ein Mahnmal besetzt inzwischen rund 19 000 Quadratmeter in der Mitte Berlins. Und doch steht im Großraum der Bundeshauptstadt auch ein mannshoher Stein, in den der Name Wolle eingegraben ist. Dass ich ihn fand, geht auf einen Brief zurück, den Walter im November 1938 an seinen Schwager Hans schrieb. Darin heißt es: »Am letzten Mittwoch war hier Bußtag. Wir waren in Stahnsdorf, haben das Grab winterlich geschmückt und sind dann nach Machnow ›geloffen‹. Es war herrliches frisches Wetter und uns ganz ungewohnt, dass wir mal wieder rüstig fürbass schreiten konnten.«

Ein Friedhof in Stahnsdorf? Ich erkundigte mich und erfuhr, was mir bis dahin völlig unbekannt und was in der Familie auch niemals erwähnt worden war: Der Südwestkirchhof in Stahnsdorf ist eine Art *Père Lachaise* von Berlin, einer der größten Friedhöfe Europas und damals der erste überkonfessionelle, auf dem auch Juden bestattet werden durften. Bis zur Wende anno 1989 lag er im Osten. Deshalb hatten sich die Eltern nie mehr um das Grab gekümmert, hatten gewiss auch angenommen, dass es längst aufgelassen sei. Dort also musste Gustav Wolle, Theklas 1926 verstorbener Mann, mein Großvater, begraben sein. Wessen Grabstätte hätten seine Frau, seine Tochter und sein Schwiegersohn Walter anno 1938 sonst besuchen sollen?

Ohne Hoffnung, auf irgendeine Spur zu stoßen, machte ich mich mit meiner Tochter, die heute in Kleinmachnow, also ganz in der Nähe, wohnt, im Frühsommer 2006 auf den Weg nach Stahnsdorf. In dem flachen, harmonisch gestalteten und denkmalgeschützten Verwaltungsgebäude der riesigen Anlage, gleich hinter dem Eingang auf der linken Seite, fragten wir nach dem Grab meines Großvaters, gaben auch das genau achtzig Jahre zurückliegende Todesjahr an – und erwarteten nichts.

Aber dann ging alles blitzschnell. Die freundliche Dame hinter einer Art Tresen zog eine von zahllosen vergilbten Schubladen auf, holte ein ebenfalls vergilbtes Karteikärtchen heraus, erkundigte sich, ob Gustav Wolle in der Schillerstraße 104 gewohnt habe und Kaufmann gewesen sei. Schon hatten wir die Karte

in der Hand, worauf alles vermerkt war: Geburtstag, Sterbe-
tag, die überweisende Gemeinde, Trinitatis, seltsamerweise
eine christliche, und die Grabstelle Nummer 35 im »Garten«.
Auch unsere Anfrage, ob das Grab denn noch bestehe, wurde
zustimmend beantwortet. Wir waren platt. Und beim zweiten
Anlauf fanden wir es auch, achtzig Jahre nachdem Gustav Wolle,
sechsundfünfzigjährig, sein Leben unter den Händen eines unfä-
higen Chirurgen ausgehaucht hatte. Sogar die Inschrift, mit dem
Namen des Toten, ganz oben auf dem gewaltigen Obelisk, ist
noch gut lesbar und darunter viel leerer, unbeschrifteter Platz,
frei für die Namen derer, die dem Familienvater nachfolgen würden – Thekla natürlich vor allen anderen. Die Gravur hat Gustavs Tod um achtzig Jahre überdauert, dazu einen Weltkrieg mit
den verheerendsten Zerstörungen in Berlin, außerdem vierzig
Jahre Deutsche Demokratische Republik. Doch der Stein ist da,
die Inschrift ist da, und das Kärtchen ist auch da. Warum sollte
die deutsche Gründlichkeit ausgerechnet in Friedhofsdingen
versagen?

Nur einer kam zurück

Im September 1940, zwei Jahre, bevor man sie bei Nacht und Nebel aus ihrer Wohnung holte und verschleppte, hatte Thekla Wolle an ihren Ältesten in Sao Paulo geschrieben und um Aufklärung in einer familienpolitisch wichtigen Angelegenheit gebeten: »Nach Deinen beiden letzten Briefen zu urteilen hast du Dir ein neues Bräutchen angeschafft. Weshalb deutest Du das so verschämt an? Wir alle, Ada einbegriffen, können das gut verstehen und möchten gern Näheres darüber erfahren. Du kannst Dir doch wohl denken, dass mich das brennend interessiert.« Einen Monat später war sie auch noch nicht schlauer: »Was ist den nun eigentlich mit Dir los? Ich dachte, nach einigen Briefen von Dir, Du hättest auch Lust, in den heiligen Stand der Ehe zu treten.« Und ein halbes Jahr danach, am 6. Mai 1941, wusste sie immer noch nicht Bescheid: »Hast Du eine Braut oder hast Du keine? Du tust so geheimnisvoll. Ich möchte es doch so gerne wissen.«

Er hatte. Aber seine Mutter erfuhr nicht mehr, wie die Sache weiter ging. Nach dem Juni 1941 kamen keine Briefe mehr durch. Im Herbst 1942 wurde Thekla von den Nazis verschleppt, und 1945 heiratete Hans Wolle eine achtzehn Jahre jüngere Deutsche, Vera Nordschild, Tochter des aus Hannover emigrierten Kaufmanns Leo Nordschild, den er aus seiner Pension in Sao Paulo kannte, in der jüdische Einwanderer aus Deutschland einen ersten Unterschlupf fanden.

Als Hans sich mit Vera verband, war seine Mutter also schon drei Jahre tot. Von dem »Bräutchen« hat sie keine genaue Kunde mehr erhalten. Und wie glücklich wäre sie gewesen, die Geburt von drei Enkeln in Brasilien – den Söhnen Claudio und Renato und der Tochter Silvia – mitzuerleben. Aber dass es ihrem Sohn nicht ausschließlich gut ging in der Emigration, blieb ihr nicht verborgen. Es hielt sie zwar nicht davon ab, ihm wegen der Sorgen um ihren Jüngsten, um Günter, Vorhaltungen zu machen. Die Sorgen um den Ältesten, der sich eine Amöbenruhr zugezogen hatte, deren Folgen er auch nach der Genesung nie ganz überwand, trieben sie gleichwohl noch um, als schon ihr eigenes Leben bedroht war: »Mein lieber Hans! Dein Brief, den wir heute erhielten, hat mir einen tüchtigen Schrecken eingejagt: Wodurch hast Du Dir nur eine so scheußliche Sache zugezogen? Sicher isst Du zu viel Fleisch, am Ende auch noch rohes Fleisch! Überhaupt finde ich es so verkehrt von Dir, dass Du Dir eine solche Gefräßigkeit angewöhnt hast. Wenn man gesund bleiben will, dann muss man mäßig essen« – »Jedenfalls wäre es mir lieber, Du hättest die Bekanntschaft dieser unheimlichen Tiere nicht gemacht. Ich hatte so fest geglaubt, in diesem Brief wieder Gutes über Dein Befinden zu hören, und bin sehr deprimiert, dass das Gegenteil der Fall ist.«

Nicht nur die Gesundheit des Sohnes machte ihr Kummer, auch sein berufliches Fortkommen lag ihr auf der Seele. Als diplomierter Elektroingenieur fand Hans zwar Arbeit bei einem großen Elektrizitätswerk, wurde dort auch mit Führungsaufgaben betraut, aber offiziell nur als Techniker geführt und bezahlt. Erst zwanzig Jahre nach der Emigration und nach endlosen Kämpfen erreichte er die volle Anerkennung seines deutschen Diploms. Da war es für eine große Karriere schon zu spät. Wäre er weniger bescheiden und zurückhaltend gewesen, »tatkräftiger, mutiger und hemmungsloser«, wie seine Söhne meinen, dann hätte er dieses Ziel womöglich früher erreicht. Immerhin war es ihm möglich, ein bürgerliches Leben zu führen, ein Haus zu kaufen, jedes Jahr mit Frau und Kindern an die See zu verreisen, in seiner Freizeit Orchideen zu züchten und Tennis zu spielen.

Familienglück in Brasilien.
Hans Wolle mit seiner Frau Vera,
der Tochter Silvia und den Söhnen Claudio und Renato.
Der Jüngste lebt wieder in Deutschland.

Aber sehr viel freie Zeit blieb ihm gar nicht, so sehr nahm ihn sein Arbeitgeber in Anspruch, und trotz seiner gesundheitlichen Probleme arbeitete er am Ende vier Jahre über die Pensionsgrenze hinaus, weil seine Firma zu diesem Zeitpunkt noch keinen Pensionsfonds anzubieten hatte.

Einmal, 1957, genau zwanzig Jahre, nachdem er Deutschland verlassen hatte, kam er uns in Stuttgart besuchen. Ein eher zierlicher Mann. Nicht groß. Schmales Gesicht. Immer noch dichtes, lockiges Braunhaar. Unendlich liebenswürdig und bescheiden. Alles andere als ein dem antisemitischen Klischee entsprechen-

Zwanzig Jahre, nachdem er Deutschland verlassen hat,
besucht Hans Wolle seine Verwandten in Stuttgart
(links seine Schwester Edith, rechts seine Nichte Sibylle).

der jüdischer Erfolgsmensch; eher einer, dem man schon ansah, dass er – trotz seiner in der Familie hochgerühmten, überdurchschnittlichen Intelligenz – in geschäftlichen Dingen zu vornehm auftrat und, wie erzählt wurde, seine gebrauchten Autos immer zu teuer ein- und zu billig verkaufte.

Ich weiß nicht, wie bewegend das Wiedersehen ausfiel. Ich war nicht bei den Eltern, als er eintraf, ich war im Studium und habe also keine Ahnung, was sie damals geredet haben – Edith, Walter und er, die einst in Jugendzeiten so glückliche Trias. Ob sie sich an die heiteren Jahre in der Schillerstraße

Ein Abschied für immer.
Hans Wolle vor dem Rückflug
nach Sao Paulo

erinnerten? Ob sie die Nazi-Zeit weitgehend aussparten? Ob sie gemeinsam an Theklas und Günters schreckliches Schicksal dachten? Oder ob sie sich ganz dem Gegenwärtigen zuwandten, ihren Familien, den Kindern? Ich weiß nur, dass es, als Hans uns wieder verließ, ein unendlich trauriger Abschied war – und auch ein Abschied für immer. Walter und Edith reisten nie nach Brasilien. Hans starb 1975, nur wenige Wochen vor Walter, seinem gleichaltrigen Jugendfreund und Schwager. Auch er war durch die Emigration, und in der Folge davon durch Krankheit und Überarbeitung, früh verbraucht. Niemals kam er nach Deutschland zurück.

Doch sein jüngster Sohn kam. Und er kam als einziger unter den vielen Nachkommen der Überlebenden – den Rieses in Kalifornien, den Glass' in Maine, den Samuels in Australien, den Simons in Südafrika, den Marcuses in Israel. Wie alle brasilianischen Wolle-Nachfahren war auch Renato zweisprachig aufgewachsen, hatte in Sao Paulo die Waldorf-Schule besucht und somit keinerlei Schwierigkeiten, nach seinem Studium der Elektrotechnik und Elektronik, bei der Niederlassung eines deutschen Konzerns unterzukommen. Ein Aufenthalt in der deutschen Zentrale führte zu weiteren Aufenthalten, schließlich auch zu dem Angebot, in Deutschland zu bleiben. Und er wollte bleiben. Seine Frau und die beiden Kinder wollten es auch. Die deutsche Staatsangehörigkeit schien allen Vieren dazuzugehören. Aber sie *ad hoc* zu erwerben, ließ sich gar nicht so einfach an. Erst der Hinweis auf die jüdische Abkunft des Vaters öffnete den Weg. Als schwierig erwies sich dabei nur, dass Hans Wolles Sohn im Jahre 1954, also zu einer Zeit geboren war, da der Vater – dem die Nazis mit Wirkung vom 25. November 1941, wie allen anderen jüdischen Bürgern auch, die deutsche Staatsbürgerschaft aberkannt hatten – in diesem Moment schon mit sämtlichen Rechten und Pflichten als Brasilianer lebte.

Jetzt, Mitte der neunziger Jahre, musste der deutsche Staat Hans Wolle nun *post mortem* die geraubte Staatsbürgerschaft wieder zurückgeben, damit sein Sohn sie problemlos erwerben könnte. So trug der Nazi-Irrsinn noch in der späten Bundesrepublik seine Irrsinnsfrüchte. Erst nach diesem Akt konnte Renato Wolle, Hans Wolles Sohn, Abkömmling eines Berliners und einer Hannoveranerin, wieder erringen, was seinen Vorfahren einmal selbstverständlich gewesen war und was auch ihm von Geburt an zugestanden hätte – ein Deutscher zu sein.

Nachwort

Fast mein ganzes erwachsenes Leben lang habe ich daran gedacht, dieses Buch zu schreiben. Immer wieder musste ich es jedoch verschieben, weil ich weder die notwendige Zeit noch die innere Ruhe fand, eine so anspruchsvolle Arbeit neben dem Beruf anzupacken. Es war mir auch unmöglich, ausreichend Abstand zu den Hauptpersonen dieser Geschichte zu gewinnen, so lange sie noch lebten – vor allem zu meinem Vater und zu seiner Schwester. Zu eng war ich mit ihnen und mit ihrem Schicksal verbunden. Zu guter Letzt fehlte mir auch eine Antwort auf die Frage, an welchem Punkt der Entwicklungen das Familiendrama enden sollte. Wie oft habe ich darüber nachgedacht, habe diese und jene Variante durchgespielt, bis mir die Recherchen die Lösung des Problems ganz selbstverständlich vor die Füße legten.

Als ich von meinem Vetter Renato Wolle erfuhr, mit welchen Schwierigkeiten er zu kämpfen hatte, bis er die deutsche Staatsbürgerschaft erringen konnte, die der Nazi-Staat seinem Vater geraubt hatte, war klar: Mit diesen Turbulenzen, aber mehr noch mit ihrem glücklichen Ausgang schließt sich ein Kreis. Wenigstens ein Wolle hat zurückgefunden! Einen passenderen Schluss für dieses Buch hätte es nicht geben können.

Doch nicht nur dieser Auskünfte wegen habe ich Anlass, meinem Vetter Renato zu danken. Die ganze Familie Wolle hat wesentlich dazu beigetragen, dass dieses Buch eine sehr authentische Erzählung und mehr als nur geronnene Erinnerung geworden ist. Mein Dank gilt in erster Linie Vera Wolle, der Frau von Hans Wolle, die alle an ihren Mann gerichteten

Briefe aus der alten Heimat gesammelt und aufgehoben hat. Als sie diesen Schatz hob, tauchte auch ein 80 Seiten umfassendes Tagebuch auf, in dem Hans Wolle die ersten Erlebnisse nach seiner Abreise aus Berlin schildert. Die Söhne Claudio und Renato haben das Material, sorgfältig verpackt und *peu à peu*, für den Fall, dass eine Sendung verloren gehen sollte, an mich weitergereicht. Ohne diese Fülle persönlicher Aufzeichnungen wäre es mir unmöglich gewesen, die Leiden jener Zeit, aber auch ihre Ambivalenzen anschaulich nachzuzeichnen.

Wertvolle Details fand ich in den Aufzeichnungen meines Vaters. Er selbst hatte kurz vor seinem Tod begonnen, seine Lebensgeschichte aufzuschreiben. Aber mehr als zwanzig eng mit Maschine beschriebene Seiten konnte er nicht mehr zu Papier bringen, bevor er starb. Die Erlebnisse vom »Kristalltag« hat er jedoch gesondert und lange zuvor notiert, ebenso verschiedene Stationen der immer wieder aufflackernden familiären Auseinandersetzungen. Aus der Feder meiner Mutter stammt der Bericht über die Nussdorfer Apokalypse. Davon abgesehen haben sämtliche relevanten Dokumente – die Geburts- und Heiratsurkunden, Taufscheine, Vermögensaufstellungen, Testamente und zahllose Fotos – in der Palmzeile 6 in Berlin-Nikolassee überlebt, wohin mein Vater alles ausgelagert hatte.

Was ich in diesen Papieren nicht finden konnte, lieferten mir Archive nach: die Archive der Städte Bonn und Stuttgart, das Haupt- und Staatsarchiv in Stuttgart, vor allem aber das Staatsarchiv in Ludwigsburg. Ich danke den freundlichen Menschen, die mir in diesen Institutionen geholfen haben. Natürlich ist Gaby Müller-Oelrichs, Leiterin der Joseph-Wulf-Bibliothek im Haus der Wannsee-Konferenz, die mich wiederholt mit Literatur und Informationen versorgte, in diesen Dank eingeschlossen.

Mein Freund Hermann Rudolph gab mir viele wertvolle Anregungen und ließ mich an seinen besonderen Berliner

Kenntnissen teilhaben. Ulrich Volz, mein Lektor, bewahrte mich vor Fehlern und beriet mich bei der Rangfolge der Kapitel. Mein Mann und meine Tochter haben das Manuskript ebenso wohlwollend wie kritisch gelesen und mir immer wieder Mut gemacht.

Literatur

Behr, Lothar/Elias, Otto Heinrich/Scheck, Manfred/Schmidt, Ernst Eberhard (Hrsg.): Geschichte der Stadt Vaihingen an der Enz, Stadt Vaihingen an der Enz, 2001

Bein, Axel: Die Judenfrage. Biographie eines Weltproblems, Stuttgart 1980

Benz, Wolfgang: Geschichte des Dritten Reiches, München 2000

Benz, Wolfgang/Graml, Hermann/Weiß, Hermann (Hrsg.): Enzyklopädie des Nationalsozialismus

Beuys, Barbara: Heimat und Hölle. Jüdisches Leben in Europa durch zwei Jahrtausende, Hamburg, 1996

Berghoff, Hartmut/Rauh-Kühne, Cornelia: Fritz K. Ein deutsches Leben im zwanzigsten Jahrhundert, Stuttgart-München, 2000

Buch der Erinnerung, Die ins Baltikum deportierten deutschen, österreichischen und tschechoslowakischen Juden, bearbeitet von Wolfgang Scheffler und Diana Schulle, herausgegeben vom Volksbund Deutsche Kriegsgräberfürsorge e.V., München 2003

Chronik des Zweiten Weltkrieges, zusammengestellt und bearbeitet von Brigitte Esser und Michael Venhoff, mit einer Einleitung von Prof. Jost Dülffer, Gütersloh/ München 1994

Deyhle, Wilhelm: Nußdorfer Kriegschronik 1945, Vahingen-Enz 1949

Die Grunewald-Rampe. Die Deportation der Berliner Juden, Gedenkstätte Haus der Wannsee-Konferenz, Landesbildstelle Berlin, Zentrum für audiovisuelle Medien, Berlin 1993

Doerry, Martin: Mein verwundetes Herz. Das Leben der Lilly Jahn 1900–1944, Stuttgart/München 2002

Duden: Jiddisches Wörterbuch, mit Hinweisen zu Schreibung, Grammatik und Aussprache, Mannheim-Leipzig-Wien-Zürich, 1992

Eckart, Ulrich/Nachama, Andreas: Jüdische Orte in Berlin, Berlin 2005

Elon, Amos: Zu einer anderen Zeit. Portrait der jüdisch-deutschen Epoche 1743–1933, München 2005

Lea Fleischmann: Dies ist nicht mein Land. Eine Jüdin verläßt die Bundesrepublik, Hamburg 1980

Friedländer, Saul: Die Jahre der Vernichtung, Das Dritte Reich und die Juden 1933–1945, München 2006

Gedenkbuch Berlins der jüdischen Opfer des Nationalsozialismus, Freie Universität Berlin, Zentralinstitut für sozialwissenschaftliche Forschung (Hrsg.)

Gedenkbuch, Opfer der Verfolgung der Juden unter der nationalsozialistischen Gewaltherrschaft in Deutschland 1933–1945, bearbeitet und herausgegeben vom Bundesarchiv Koblenz, 2006

Grunenberg, Nina: Die Wundertäter, Netzwerke der deutschen Wirtschaft 1942–1966, München 2006

Haffner, Sebastian: Germany: Jekyll & Hyde, Berlin 1996

Haffner, Sebastian: Geschichte eines Deutschen, Die Erinnerungen 1914–1933, München 2002

Heimat und Exil. Emigration der deutschen Juden nach 1933. Begleitbuch zur Ausstellung, Frankfurt am Main 2006

Hilberg, Raul: Die Vernichtung der europäischen Juden, Frankfurt am Main, 1990

Hofer, Walter: Der Nationalsozialismus, Dokumente 1933–1945, 3 Bde., Frankfurt am Main, 1957

Jäckel, Eberhard/Rohwer, Jürgen (Hrsg.): Der Mord an den Juden im Zweiten Weltkrieg, Stuttgart 1985

Jüdisches Adressbuch für Groß-Berlin, Ausgabe 1931

Kamm, Berthold/Mayer, Wolfgang: Der Befreiungsminister. Gottlob Kamm und die Entnazifizierung in Württemberg, Tübingen 2005

Kersten, Klaus Martin: Berliner Prominentenkalender. Ein Adressbuch, Berlin-Brandenburg 2005

Klemperer, Victor: Ich will Zeugnis ablegen bis zum letzten. Tagebücher 1933–1945, 2 Bde., Berlin 1995

Knobloch, Heinz: Herr Moses in Berlin. Ein Menschenfreund in Preußen, Das Leben des Moses Mendelssohn, Berlin 1987

Krakauer, Max: Lichter im Dunkel. Flucht und Rettung eines jüdischen Ehepaares im Dritten Reich, Stuttgart 1977

Meroz, Yohanan: Als Botschafter Israels in Bonn, Frankfurt am Main 1986

Meyer, Beate/Simon Hermann: Juden in Berlin 1939–1945, Berlin 2000

Nussdorf, Zerstörung und Wiederaufbau 1945–1954, Bilder und Zeugnisse, Nussdorf 1995

Reich-Ranicki, Marcel: Mein Leben, Stuttgart 1999

Rosten, Leo: Jiddisch, Eine kleine Enzyklopädie, München 2001

Sombart, Werner: Die Juden und das Wirtschaftsleben, München und Leipzig 1920

Staden, Wendelgard von: Nacht über dem Tal, München 1984

Sterbebücher von Auschwitz, herausgegeben vom Staatlichen Museum Auschwitz-Birkenau, München 1995

Schultz, Hans-Jürgen (Hg.): Es ist ein Weinen in der Welt. Hommage für deutsche Juden unseres Jahrhunderts, Stuttgart 1990

Zur Mühlen, Patrik von: Fluchtziel Lateinamerika. Die deutsche Emigration 1933–1945. Politische Aktivitäten und soziokulturelle Integration, Bonn 1988

Bildnachweis

S. 193: »Nussdorf nach der Zerstörung«,
Foto von Walter Mochel, Vaihingen/Enz.
Alle anderen Fotos, Briefe und Dokumente
stammen aus Privatbesitz.

Verlagsgruppe Random House FSC-DEU-0100
Das für dieses Buch verwendete FSC-zertifizierte Papier *Munken Premium*
liefert Arctic Paper Munkedals AB, Schweden.

3. Auflage 2008
Copyright © 2007 Deutsche Verlags-Anstalt, München,
in der Verlagsgruppe Random House GmbH
Alle Rechte vorbehalten
Lektorat: Ulrich Volz, Stuttgart
Layout und Satz: DVA/Brigitte Müller
Gesetzt aus der Minion
Reproduktionen: Die Repro GmbH, Ludwigsburg
Druck und Bindung: GGP Media GmbH, Pößneck
Printed in Germany
ISBN 978-3-421-05915-4

www.dva.de